安全神話崩壊のパラドックス

治安の法社会学

安全神話崩壊のパラドックス

治安の法社会学

河合幹雄

岩波書店

目次

序　論 ——— 1

第Ⅰ部　犯罪とそれをめぐる状況

目　次

序論

1 はじめに

昨今、「日本は犯罪の少ない安全な社会である」という安全神話が揺らいできて、崩壊したというものさえいる。確かに、神話というものは、信じられなくなったら終わりであり、安全神話が崩壊しつつあることはそのとおりであろう。しかし、多くの日本人が、犯罪が増加し、客観的に安全でなくなったことがその原因であるかのように認識しているのは、勘違いである。犯罪学者のほとんどは、犯罪数の急増も、犯罪者の凶悪化もないと考えていると思うが、マクロ現象としての犯罪数の増減や凶悪化の証明は多大な骨折りを要する。学問的にはわかりきった答えを、多くの労力をかけて証明するのは、研究者にとってもなかなか気乗りのしないことである。むろん、世間に真実を伝える市民としての義務はある。いくつかの啓蒙書も出されている。しかし、本格的に根拠を示せば大部となり読んでもらえないし、結論だけ簡潔に述べれば信じてもらえないというジレンマにあるように思う。法務総合研究所が毎年公刊する犯罪白書は、正確かつ質の高い分析を掲載しているが、細かい記述が多く、全部を読みとおしてもマクロな犯罪状況について正確に理解することは、専門家でもむずかしい。

本書では、まず、犯罪実数は本当は増加していないし、治安の急劇な悪化も起きていないことを、説得力をもって示したい。しかし、それが本書の最大の目的ではない。それだけでは面白みも意味も乏しい。「体感治安」などといった言葉が使われているが、私は、素人市民に犯罪状況を説明する困難さは、素人の実感と統計的事実とがズレているからであると思う。そして、このズレの原因こそ、究明の価値があると考える。最も単純には、現在の治安悪化が間違って信じられている以上に、過去が安全であったことこそウソだったのが原因ではないかと考えられる。換言すれば、安全神話の崩壊が、犯罪増加と無関係に起きたということである。私は、大まかには、この仮説を支持するが、実は、もう少し複雑なことが起きていると考える。かつてから日本の治安が良かったということは、諸外国と比較すれば、むしろ真実であろう。ところが、この治安維持の伝統的仕組みは、現在、次第に機能不全に陥りつつある。そのために今、治安に対する不安が発生していると考える。したがって、過去に実は犯罪が多かったという研究をするつもりはない。焦点は、治安維持の伝統的仕組みの揺らぎである。

治安維持の伝統的仕組みは、むろん、安全神話と連携してきた。その重要な特徴のひとつは、その仕組みが隠蔽されてきたことである。もっと明確に言うならば、隠蔽した形でしか機能しない仕組みであった。そして、うまくいっているから(これ自体が安全神話だが)という理由で、治安関係の情報開示は極端なほど控えられてきたと考える。この考えに立てば、この治安維持の伝統的な仕組みと安全神話のメカニズムを明らかにすることは、そのメカニズムを葬り去ることを結果的に引き起こす。私は、そのことを十分に自覚した上で、それを実行し、将来のあるべき社会像に結びつけたいと考えている。これが本書の中心的なねらいである。

私のとるスタンスは、当局の隠蔽体質への批判ではなく、あくまでも建設的な議論をすることである。伝統的方法は、今後、少なくとも長期的に維持することが無理であるとの判断に立って、それを検討の俎上にのせたい。安全神話と治安維持の仕組みの問題は、市民の安心感を取り戻したいというような単純な問題ではなく、いくつもの非常に大きな問題と通じている。犯罪状況分析に入る前に、私のスタンスをより明確にするために、どのような問題意識のもとに安全神話と治安維持を扱うのか順次述べておきたい。

2 全体像の把握

二〇世紀終盤以降、一九八〇年代からの日本の生活は、ある意味では実に豊かですばらしい。その気になれば、美味い物は食べられるし、きれいな服も着ることができるし、海外旅行もできてしまう。住むところがやや狭く、通勤に時間がかかるという課題は残るものの、なによりも平和で、安心して暮らせる。ウソというなら、他の時代と比べてみるがいい。ところがどうも、多くの人々は、このほとんどの夢が達成されたはずの状況に満足していない。なぜであろうか。進歩進歩と言いながら、われわれは、どこかで道を間違えたのであろうか。

このような大きな問いに、一挙に答えることはできない。社会はますます複雑化し、いわゆるグローバル化の影響も大きくなる一方である。しかし、誰もが、自分の精通する分野についてのみ語っていては、全体像が失われる。いわゆるバブル崩壊の影響によってか、あるいは一九九五年の神戸の地震、オウム真理教による地下鉄サリン事件のせいか、将来についての問題意識は高まっているようであるが、日本のポジティブな未来像は見えない。私は門外漢だが、経済活動における景気についても、資金も人材も技術もあるのに、一向に元気が出ない理由は、狭義の経済学を超えた、社会の全体像にせまる分析なしには理解できないのではと予想する。

ただし、全体像を語ることは、全体主義を彷彿させ、危険な匂いがするのも確かである。私は、理想の社会像としての規範的なもの、つまり、そこに現実を近づけようという動機を持った、秩序や一貫性を強調するものとしての全体像については、ひとまずおいておく。それは、失われた何かを取り戻すという後戻りの議論にしかならないであろう。私が、今、全体像が必要だと言うとき、それは、あくまで現状認識としての全体把握の必要性のことである。多元主義をとるにせよ、あらゆる個性を認める立場であろうと、現状認識を欠いては何もできない。そして、現状認識において、およそ全体像を欠いた現状認識などというものは存在しないはずである。

しかしながら、これほど複雑化した社会、あれもこれも語っていては、かえって何もわからなくなる。ある部分を、内向きではなく、全体との関係において厳密に語ることこそが、全体像を捉える仕事となる。ミクロコスモスがマクロコスモスを映し出すというわけである。本書で、私が検討対象として選択したミクロコスモスは、日本の治安の問題である。

治安、とりわけ犯罪問題は、近代化が進んでも、なぜか良い社会になっていないという印象と重ね合わせられることが多い。実際、日本以外の先進国では第二次世界大戦以降、犯罪増加に悩まされてきた。そして、今、日本でも犯罪不安が高まりつつある。成功した部分よりも逸脱現象に注目することは、全体像を検討するには適しているであろう。

とはいっても、現実的に、本書で全体像を示しきることは、私の力量にあまる。全体像の把握に資する指摘をいくつか行いたいということである。

3　治安の現状把握

大雑把にいえば、日本は、非西洋諸国のなかで、唯一、近代化に成功した国である。しかし、日本が完全に西洋化していないことは、多くの者が認めるとおりである。科学技術を取り入れ、産業化という意味での近代化には文句のつけようがないが、西洋近代精神の中心をなす個人主義、民主主義等を考察すれば、「本当」に日本社会が近代化したかは怪しいと議論されてきた。しかし、ここで私が日本を取り上げるのは、それとは別の、というより、ある意味では反対の視点からである。

戦後のどさくさ期を除けば、日本だけが、極めて良い治安を享受してきたし、とりわけ、安全神話といわれるように、大きな安心感を市民が持つことができた。これはやはり、国内、国外どちらにおいても評価されるべきことである。日本が西洋化していないことを嘆くのではなく、日本社会の利点を発見し、世界に向かって情報発信する逆のスタンスが必要と考える。もっとも、そうは言いながら、欧米言語で書くほかない情報発信は、あくまで最終目標である。欧米理論の輸入を中心としてきた日本の研究状況を考慮すれば、まず、日本について研究し、対外発信を意識しながら、その成果をまとめることが先決である。本書の射程は、そこまでである。

方法として、当然、先行研究を踏まえはするが、事実を解釈することを中心にしたい。とりわけ、全体像を云々する以上、統計の解釈に力をいれる。第Ⅰ部第一章では、日本の戦後の犯罪統計を解釈し、現時点の状況を診断したい。「戦後、人々の規範意識が低下したために凶悪犯罪が増加した」などという言説が、全く根拠を欠くものであることは、そこで明確にしたい。ここ数年をみても、殺人事件で殺されている者の数は減りつづけ、年間合計で六〇〇人あまりにすぎないのに、治安の悪化や凶悪化を言うのはとうてい無理であろう。犯罪白書が伝える犯罪数の増加についても、実はたいしたことがないことを、統計のカラクリを暴くことによって説明したい。犯罪不安が先行しているのである。ただし、犯罪の質の変化は起きており、刑務所も既に満杯である。危機感を持たなくて良いということではない。マスコミがウソの報道をして不安を煽っているのでもない。犯罪の背景である社会が大きく変化していることを浮き彫りにしつつ、現状認識を示したい。

第二章では、欧米の犯罪とそれを取り巻く状況を描写したい。欧米人に理解される議論を目指す以上、日本を欧米と比較することは不可欠である。戦後の混乱期以後は、日本の治安が群を抜いて良好であること等、異なるところも指摘するが、意外に、戦後の状況には類似点があることも示したい。テレビが巨大な影響力を持つようになったこと、体罰が不完全ながら駆逐されたこと等である。

4　欧米対日本・共同体と個人主義

第Ⅱ部では、いくつかの方針に基づいて、欧米対日本の原理的な相違点を比較検討したい。

第一点。日本の独自性を欧米と対比する、いわゆる日本文化論は、既に多くの興味深い書物を生んでいる。R・ベネディクトの『菊と刀』、中根千枝の『タテ社会の人間関係』、土居健郎の『「甘え」の構造』、村上泰亮、公文俊平、佐藤誠三郎の『文明としてのイエ社会』、河合隼雄の『母性社会日本の病理』と『中空構造日本の深層』、作田啓一の『恥の文化再考』、阿部謹也の『「世間」論序説』……[1]。本書は、これらの論点を厳密、詳細に検討し直す思想研究をするのではなく、あくまで、治安というフィールドの理解を通して、むしろ、新しい視点を導入しようというものである。

第二点。日本文化論のなかで、私が、よくある間違いと考えるものは、日本の理解が浅いというよりも、むしろ、欧米の理解ができていないことに発する。欧米理論の輸入と揶揄されるぐらい、あちらの研究をしているようで実は、欧米文化と正面から対決していないのが日本のアカデミズムの現状であろう。もっとも、海外に行く機会も、欧米の研究者と議論する機会も著しく増加したため、個々にはレベルアップしていると感じる。最も基本的な欧米社会の特性を、秩序問題と犯罪学の両面から整理しておきたい。

第三点。日本社会も欧米社会も、いずれも長い歴史を持っており、また、ひとつの時代だけ切り取ってもなお豊かな多様性を持っている。それを、あたかも超時空的にひとつの日本やヨーロッパがあるかのように仮定して比較することは、極めて乱暴な話である。しかしながら、多様性を細かく語っても得るものがなければ、それも無意味である。欧米と比較して日本が何なのか大雑把にさえ捉えきれていないのが現状であり、それゆえ日本文化論は、そのヒントがほしい多くの読者を惹きつけるのであろう。最も単純な比較方法、つまり二元論から出発して、後で、できる限り、多様性を斟酌したフォローを試みたい。

さて、肝心の検討対象であるが、それは、共同体と個人主義、それもとりわけ共同体である。個人主義と共同体論が最も重要であると私が考えるのには、二つ理由がある。第一は、近年の世界レベルでの犯罪増加も、日本における犯罪の変質も、その原因が、共同体の衰退、あるいは、個人主義の過剰と見えることである。刑事法は、加害者個人の責任追及に徹してきたが、実は、大抵の犯罪は、被害者がいるという意味で、ひとりではできないのである。さらに、原因究明に絞らずに、その後の更生等を考えれば、なおさら、被害者はもとより、加害者が再び生きることになる地域共同体は、重要な考察対象である。

第二の理由は、従来の日本文化論において、日本人と個人主義の問題が大きく取り上げてこられたことである。欧米には個人主義があり、日本には個人主義がないと、しばしば言われてきた。ベネディクトは、個人主義的な罪の文化の西洋と、集団主義的な恥の文化の日本を対比させたが、そのさい、西洋個人主義文化のほうが上位にあるとみなした。『菊と刀』については、日本が戦争に敗れた直後という時代背景もあったろうが、欧米側の日本文化論は、いまだに、単線進化論と欧米優位が結びついたエスノセントリズムから、完全に抜けきれていない。ウォルフレン等の日本社会を批判する論者の背後に、エスノセントリズムの臭いを嗅ぎ取ることはたやすい。ところが、日本の多くの革新的知識人達も、欧米に追い着き追い越せの文脈で、それを許容、共有してきた。これは、日本のそれら知識人達は、日本の改革のみに興味があって、世界への発信を考えていなかったからであろう。

山崎正和は、個人主義は普遍性を持つと想定されながら、西洋にしかないとされてきたことの矛盾を指摘し、日本文化の持つ普遍性を論証した。それによると、日本社会は単純な集団主義で動いているのではないし、また、西洋流とは異なった個人主義を持っているという。[3] 山崎は、どちらかというと個人主義のほうに力点を置いて研究を続けたが、私は、共同体のほうに力点をおいて、そのメカニズムについて、新しい見方を提示したい。

5　オオカミとウサギの共同体

日本における犯罪の少なさの原因を、犯罪防止の成功という次元でとらえるならば、それは、軽微な非行者、特に少年が犯罪者とならずに更生する(再び犯罪を犯して逮捕されない)からと言われている。これは統計的にも確認されている。犯罪学者ブレスウエイトは、日本を、犯罪者の社会再統合に最も成功した国とみなし、評価している。[4] しかしながら、オウム事件以後の、いわゆる「オウムの子」の住民票の不受理事件を見ても、[5] あるいは、自分達のまわりにいる一般人が、いわゆる前科者を温かく自分の近隣に受け入れるかどうかを考えてみても、日本の地域共同体は、過去に犯罪を犯したことがある者たちや、その関係者等に対して、極めて排外的である。元殺人犯の隣に住むなどまっぴらごめんというのが、たいていの人々のホンネであろう。世間は前科者に冷たいのである。

以上のことは、日本の共同体は、再統合の力も強ければ、排外性も強いということを意味する。まったく矛盾した性質が共存していることになるわけだが、矛盾と言えば、関連して、もうひとつ重要な矛盾がある。日本人の目からみると、やたらアグレッシブな欧米人に比較して、日本人は「和を以って貴し」で、遠慮深く、争い事を避けようとする。激しい権利主張はひかえ、まして暴力に訴えることはまれな、平和的民族である。実際、江戸時代には、長い平和を実現したし、治安も良かったといわれる。少なくともヨーロッパに比較すれば、歴史上、戦争は少なかった。一言で言うと、おとなしい自己イメージを、多くの日本人は持っていると思われる。ところが、欧米人の間では、日本人といえば、カミカゼやハラキリに象徴される暴力的で怖いイメージが定着している。日本人が、表面上スマイルを浮かべていることは知られているが、それは偽りだとみられている。この、「平和と平穏を愛する日本人」と「怖い日本人」のイメージギャップを説明できなければ、日本について世界に説明するという課題ははたせない。

日本人のイメージギャップを説明するために私がとる方法は、ひとつの日本人イメージが存在するという仮定を放棄し、二種類の日本人がいて、それが連携するモデルを考えることである。漫才のボケとツッコミのように、「犯罪の世界などと全く無縁のウサギたち」と「その世界のプロであるオオカミたち」がうまく役割分担しているイメージである。したがって、あくまで役割分担であり、潜在的に二種類の人々がいるという主張ではない。私が対比したがっているモデルは、全ての個人がオオカミであるというホッブズの想定である。これこそ、欧米社会の秩序問題の原点であり、弱者としてのウサギを強者のオオカミが食べる自由があるのか、つまり、自由競争市場には歯止めが必要なのかといったことが今日でも論じられる基本設定である。この西洋モデルの限界もまた明らかにしていきたい。

オオカミとウサギが同一地域に共存すると言えば、そもそも、その比喩を借りてきた自然界において、実はあたりまえに実現している。自然界では、当然、オオカミはウサギを食べることが許されている。それにもかかわらず、両者ともに同一地域内に存続するのは、ウサギとオオカミが出会わないからである。戦って勝ち目がなく、仲良しにもなれなくとも、避ければよいのである。今西錦司の棲み分け論とも世界観を共有する考え方であるが、避けつづけることによる衝突回避、つまり秩序維持をはかるモデルもありうるわけである。

人間社会において、構成員が互いに避けあっているような集団を共同体とは呼ばないというのもひとつの考え方ではあろうが、社会的、文化的境界によってお付き合いを限定することは、よく観察されることである。私は、本書で、この境界の機能にとりわけ注目したい。犯罪の世界で境界が果たす役割は極めて重要であると私は考えている。たとえば、日本ではかつて、犯罪は、いわゆる繁華街や歓楽街、東京でいえば、渋谷、新宿、池袋などにおいて多く観察され、住宅街には犯罪は少なかった。ところが、郊外化が進んでからは、そこの住人たちは、わざわざ都心に出なくなった。そのため、郊外の住宅街を含んだあらゆる地点で犯罪が満遍なく散見されるようになった。全体の犯罪数が増加しなくても、住宅街の住民は、この街の境界の弱体化によって、犯罪の危険にさらされる可能性が増大する、あるいは、心理的に守られている感覚を喪失するようになっていると考えられる。考えてみれば、守られている感覚とは、境界によって区切られて、ある囲いの中にいると感じることと、ほぼ同義であろう。日本の安全神話について、この守られたウサギたちのモデルを使って説明したい。

6 マイノリティー政策

次にオオカミたちについて語らねばならないが、これは善人ばかりの同質社会を信じるウサギから見るからオオカミなだけであって、客観的にはマイノリティーの問題を含んでいる。そもそも犯罪を「成功」させるには、それなりの能力と努力を必要とする。ただ真面目に働く気をなくしただけでは犯罪者とはなれない。また、犯罪者なりに自分の行為の正当化があればあるほど、高いモチベーションで犯罪行為を遂行できるであろう。つまり、能力あってそれを社会に認められない者たちこそが、犯罪の供給源である。実際、アメリカの犯罪原因を研究すれば、人種差別がどれほど大きな要因であるかに気づかされる。差別問題と犯罪の繋がりは深い。

　このことを理解すれば、日本において犯罪が少ない理由の説明を、これまで学者たちも実務家たちも説明できなかった理由がわかる。日本における被差別部落出身者と在日韓国・朝鮮人と呼ばれる人たちの犯罪が少ないことに言及せずして、日本における犯罪の少なさの原因は語れない。この話題がタブーであるかぎり論議できなかったわけである。幸い、いずれの問題も、はっきり差別解消に向かって大きく進んでおり、ここ数年、それらをテーマにした出版物も自由に出回るようになっている[6]。思いきって論じてみたい。

　一口に言えば、ムチだけでなく、アメを使って、国家の後押しも受けて地方自治体レベルで、彼らを特別扱いして対応してきた。さらに興味深いのは、ヤクザという組織の存在である。ヤクザの構成員の多くは、結婚や就職において差別されてきた人々を含んでおり、まさにマイノリティー問題の中心である。ヤクザが実は社会秩序を保つためにいかに大切な機能を担ってきたか解き明かしたい。そのことは、当然、国家が日本社会をどのように統治しようとしてきたかに結びつく。いわゆる一般住民（ウサギ）とヤクザ（オオカミ）と刑事司法関係者（オオカミ）の関係を理解せずして、日本の治安は語れない。一般住民には意識されていない仕組みを明らかにしたい。

　ひとつ分かりやすい小話をしてみよう。「ある所に、少しのことでもカッとなって暴力を振るう乱暴者がいました。欧米流社会だと、この男は、早晩、暴力事件を起こして逮捕、同様の行為を繰り返して、犯罪者と烙印を押され、本当に犯罪者となるであろう。ところが、理想の日本社会においては、このような男にチョッカイを出して怒らせる方が悪いと考えられ、誰もが、この男を怒らせないように気を使って接した結果、皆が平穏に暮らすことができました」。このようなモデルはどうであろうか。現実社会で、これを実現するには、この小話よりも多くの条件が必要であろう。検討したい。
しかし、その前に、この個別対応方式が包含する問題について見ておく必要がある。

7　普遍的な基本的人権

「犯罪の世界などと全く無縁のウサギたち」と「その世界のプロであるオオカミたち」に分けて議論することは、重大な問題を孕んでいる。特別扱いは差別でもある。「人は皆、根源的には同じ人間なのだ」という、個人主義という以上に幅のある、近代の価値観とでもいうべきものが、欧米社会には共有されている。それを背景に、基本的人権をはじめ、法の前の平等など、大きな原則が、当然に正しいこととして主張される。しかし、考えようによっては、これまた当然なのであるが、普遍的な人権擁護などというものもまた、西洋の社会構造や精神構造と強く関連した固有のものであり、その意味で普遍性はない。換言すれば、人権には、観念的普遍性はあっても、地球上の地理歴史上の普遍性はない。

日本の、いわゆる進歩的知識人は、追い着き追い越せで、人権意識の進んだ西洋に遅れた日本との認識を広めた。この路線をまだ継承し、死刑廃止したヨーロッパを見習えという議論が聞かれる。しかし、私は、欧米のほうが人権擁護の程度が高いというのは、刑事司法分野については、全くの誤認であると思う。たとえば、死刑廃止において代表格のフランスの現状は、逮捕時に被疑者射殺が相当数あることはもちろん、一般市民さえ誤認で射殺されているありさまである。その他にも、国家による人権侵害防止に専念したのはよいが、規律の緩んだ刑務所で、他の受刑者により殺傷せしめられることがある。それに、何よりも忘れてはならないことは、欧米こそ、核兵器をはじめとした恐るべき殺人兵器の発明者であり、その使用者でさえもあることである。殺された人数の統計的比較からすれば、欧米人こそ、人権侵害実行のチャンピオンにほかならない。

確かに、「住民運動」が、オウムの子たちに向けた「悪魔のお前たちに人権はない」とのシュプレヒコールは、極めてストレートに、日本には、欧米流人権意識は根付いていないことを示している。明らかに人間に向かって発せられる「ひとでなし」という日本語の語彙の存在からも、また、非人という人間の身分制度を持っていたことも、「けっして失うことのない人間の尊厳がある」という考え方と明確に対立する。しかしながら、日本においても、殺生は厳しく禁忌されており、手加減するという文化もある。ハイジャック犯でさえ、なかなか射殺されない。死刑執行は毎年されてはいるが、全体として殺生が少ないのは事実である。結果だけ見れば、日本のほうが良いことになる。これに対する、欧米からの予想される反論は、日本では生命権は強く保障されているが、それよりも大切な自由権が限定されすぎているというものである。確かに、日本社会は、社会的拘束が強く、批判される点はあった。しかし、欧米人が、日本人の従順さから、圧倒的な弾圧を、勝手にイメージしているにすぎないところもある。それに、今の日本社会は、むしろ社会的拘束が少なくなり過ぎたと感じる者が多い状況であろう。

日本社会理解の鍵になるのは、時空を超越した普遍性に対して、具体的に誰が人権擁護を担うのかという視点である。井戸に落ちかけている赤ん坊を助けに走るとして、なぜほかならね自分が助けねばならないのかと問うたとき、それは、一番近くにいるからではないのか。近くの者がどうするのかというミクロな社会関係が決定的に重要であると思われる。

8 現場の鬼

神様は、あてにならず、個人個人も、個人主義が想定するようには、皆が皆、責任を持った主体ではないとすれば、そのような人々を世話する者が必要となる。「楽園を追放された堕落した人間のためには国家権力が必要である」という西洋の伝統とは異なって、日本の社会秩序は、ミクロな社会関係に、より多くを負っていると私は考える。現実の場面場面において、他人の領分に深く踏み込むことを辞さず、その場をしきっていく、現場の鬼と私が呼ぶ者たちの活躍なしに、安全な日本の実現はなかったであろう。たとえば、保護司はともかく、刑事、検事、刑務官等、役割が法的に限定されているはずの者たちまでもが、被疑者や受刑者に対して、全人格的な人間関係を構築し、一生面倒みるということが稀ではなかった。犯罪者の更生の成功は、このおかげにちがいないのである。この現場の頑張りこそが日本社会を支えてきたのではなかろうか。

西洋の法治主義から研究を出発させるものだから、それに対応するものとして東洋の人治や徳治が論じられてきたが、ミクロレベルの現場の鬼こそ法治主義と対比する必要がある。現場の鬼は、ときには、形式的な法規を遵守しないことがあることは、とりわけ注目にあたいする。司法改革が本気で唱導される昨今、日本社会も少しずつ法によって統治されるように変化しつつあるなか、現場の鬼は急劇に衰退しつつあるとみえる。これは、日本社会の将来像を法との関係でとらえるには格好の素材であろう。

9　あるべき法治国家

安全神話と治安維持の伝統的仕組みの何が失われ何が残るのであろうか。最後に、これまでの伝統的やり方が不可能になった後の日本の将来像について、とりわけ、何が残るべきかについて可能な限り明らかにしたい。

極端な個人主義を貫き、自分の安全は自分ひとりで守るとすれば、腕力が元々弱いあるいは衰えた個人は、サポートを必要とする。その発想からは、介護保険ならぬ、警護保険を創設してガードマンを派遣してもらうほかない。しかし、これは全く非現実的である。まず、助け合いのない防犯はあり得ない。さらに考えてみると、助けてくれる他人は、特定の同一人とはいかない。移動するさいにいつも誰かがついてくるのは困難である。ということは、最終的には、不特定の他者に頼るほかないことになる。犯罪者も前もって特定できず、守るべき対象の人物も、護衛なしに自由に移動したいとすれば、防御は、ゾーンを守る形式しかない。そして、その防犯ゾーンは、暴力犯罪を念頭に置くならば、物理的に接近しなければ起こり得ないその特性から、かなり狭い地域ブロック単位とならざるを得ない。この小規模の地域社会、共同体こそが鍵である。

ところが、日本の地域社会のあり方自体が流動化しているため、ある社会をモデルにあるべき治安維持の仕組みを考えるというわけにいかない。順序を逆にして、冒頭で述べたように、日本の地域社会の将来像を定めることこそが大目標で、そのために、治安の観点から提言することにしたい。

第Ⅰ部　犯罪とそれをめぐる状況

第一章　日本の犯罪状況

1　治安と犯罪・定義と検討対象

治安とは何か。まず定義しておこう。『広辞苑』(第五版)によれば、「国家が安らかに治まること。社会の安寧秩序が保たれていること」とある。個人レベルではない安全ということで、日本においては、治安維持法、治安警察法等を想起させ、国家統制機関を強く意識させられる。しかし、訳語である、英語の「セキュリティー」は、元来その意味するところは広い。あらゆる観点からの身体の安全を念頭におき、具体的には、外敵の侵入に対する安全保障という軍事的なもの、内乱に対する治安出動、犯罪対策、伝染病予防、火事に対する消防機能といった、日本では内務省がかつてひとまとめに担っていた事柄にとどまらず、社会保障、つまり、医療保険、失業保険、労災保険、生活保護等を含む。さらに、日常語としては、社会的地位などを巡って身の安全を図る場合も含まれるであろう。

まず、軍事・安全保障については、別問題として、これは治安に含めない。外部の敵と内部の敵に分けることは、伝統的に異論がないところであろう。社会的地位の安全云々も当然、含めない。これらは、本書の検討から完全に除外したい。さて、残りのうち、犯罪対策、伝染病対策、消防機能は、内務省下の警察が全ての機能を担っていたように、治安の問題のなかに含めたい。細かいところをついて、伝染病者の隔離には強制力が必要であり、強い抵抗があれば結局警察の出動となる、あるいは、火事の主な原因は放火や失火であり、犯罪であることが多いという議論ではない。むしろ、治安が本当に乱れたときには、犯罪、伝染病、火事は連動するからである。そのような忌忌しい事態がないため、つまり、治安が良いために、警察、保健所(戦後はじめは厚生省管轄、その後自治体に)、消防庁は、全く別のもののように感じられるだけである。治安出動は当然、治安問題であるとして、問題は、社会保障を含めるかどうかである。

犯罪学者の中には、犯罪原因は、貧困や失業や教育、つまり社会環境にあり、社会保障の充実こそが犯罪を撲滅してくれると考える者が多数いる。私も、失業や生活保護制度と犯罪の関係が深いことに異論はない。しかし、貧困だから、学校教育を受けていないから犯罪者になるかといえば、そうでもない。では、社会保障制度が、犯罪や病気の決定的要因でないとすれば、これは治安問題ではないのか。そうではないと考える。現在、先進国において社会保障制度がある程度充実しているから決定的要因でないだけである。もし、社会保障制度がボロボロで餓死者が多数でるような状態であれば、これは、治安問題と直結している。また、社会保障制度は、生存権の保障という観点、つまり、個人の安全から出発しており、国家や社会の安全をイメージさせる治安とは別と見るのも間違いである。治安出動でさえ、その場合の社会の秩序維持は、あくまで、個人の自由権と生存権を守るためのものである。したがって、社会保障は、治安に含まれると考えるべきであろう。むろん、社会保障制度の歴史が浅いことも、歴史上、治安活動は、しばしば、個人の安全のためでない目的で用いられたことも、否定するつもりはない。

最後に、日本の独自性を語るために重要な観点について述べておこう。安全には、客観的な安全と、主観的な安全、つまり、安全と感じる安心感とがある。欧米の伝統では、客観的な安全こそ治安問題の中心をなし、客観的には安全でないのに安心していることこそ、最悪の対応と考えられてきた。これに対し、日本においては、安寧秩序の安寧という言葉を『広辞苑』で調べてみれば、「世の中が穏やかで平和なこと」(『広辞苑』第五版、史記秦始皇本紀)、安全は、「安らかで危険がないこと。平穏無事」となっている。厳戒態勢を取るほどに治安が向上するという発想はない。後に検討するが、むしろ、客観的には危険がないにもかかわらず騒ぎ立てることこそ、最悪の対応と考えられているように思われる。別の言い方をすれば、安心できることこそが重要である。両者を比較するために、治安には、客観的安全と並んで安心感の問題も含まれるとしたい。

以上の検討により、治安の定義は、以下のごとくになる。治安とは、究極的には、個人の自由権と生存権のためであるが、国家や社会レベルの客観的安全と人々の心理的安心を保障するために、国内問題に対処するものである。具体的には、伝統的な、犯罪、伝染病、食中毒、火災、自然災害、に加えて、最近は、原発等の大型事故、ダイオキシン等の環境汚染問題、薬害なども該当するであろう。自殺についても、少なくとも一部は、含まれるであろう。

概念整理はここまでにして、現実の数字に目を向けてみよう。世界で何千万人、日本でも何百万人が死亡した第二次世界大戦の後、これに比較しうるような大量死はない。戦後で通算すれば、交通事故死が日本で何十万人レベル、日本では大事故には至らなかったが原発関連の事故、まだ被害者が増加中の薬害エイズ、日航機の墜落で五百余人、阪神・淡路大震災で六千余人等が思い浮かぶ。年間あたりでみると、交通事故が一万二〇〇〇人台、航空機事故は年平均一〇〇人に遠く及ばない。山岳遭難による死者は年間二〇〇から三〇〇人、水難事故死者は年間一〇〇〇人余り、火災による死者は年間二〇〇〇人あまり、労働災害による死者は戦後劇的に減少し年間二〇〇〇人を切っている。自殺は年間約三万人で群を抜いている。これらと比較すれば、殺人による死者は年間六〇〇人台と少ない。交通事故と航空機事故を比較すれば、飛行機は怖がられるがきわめて安全度が高く、交通事故は実は危険の代表である。これだけで、客観的安全度と不安感との隔たりが大きいことは既に明白といいたいぐらいである。

当然であるが、これら全ての領域を探ることは私にはできない。文明論的アプローチも興味深いが、[1]ここではマクロな視点を忘れないというにとどめたい。データ分析の対象としては、これら多くの危険のなかの一種にすぎないが、最も注目を集める、犯罪者による危険のみに焦点を絞りたい。これは、アメリカでは、ストリート犯罪と呼ばれるものである。贈収賄や談合のようなホワイトカラー犯罪と呼ばれるものも確かに犯罪ではあるが、人々が関心を持つ安全とは、主に街での安全である。安全神話をテーマとする本書においては、この種の犯罪に絞るのが適当であると考える。犯罪の定義は、いうまでもないが、罪刑法定主義により、法によって犯罪と定められた行為のことである。[2]

また、日本の独自性について論じるつもりであるが、過去よりも未来に関心があるため、本格的歴史研究は行わない。ただ、消え行く安全神話について語るためには、多少歴史を遡る必要はある。適宜おこないたい。ただしデータを扱う部分については、戦後に対象を限定したい。その理由は、日本の若者を中心とした規範意識の衰退を、近年の「犯罪増加」と結びつける議論を検討するためにも、戦後まで遡る必要があることと、戦前とはデータの連続性がないことである。

2　犯罪状況の検討方法

物事の変化を計るには物差しが必要である。そして、その物差しはひとつでは不十分である。量と質に対応させて、犯罪の数の増減と凶悪化が最もよく問題にされる。ここでは、もう少し詳しく見るために、よく問題にされている検挙率、犯罪者の数、凶悪化だけでない質の変化、一般人の反応まで検討対象としたい。

さて、問題は、どのように調査するかである。なにしろ犯罪は、その性質上、ひとに知られまいとして行われることが普通であり、神ならぬ研究者にとって、その実態を「客観的」に知ることは困難である。ここで、犯罪学において、まず犯罪の定義について大いなる議論がある。一方は、相変わらず、仮想「神」の眼で見た犯罪を犯罪と定義するが、ラベリング論や構築主義の立場からは、みつからなかった犯罪は、もはや犯罪ではなく、社会に認知され、そのようなものとして扱われてはじめて犯罪は本当に犯罪となるとする。後者の考え方は、犯罪の本質をついており、この考え方抜きに犯罪について語ってはならないと、私は考える。しかしながら、現状分析を行う方法としては、わかりやすさの点を買って、古典的に「客観的」犯罪を犯罪と考えて分析していきたい。そのなかで、後者の観点については適宜ふれたい。

「客観的」犯罪数(今後実数と呼ぶ)を問題にしようとすれば、問題は暗数の存在である。公的統計に表れるのは、認知件数にすぎない。認知件数とは、警察が把握した事件数であり、この他に、見つからなかった犯罪、見つかったが警察に届けられなかった犯罪等がある。性犯罪や軽微な窃盗等、犯罪の種類により、暗数は膨大な数にのぼると予想される。暗数を調査する方法としては、過去一定期間、たとえば一年以内に遭った犯罪被害を調べる被害実態調査がある。むろん、これをしたからといって完全とはいえないが、公式統計が信用できない国においては有効的な方法である。ただ残念ながら、日本においては十分継続的にこの種の調査がされたことはない。(3) したがって、二〇〇〇年に実施された犯罪被害実態調査を国際比較には用いたいが、日本の犯罪の増減をきめ細かく計ることはできない。幸い、諸外国と比較すれば日本の公式統計の信用性は高いので、こちらを用いて検討したい。

公式統計にも様々なものがある。『司法統計年報』『検察統計年報』『矯正統計年報』『保護統計年報』『犯罪白書』『警察白書』『犯罪統計書』『犯罪統計資料』、厚生(労働)省の『人口動態統計』……、それに、毎年、法曹時報に発表される、「矯正の現状」「更生保護の現状」「刑事事件の概況」「検察事務の概況」「家庭裁判書事件の概況」がある。これに加えて、法務総合研究所と科学警察研究所の研究成果も公表されている。究極の緻密さを追求するよりも、全体像の把握に努める本書の目的からして、犯罪白書を中心に分析し、必要に応じて他の資料も参照することが適当と考える。

3　犯罪認知件数の分析

新聞報道によると、刑法犯の数はうなぎ上りであり、二〇〇二年には三六九万件にも達した、戦後最高、との文字が見出しに躍る。この見出しを見れば、ほとんどの読者は、犯罪は急増しているとの誤った印象を受ける。そのことを理解しているはずなのに、実に無責任な報道である。記事を読めば、警察庁発表や犯罪白書によると、そうだと述べ、報道機関自身の主張ではないとし、見出しより正確な、細かい指摘(殺人も強姦も前年より減少した等)が掲載されている。また、社説や文化欄には冷静な記事が掲載されている。しかし、大部分の読者は、見出ししか読む余裕がないようである。残念ながら、かなりの識者と思われる人々でさえ、犯罪の急増、治安の悪化を信じているように感じる。

この元凶となってしまっている犯罪白書冒頭の図、「刑法犯の認知件数・検挙人員・発生率の推移」から検討を始めたい(図1参照)。まず刑法犯の定義であるが、文字どおりに理解すれば狭義の刑法、つまり刑法(明治四〇年法律第四五号)が規定する罪である。犯罪白書が定義する刑法犯は、正確にはこれに一〇の法律が規定する罪を加えたもの(4)であるが、これは、ほぼ同一である。しかし、犯罪(広義の刑法犯)と刑法犯罪はイコールではない。犯罪は、この刑法犯に特別法犯(上記刑法犯以外の罪)を合わせたものである。特別法犯とは、たとえば、道路交通法違反、覚せい剤取締法違反、保管場所法違反、軽犯罪法違反、銃刀法違反、廃棄物処理法違反、公職選挙法違反等である。数的には、送検されたものだけで年間総数約九七万件(二〇〇二年)で、その九割近くが道路交通法違反である。薬物関係犯罪や保安関係犯罪が含まれるため、治安の問題を考える上で重要な犯罪が含まれている。後に一瞥したい。ただ、犯罪数の増減を論ずるには、一部の犯罪カテゴリーが除かれていても、それほど問題ではないと考えられる。その点では、犯罪白書の定義する刑法犯の検討をしていくことに問題はない。

問題があるのは、逆に、刑法犯の中に、あまり重要ではない犯罪カテゴリーが含まれていることである。その代表は、交通事故である。人身事故は、業務上過失致死または業務上過失致傷となり、確かに刑法犯である。しかし、普通、交通事故は犯罪とは考えられていない。そこで、犯罪白書も、道

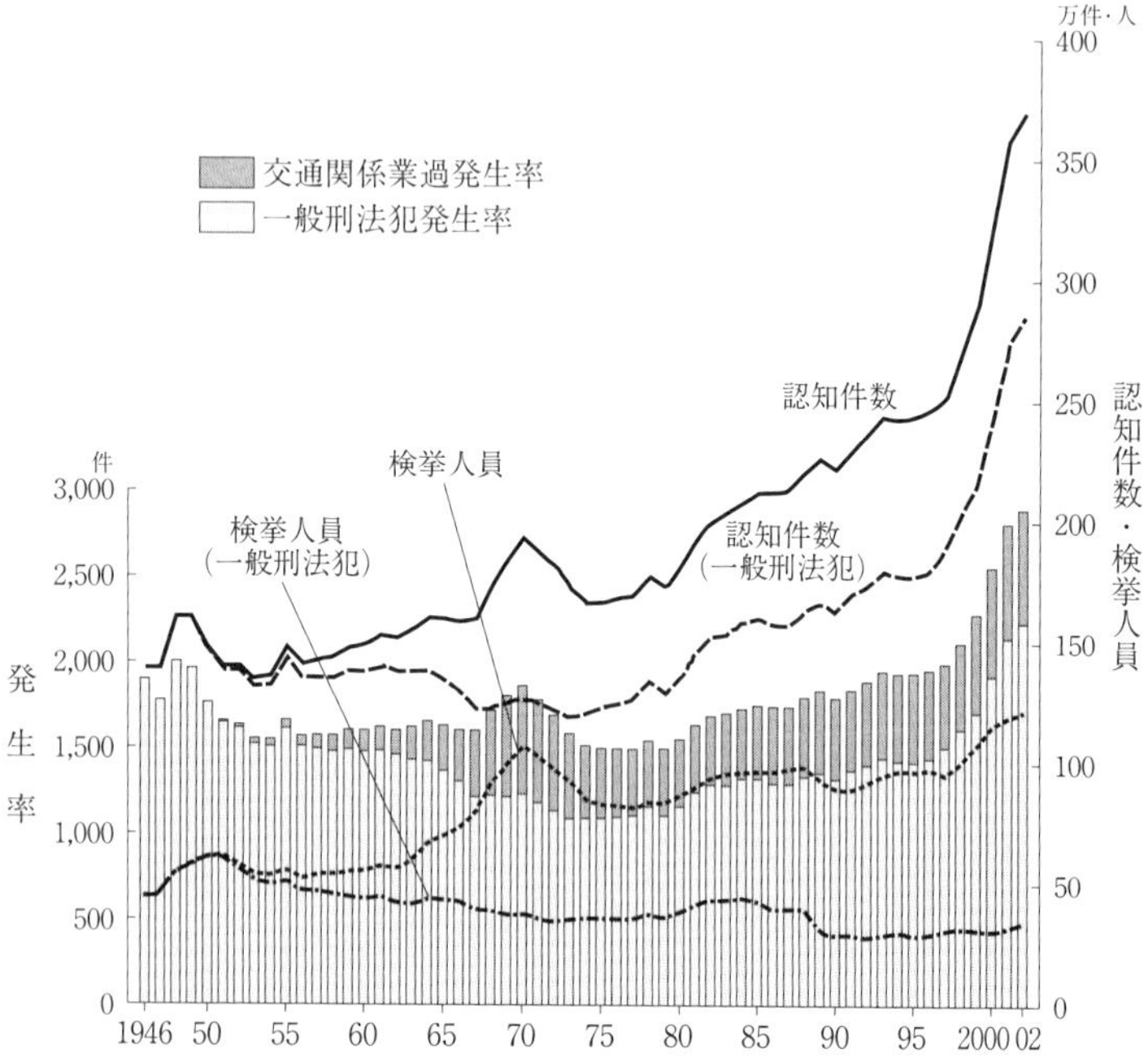

注) ①警視庁の統計および総務省統計局の人口資料による. ② 1955 年以前については, 14 歳未満の者による触法行為を含む. ③ 1965 年以前の一般刑法犯は「交通関係業過を除く刑法犯」ではなく,「業過を除く刑法犯」である. ④発生率は人口 10 万人当り. [平成 15 年版犯罪白書 1-1-1-1 図より]

図 1 刑法犯の認知件数・検挙人員・発生率

路上の交通事故に係る業過を交通関係業過と呼び、区別している。刑法犯から、この交通関係業過を除いたものを一般刑法犯と呼び、この認知件数を図に載せている。二〇〇二年の交通関係業過は約八四万件あるため、同年の一般刑法犯は二八五万件あまりとなる。刑法犯三六九万件の報道の粗雑さにあきれるであろう。

次に、人口が増えれば、同じ治安状態でも犯罪の数は増加するはずである。人口増加を考慮しないで、認知件数のグラフを見ても、治安の悪化の判断はできない。そこで犯罪白書は、人口一〇万人あたりの犯罪認知件数を発生率と呼んで図に掲載している。したがって、この冒頭の図で注目すべきは発生率である。

以上のことを理解したうえで、あらためて図1を見てみよう。認知件数をみれば、戦後直後に山がきて、その後微増、一九七〇年に大きな山がきて、また増加傾向が続き、ここ数年は急増とみえる。しかし、発生率を見れば、戦後数年は増減が激しく、その後、一般刑法犯発生率は一貫して減少傾向。一九七〇年の山は、交通戦争と呼ばれた交通事故の増減のせいだとわかる。一九八〇年頃から微増、ここ数年は急増となる。そしてついに、一般刑法犯発生率は、二〇〇一年に戦後で最高を記録した。

この発生率の変化を出発点として犯罪数の増減を検討していきたい。時期的には、第一期＝戦後直後の混乱期、第二期＝その後の減少期、第三期＝一九八〇年頃からの微増と見える期間、第四期＝ここ数年の急増期と見える期間、の四期に分けて考えたい。ただし、本書の興味は、増加期と考えられている時期の分析にある。前二期については簡略に論じていきたい。

比較を洗練させる方法として、合計数ではなく、その内訳(犯罪の罪種)を検討する。たとえば、二〇〇一年に、ついに一般刑法犯で見ると戦後最高の犯罪発生率になったということは、治安が戦後最悪を意味するかというと、全く意味しない。なぜなら、戦後五年間(第一期)とここ五年間(第四期)を比較すれば、戦後五年間における殺人や強盗の件数は、ここ五年間の二倍から三倍、強盗致死にいたっては数倍である。戦後直後の警察力が不十分な時期には、軽微な犯罪は通報されず、重大犯罪しかカウントされていないだけであり、暗数が膨大にあったと考えられる。当時の治安は、まちがいなく今の何倍も悪かったと考えられる。もっとも、戦後直後に治安がかなり悪かったことは、統計分析を待つまでもなく自明のことかもしれないが、統計分析からもこのように明らかにできる。

内訳を見ていく方法は、二通りある。治安にとって重要度が低い犯罪を一般刑法犯から除いていく方法と、最初から重要犯罪に絞ってその数を検討する方法とである。まず、前者の方法を採ってみよう。

二〇〇二年の一般刑法犯約二八五万件のうち、窃盗は約二三八万件あり、率にして約八三%にものぼる。逆に言えば、「窃盗を除く一般刑法犯認知件数」は四七万六五七三件にすぎない。あまりにも窃盗の数に左右されるため、平成一五年版犯罪白書本文の最初(三頁)に、この数をあげている。確かに、窃盗は、身体的危害がなく、治安問題を考える上で軽く考えて検討対象から除外するのもひとつの納得できる考え方ではある。しかし、窃盗には、ピンからキリまで、その被害性からみて多様性が大きい。例をあげれば、財布を外出中にスラれたぐらいならば、一週間もあれば立ち直れるが、自宅を留守中にひどく荒らされた場合は、精神的ダメージが大きい。最も安心できる場所であるはずの自宅を荒らされることは、暴力的であり、安心の問題を考慮すれば、治安の問題に大きくかかわっている。したがって、窃盗を丸ごと除外することは乱暴すぎると考える。

そこで私が注目するのは自転車の窃盗である。これは、軽微な犯罪といえそうであるし、自転車盗だけで、窃盗を除く一般刑法犯の合計をしのぐ五〇万件以上ある。自転車盗の経年変化をグラフ化してみると、興味深いことに、七〇年代から増加しているが、特に八〇年代に急増している(図2参照)。そして九〇年代からは、ほぼ増減なく一定である。この理由を検討しておこう。

昔から日本人の一部には、自転車と傘だけは借りる感覚で他人が置いてあるものを許可なく持っていき、後ほど黙って元の所に戻しておくという行動パターンをとるものがいる。盗られたと思ったら再発見できたという経験を持つ人は多いにちがいない。そうだとすれば、被害にあったとき警察に届けるよりも自分で捜すということになる。ところが、警察が自転車を防犯登録させ、盗難自転車を捜してくれることになった。すると、当然、被害者は、捜してもらうために警察に通報する。通報しておけば、登録番号のおかげで警察が発見したら戻ってくるからである。このため、自転車盗の実数が増加しなくとも、認知件数は、防犯登録制度の充実とともに増加するはずである。また、警察が、そもそも防犯登録制度を創ったのは、自転車盗に対する住民の要望が強いことを知ったからである。盗むほうは罪の意識が希薄だが、被害者側は強く怒っていたわけである。そうすると、警察は、取締りにおいても、自転車盗に力をいれることになる。検挙件数が増えれば、認知件数も増加する。歩いているときには全くといっていいほど経験がないが、自転車に乗っていると、よく職務質問されると多くの人が感じていると思う。自転車の防犯登録制度ができたのは、ちょうど一九八〇年であり[5]、時期的にも一致している。したがって、自転車盗が八〇年代に急増した原因は、実数が増加したというよ

[犯罪白書より河合が作成]

図 2　自転車盗の認知件数

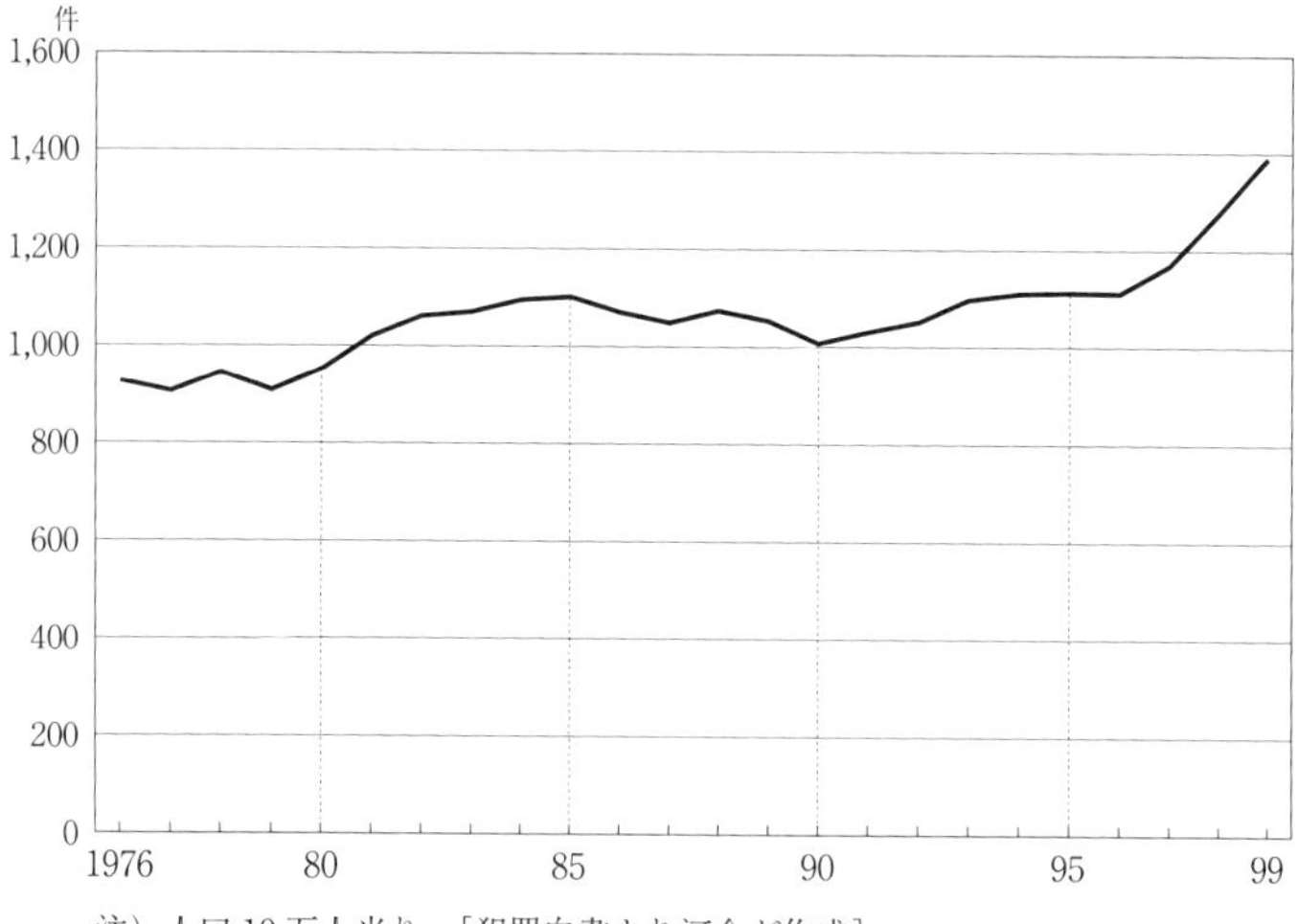

注）人口 10 万人当り．[犯罪白書より河合が作成]

図 3　自転車盗を除く一般刑法犯の発生率

りも、暗数が発見されて認知件数が増加したことのほうが大きいと結論できる⑥。

以上のように、軽微なうえに、実数の変化ではなく増加したと考えられる自転車盗を除いて、発生率をグラフ化すると、それだけで、一九八〇年頃からの犯罪数の微増傾向は消滅する(図3参照)。一九八〇年頃からの増加分が、全て自転車盗の増加で説明できるとしたら、これをもって犯罪増加と騒ぐことは実に馬鹿げている。これほど簡単に化けの皮がはがれるとは意外なほどである。ただし、第四期については、自転車盗は増加しておらず何もいえない。

さらに正確に実態を把握するために、今度は、治安にとって重要な犯罪に注目していこう。治安を考えるさいに、最も重要と考える犯罪が殺人事件であることは論をまたないであろう。殺人の認知件数から殺人事件の発生率を見てみよう(図4参照)。第一期の戦後直後の数年は増加だが、その後、第二期、第三期ともに一貫して減少、一九九〇年代になってから横ばいである。第四期のここ数年についても、その前の数年よりわずかながら多いが、増加傾向と言えるかどうかは微妙なところである。殺人件数は、実は、統計学的観点からも、注目に値する。なぜかといえば、殺人は、暗数が最も少ない犯罪であるからである。戦後直後を除けば、日本には行方不明者が多数いたわけでもなければ、事故や自殺と他殺が見分けられないわけでもない。不審な死体は解剖に付される。おそらく、このグラフの傾斜は、かなりの程度まで、戦後の治安の良し悪しの変化を示してくれていると考えてよい。もしそうだとすると、犯罪数は、ごく最近まで減少し続けており、ここ数年で横ばいから微増に転換しつつあるということになる。分析を続けたい。

次に検討すべきは強盗であろう。犯罪白書は、殺人と強盗を凶悪犯罪と呼んでいる。まず戦後の傾

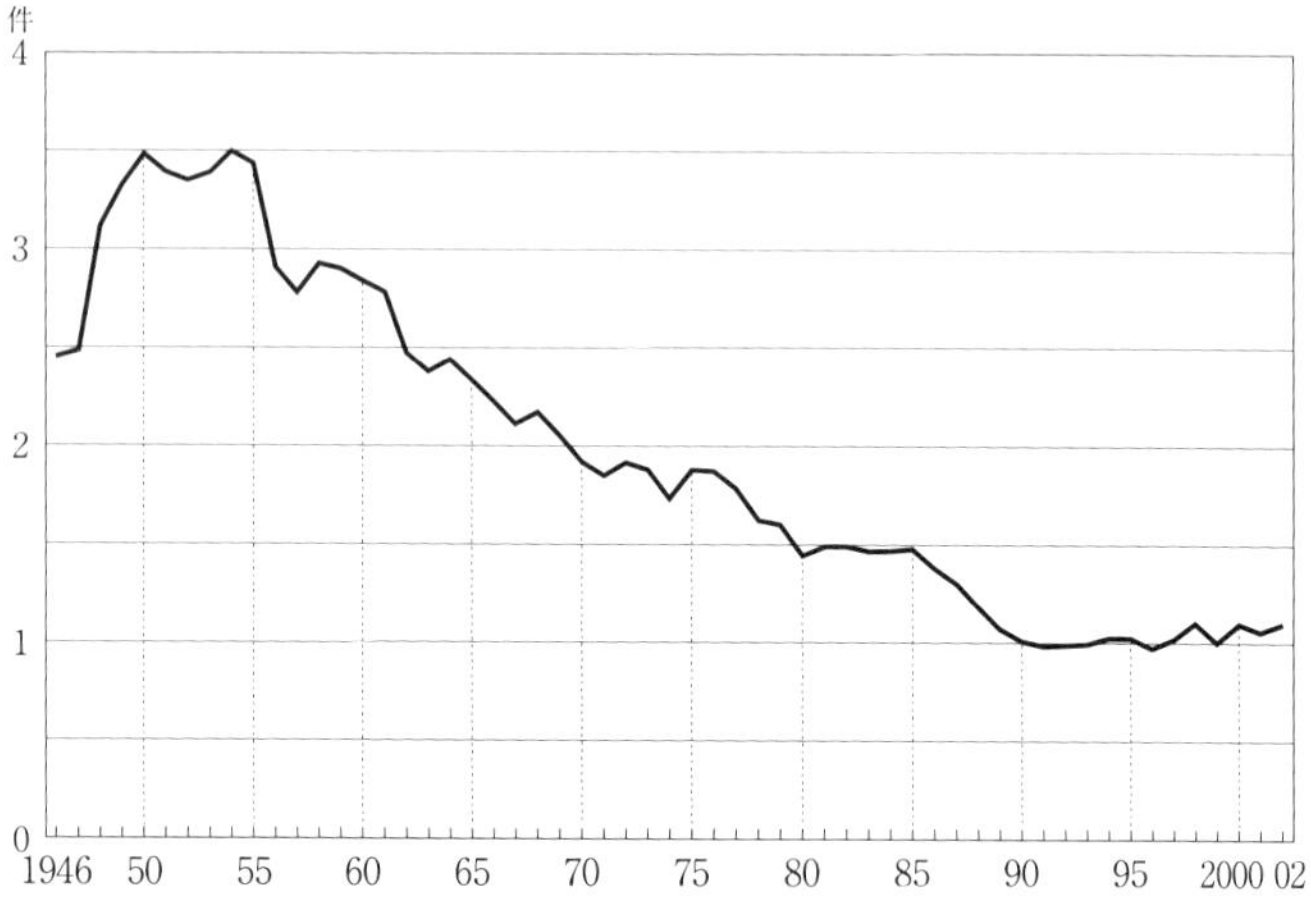

注）人口 10 万人当り．［犯罪白書より河合が作成］

図 4　殺人事件の発生率

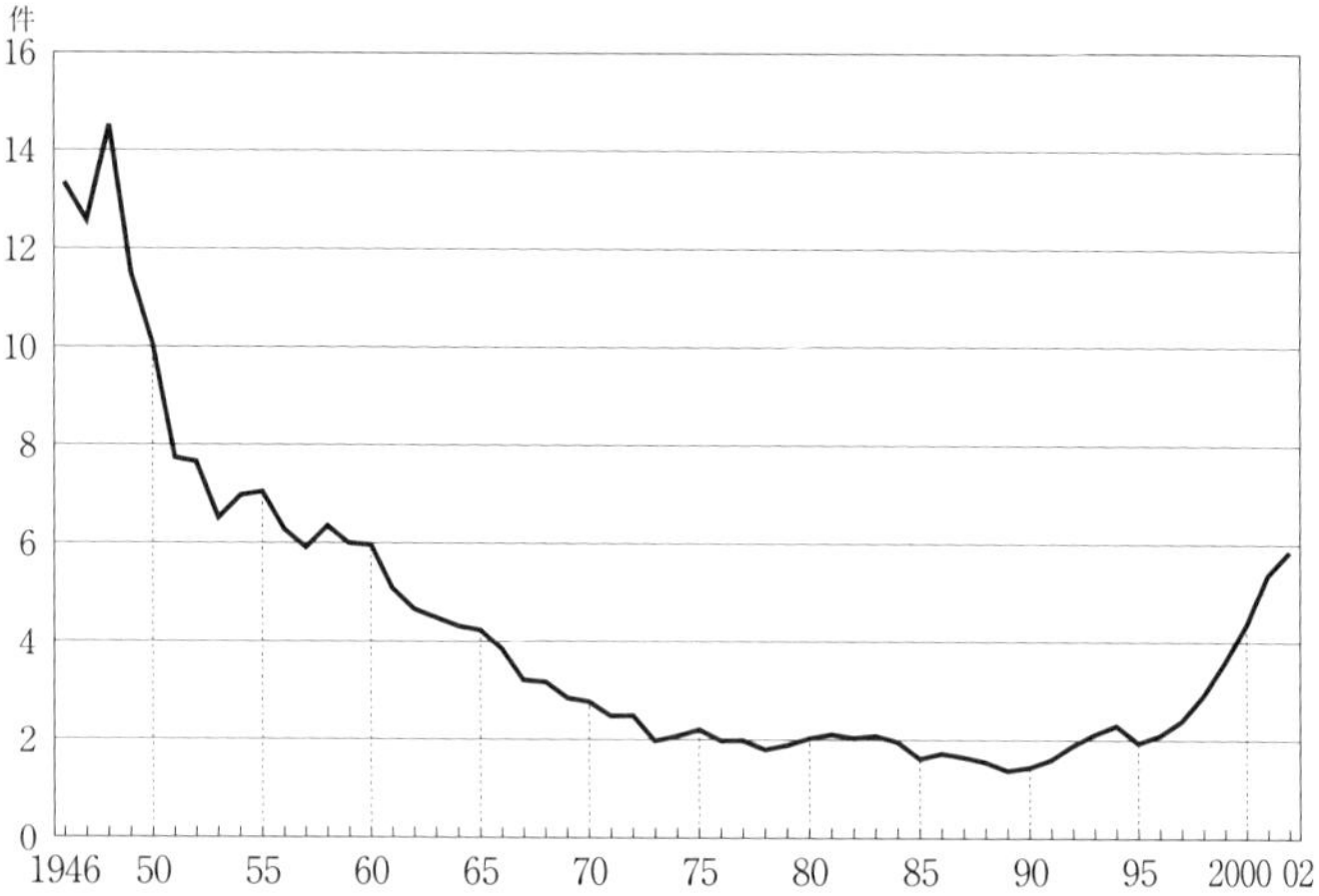

注）人口 10 万人当り．［犯罪白書より河合が作成］

図 5　強盗事件の発生率

向を見ると、戦後数年(第一期)は極めて多数あり、その後(第二期)急速に減少している(図5参照)。興味深いのは、八〇年代から(第三期)も減少しつづけ八九年を底に九〇年代から微増、九六年から加速的に急増している。解釈としては、戦後直後の強盗犯罪の多さも、その後の急減少も、経済状況の変化、つまり飢餓状態から豊かになったことが最大の要因であることには、ほぼ同意がある。八九年を境に増加傾向となっていることは、バブル崩壊時期と一致しており、経済状況の影響は今に至るまで強いと考えられる。統計上、殺人が増加しないで、強盗だけが最近急増していることをどう解釈するかは、「犯罪増加による犯罪不安の高まり」の主張を否定するための最大の焦点である。ここ数年の強盗については、詳細な検討が必要であり、後ほど行うことにする。ひとまず、主要犯罪の件数の変化を見ることを続けたい。

次は、警察白書のほうでは凶悪犯罪に数えられる放火と強姦がある。放火件数は、戦後直後は極めて少なく、急増後、現在に至るまで明確な増減傾向はなく、年ごとのバラつきが大きい(図6参照)。解釈すると、戦後直後少ない理由は、多くの家屋が焼失してしまっていたためと考えられる。バラつきの大きさは、ひとりの放火犯が、連続して多数の放火事件を起こすためであろう。火をつけたが気づかれなかったという暗数の問題は少ないが、認知件数はひとりの犯人に左右されかねず、きめ細かい経年変化を論ずるには適さない。強姦件数は、戦後直後極めて少なく、その後急増、とりわけ一九五八年には前年比四五%増、一九六四年を頂点に急減少、減少傾向は八〇年代も続き、一九九六年が戦後最低、それから増加傾向に転じている(図7参照)。解釈は、戦後直後の少なさは、若い男性が兵士となり多数が戦死、男性に対し女性が余っていたためであり、その後の増加は、男女比率が是正さ

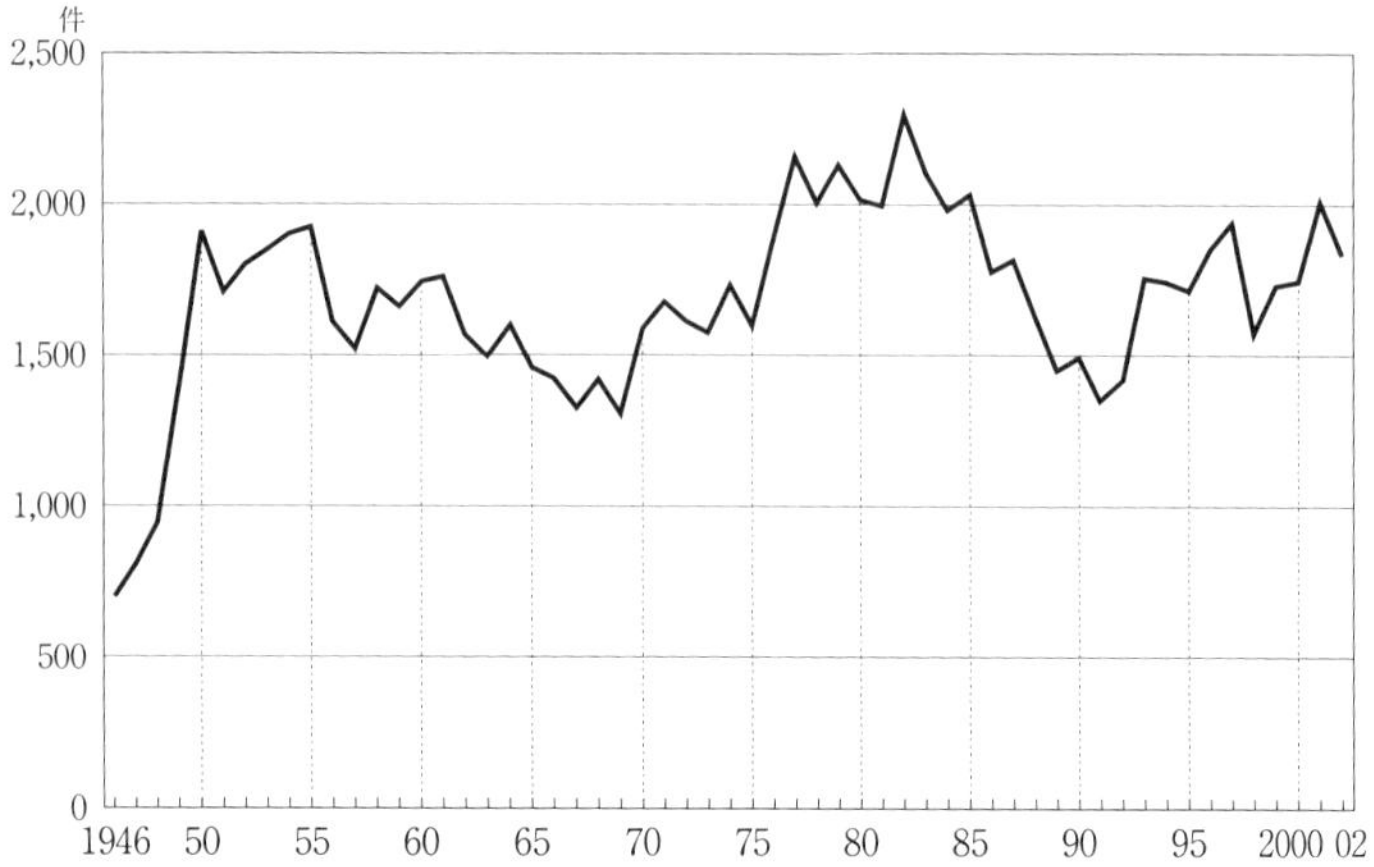

［犯罪白書より河合が作成］

図 6　放火事件の認知件数

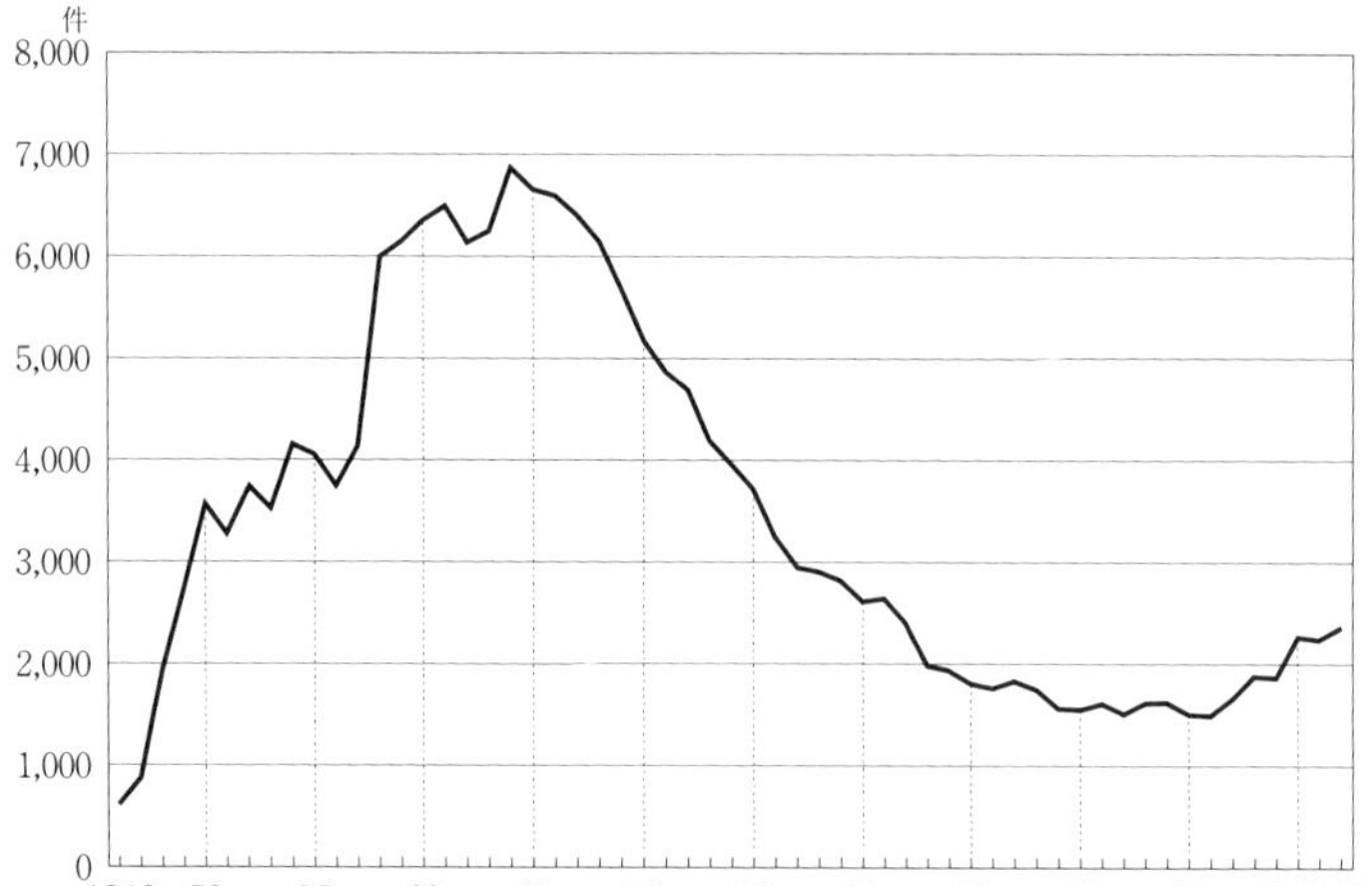

［犯罪白書より河合が作成］

図 7　強姦事件の認知件数

れた結果であろう。一九五八年の急増は、売春防止法が施行され売春が取り締まられ始めたことが関係していることは間違いない。その後の減少は他の犯罪と同様、経済状況の改善が最大要因であろう。九六年が最低である理由は、より詳細な検討を要する。ただ、強姦は、被害者が告訴しない泣き寝入り状態が極めて多数あると想像され、認知件数と実数の差は大きい。むろん、届け出られる比率が時代により一定であれば変化は論じられる。強姦被害の泣き寝入りは減少してきているという感触もあるが、それが正確に何年からなのかは見当がつかない。これがもし一九九六年であれば、一九九六年が最低となり、その後が増加傾向にあることのひとつの説明とはなりうる。被害者への社会的注目を受けて、性犯罪被害者の話を聞く警察の担当者が、ほぼ一〇〇%男性であったのを改め、希望者には女性捜査官が聴取に当たるように変えたことは、被害届け出を増加させたかもしれない。この動きの完成は二〇〇二年いっぱいまでかかっているが、開始したのは、おそらく警察庁が「被害者対策要綱」を作成した一九九六年二月以降であろう。認知件数増加時期とは一致している。いずれにせよ、強姦認知件数の変化は、放火同様、経年変化を論ずるには正確性に問題がある。

最後に、傷害、暴行、恐喝、脅迫の四種の暴力的な主要犯罪をまとめて検討しよう。四種ともほとんど同様の傾向を示し、一九六〇年前後まで認知件数は増加、その後、減少し続け、九〇年代に入って横ばいから微増、二〇〇〇年に突然急増している(図8参照)。より正確を期すために発生率をグラフ化し、脅迫だけ一〇倍にして比較してみれば、四種の犯罪が、いかに類似のパターンをとっているかさらによく理解できる(図9参照)。解釈は次のようになる。暴行が一九四六年にわずか四一〇件であることをみれば、軽微な犯罪は、戦後のドサクサ期(第一期)には無視されていたことがわかる。図

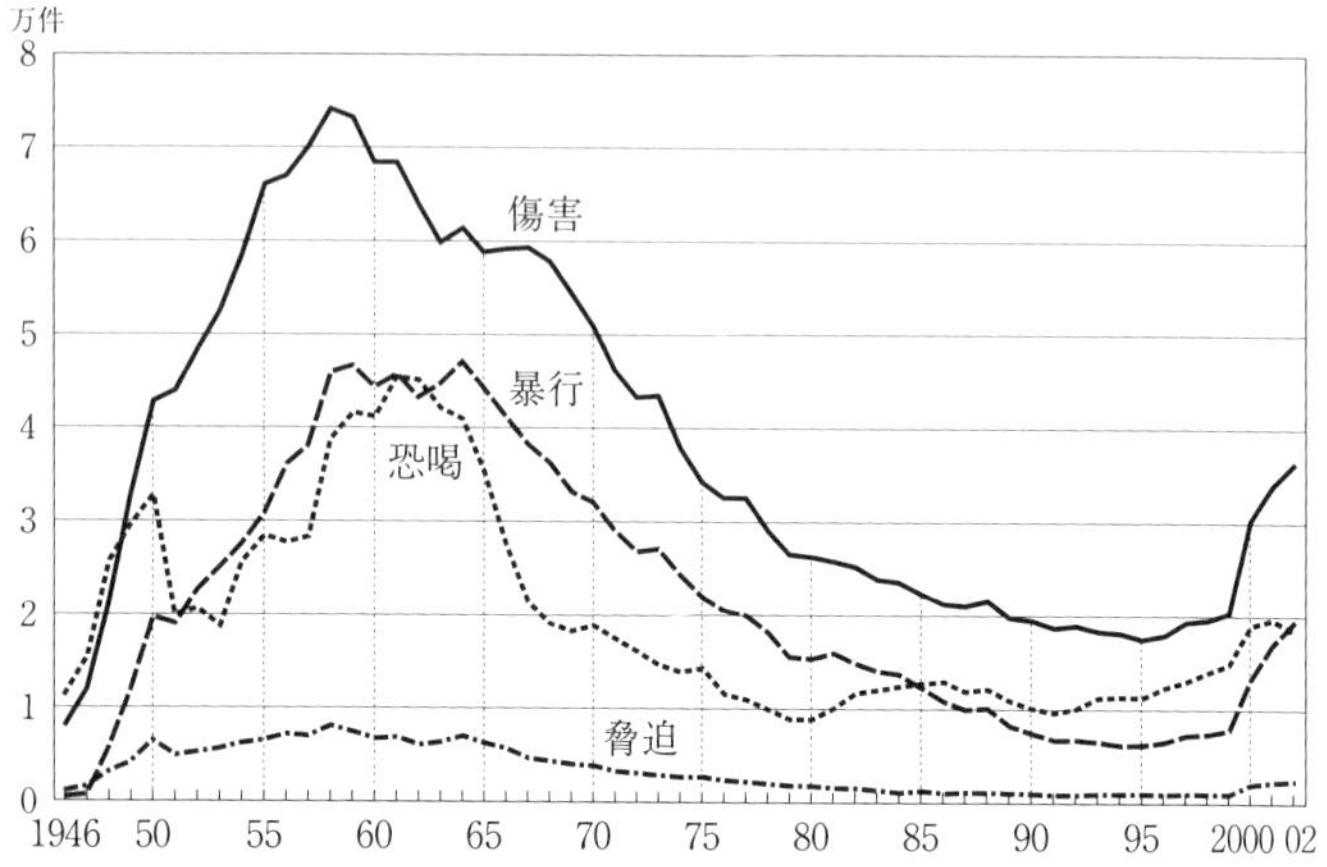

[犯罪白書より河合が作成]

図 8　暴力的犯罪 4 種の認知件数

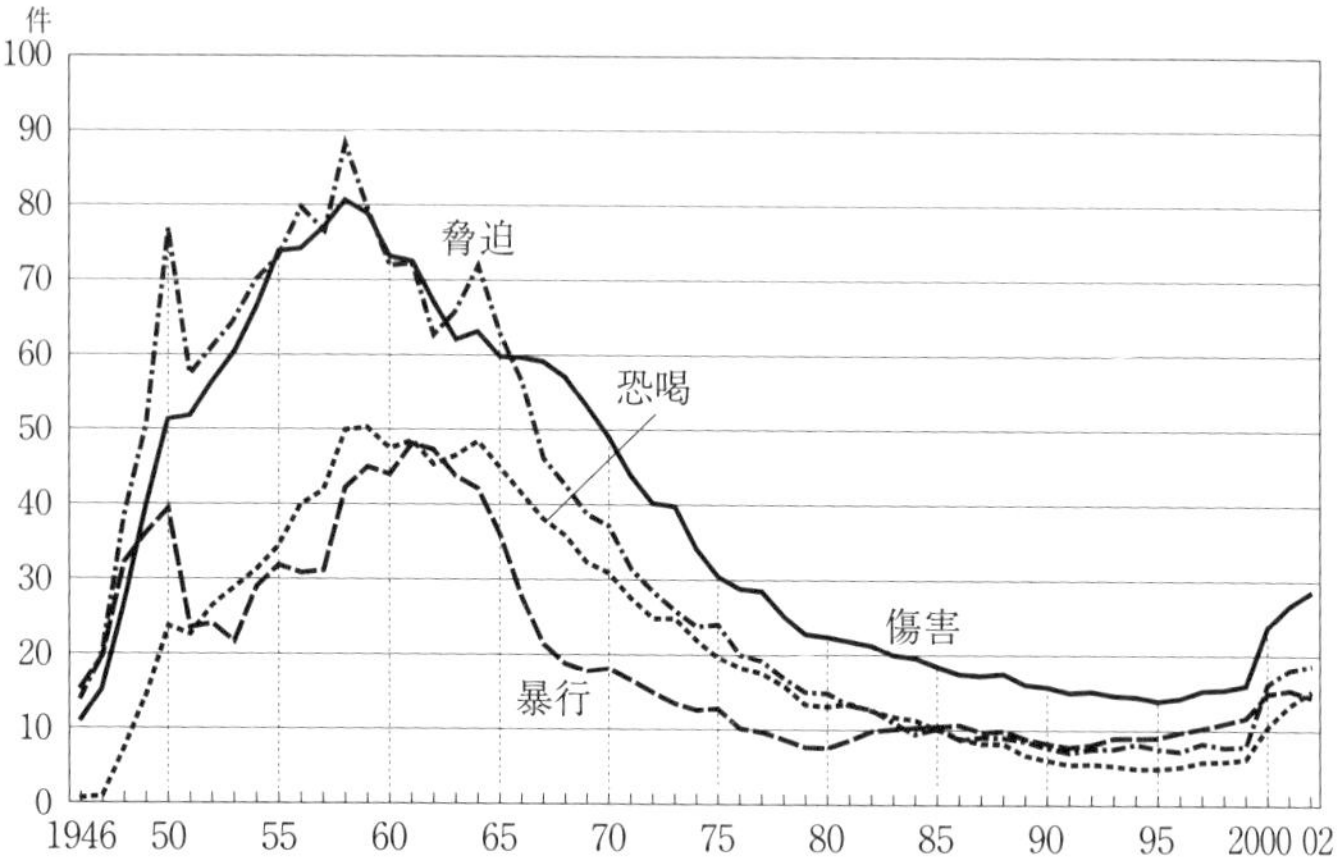

注）傷害・暴行・恐喝は人口 10 万人当り，脅迫は人口 100 万人当り．[犯罪白書より河合が作成]

図 9　暴力的犯罪 4 種の発生率

悪犯罪が落ちついて、さらに警察力が回復し伸びてくるにつれて、認知件数が増加したのだと解釈できる。六〇年前後にピークをつけた後の減少は、実際に犯罪実数が減少したのであろう。二〇〇〇年に突然急増したのは、思い当たるような急劇な社会変化がない以上、統計の取り方が変化した可能性が強い。これについては、後にさらに詳細な検討をする。

なお、強制わいせつと器物損壊については考察対象から除外したい。自分の主張に有利な側面のみを切りとってくることは避けるべきであるので、言及だけしておきたい。いずれも一九七七年から増加傾向、ここ二、三年で爆発的に増加している（図10・図11参照）。強制わいせつの認知件数の急増については、近年痴漢に対するキャンペーンがあったこと及び、痴漢被害者の扱いが丁寧になったことがあり、多数あったであろう暗数が表に出てきたことが原因であると考えられる。したがって、実数増加と比例しない。それどころか、キャンペーンがあれば実数は減少していると予想する。冤罪事件もかなり報告され最高裁まで争って無罪を勝ち取った事例などもマスコミで紹介され、二〇〇二年以降には認知件数の増加傾向は収まりそうである。キャンペーンと認知件数の関係の研究をするには興味深いが、実数の変化に注目する場合、考察から除外するのが適当と考える。(7) 器物損壊罪については、一九五九年以前は統計が存在していないほど軽視されていたにもかかわらず、近年の増加比率は、驚愕するほどである。最近の器物損壊の対象は自動車が中心であり、また、検挙率が一割を切っているところをみると、朝、駐車場にいったらフロントガラスが割られていたという類の事件が多いと考えられる。この種の事件は犯人の手がかりがなく、捜査困難なため、かつては警察に届けられなかったことも多かったと考えられるが、もし保険に入っていれば、保険給付を受けるために警察に届ける必

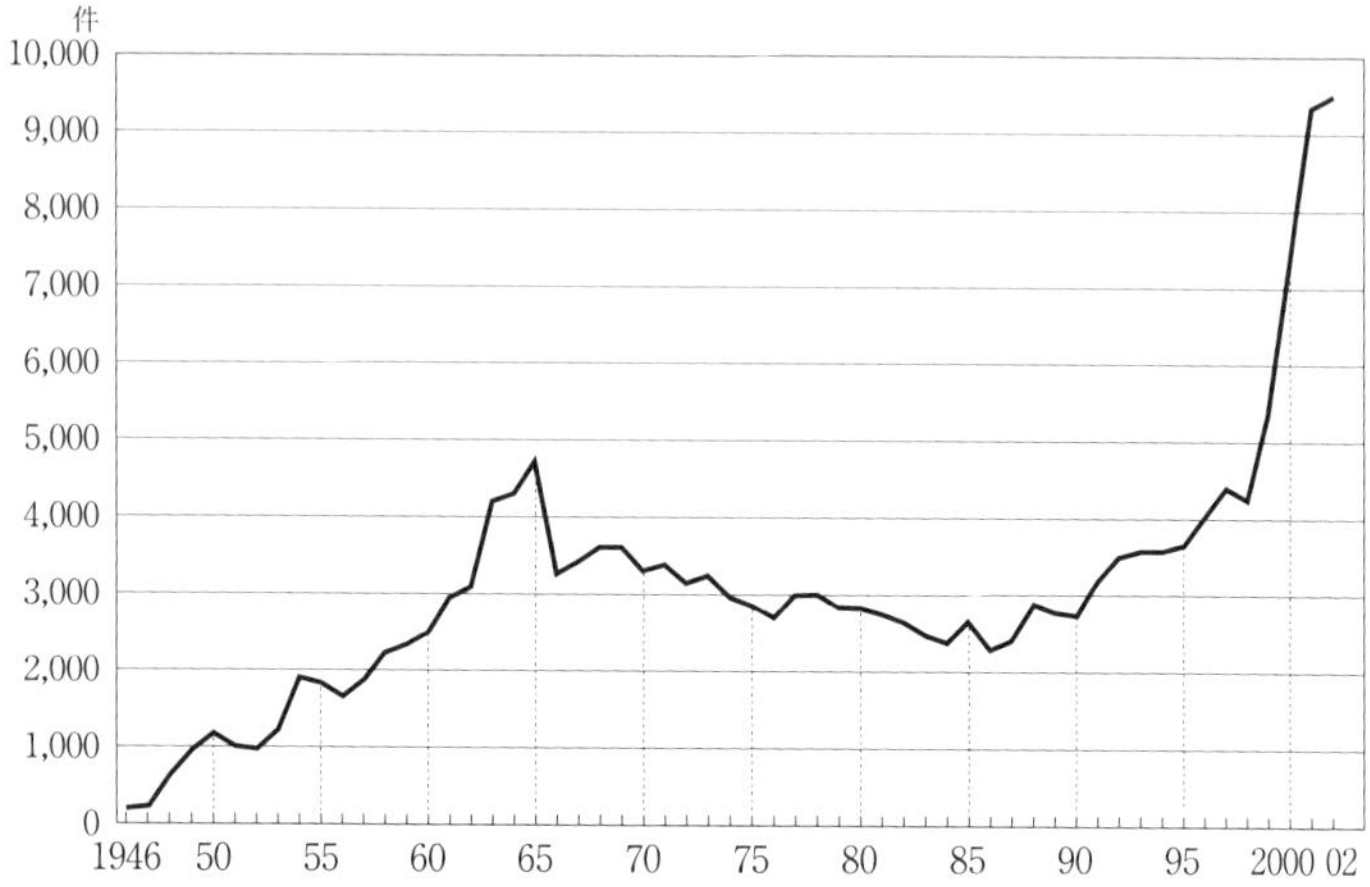

［犯罪白書より河合が作成］

図 10 強制わいせつ事件の認知件数

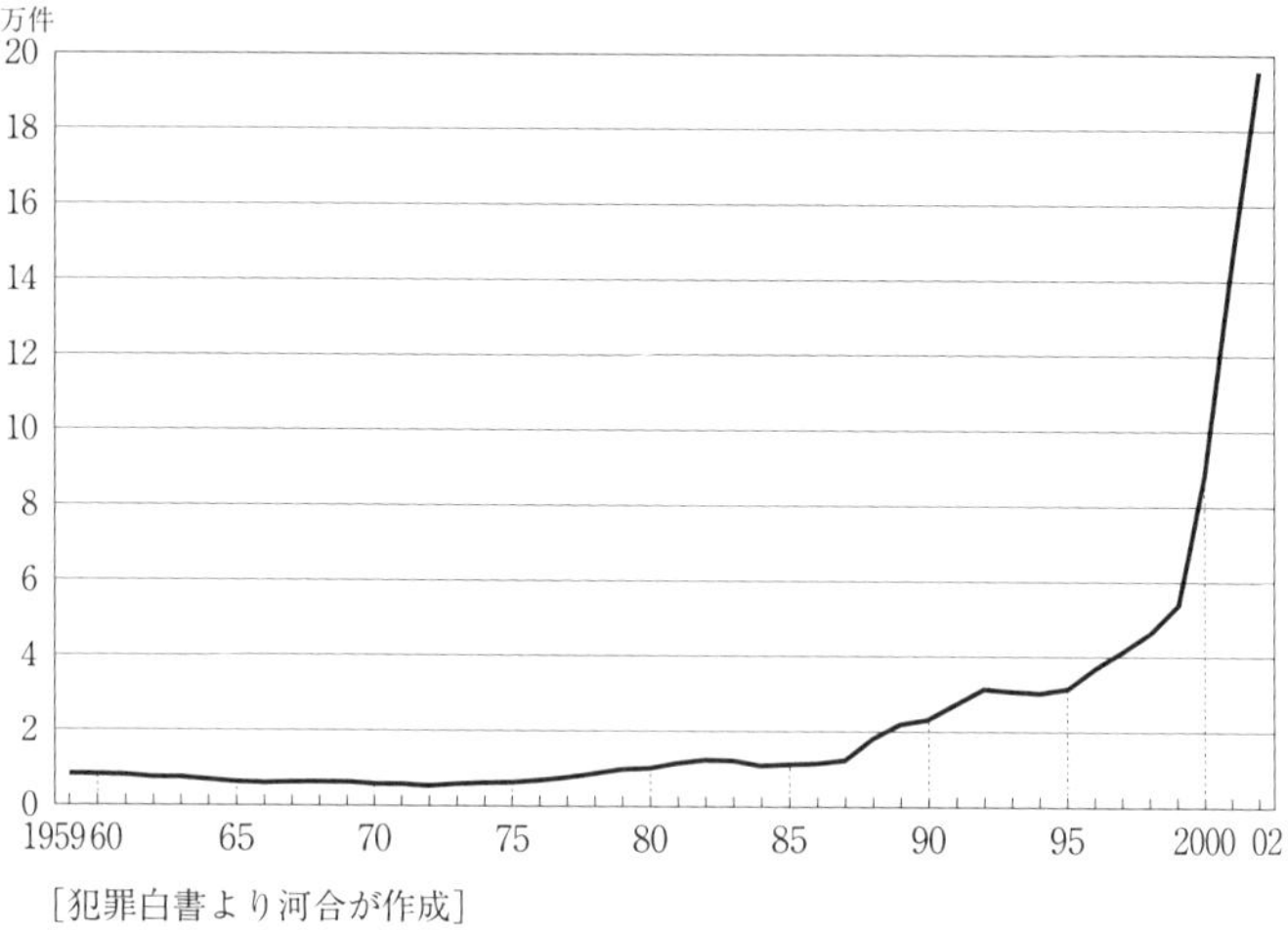

［犯罪白書より河合が作成］

図 11 器物損壊事件等の認知件数

要がある。したがって、保険の充実が見せかけの認知件数の爆発的増加をもたらしている可能性がある。ちなみに、警察に届ける動機の調査では、欧米では、保険が大きな要因であり、届け出の比率が比較的少ないことで知られる日本も、盗難保険等が充実すれば、将来的に認知件数の激増が起きると予想される。ただし、それにしても増加率は途方もなく高く、これだけでは説明できない。むしろ、増加分のほとんどは、いわゆる「前さばき」を警察がやめたためであると考えられる。「前さばき」とは、たとえば、上記のような自動車損壊事件のように、逮捕できる可能性が低い場合、書類を作らないで済ますことをいう。これは、手間をはぶいて、より逮捕可能性が高い、あるいは、逮捕の必要性が高い事件に人的資源を投入するために行われてきた。(8) むろん、事件全ての増加の原因がこれであるとは言えないが、このような要因が混入してしまっては、犯罪実数の経年変化の検討には使用できない。(9)

以上、主要な犯罪認知件数を分析してきた。一旦整理しておこう。まず、第三期と呼んだ一九八〇年頃から微増と見えた期間について、一九七七年から一九九六年の二〇年間に焦点を当てて、殺人、強盗、強姦、傷害、暴行、脅迫、恐喝の主要犯罪七種(放火は除いた)の犯罪発生率の経年変化を、工夫して一枚のグラフに一挙に載せてみた(図12参照)。自転車盗を除いただけで一般刑法犯の増加分がなくなることを既に指摘したが、主要犯罪は、見事に減少傾向である。それも、この二〇年間で、傷害、脅迫、強姦は、ほぼ半減、暴行は、さらに減少度が高い。殺人も一九八四年から数年で三割以上減少している。恐喝と割愛した放火とが横ばいで、強盗だけが一九八九年をさかいに増加傾向に転じている。少なくとも一九八〇年代については、実に大幅に犯罪発生率は低下していたわけである。こ

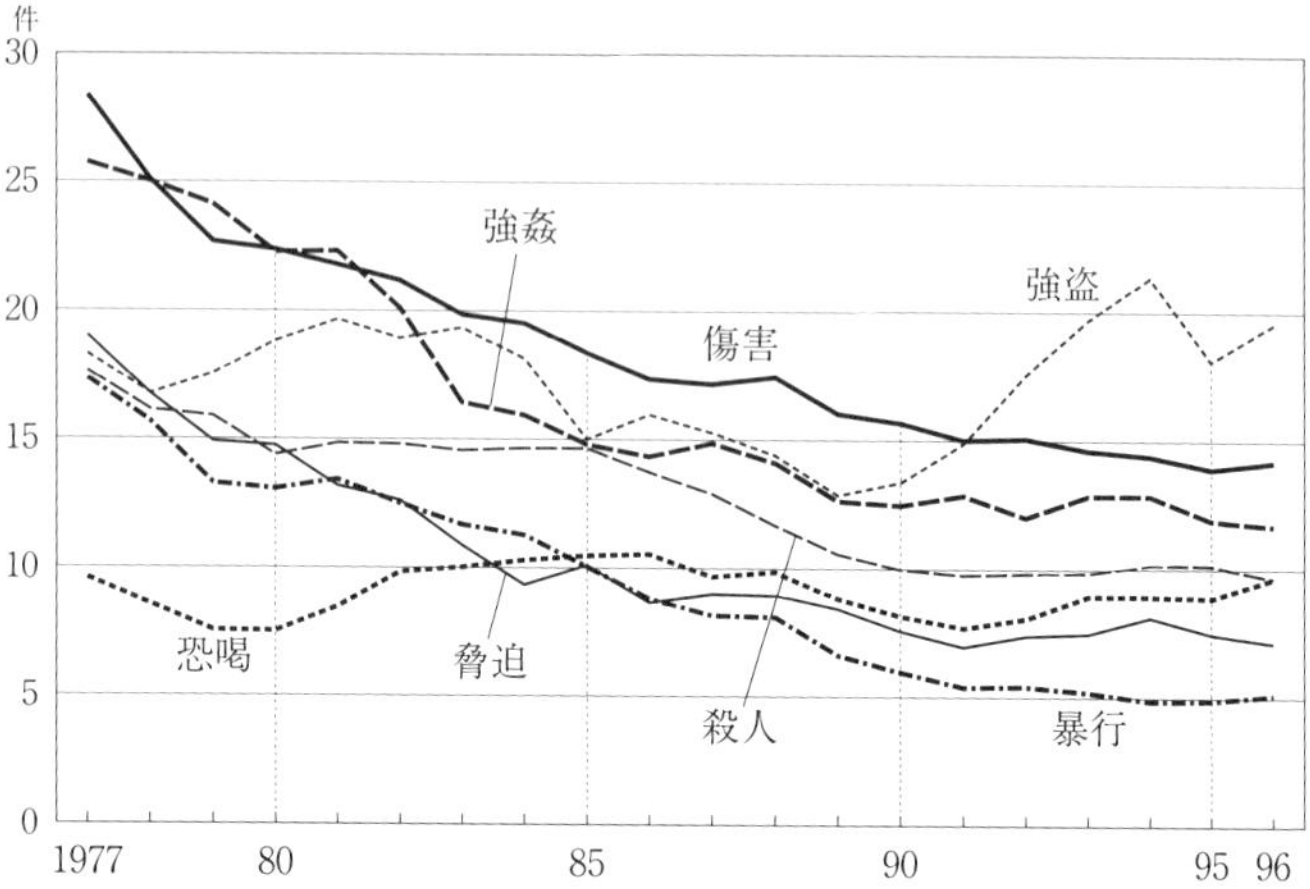

注）殺人・強盗・強姦・脅迫は人口100万人当り，傷害・暴行・恐喝は人口10万人当り．［犯罪白書より河合が作成］

図12　主要暴力的犯罪の発生率(1977-96年)

れほどの犯罪発生率の低下は、社会混乱からの回復期を除けば、世界史上に残る記録であると思われる。それにもかかわらず、この間、犯罪白書も警察白書もマスコミ報道も、犯罪状況の悪化ばかりを言い続けていた。この報告、報道の問題には、理由があり、後に検討する。

最大の問題は、ここ五年(第四期)の発生件数の増加である。ひとまとめのグラフにしてみると、既に指摘したように強盗が八九年から最も著しく増加、殺人は増加せず、であるが、残りの主要犯罪が二〇〇〇年にそろって突然増加していることがわかる(図13参照)。わかりやすくするために、傷害、暴行、脅迫、恐喝の四罪だけをグラフ化すれば、二〇〇〇年に一斉にジャンプしていることが一目瞭然である(図14参照)。このような場合、犯罪実数が急増したのではなく、統計の取り方が変

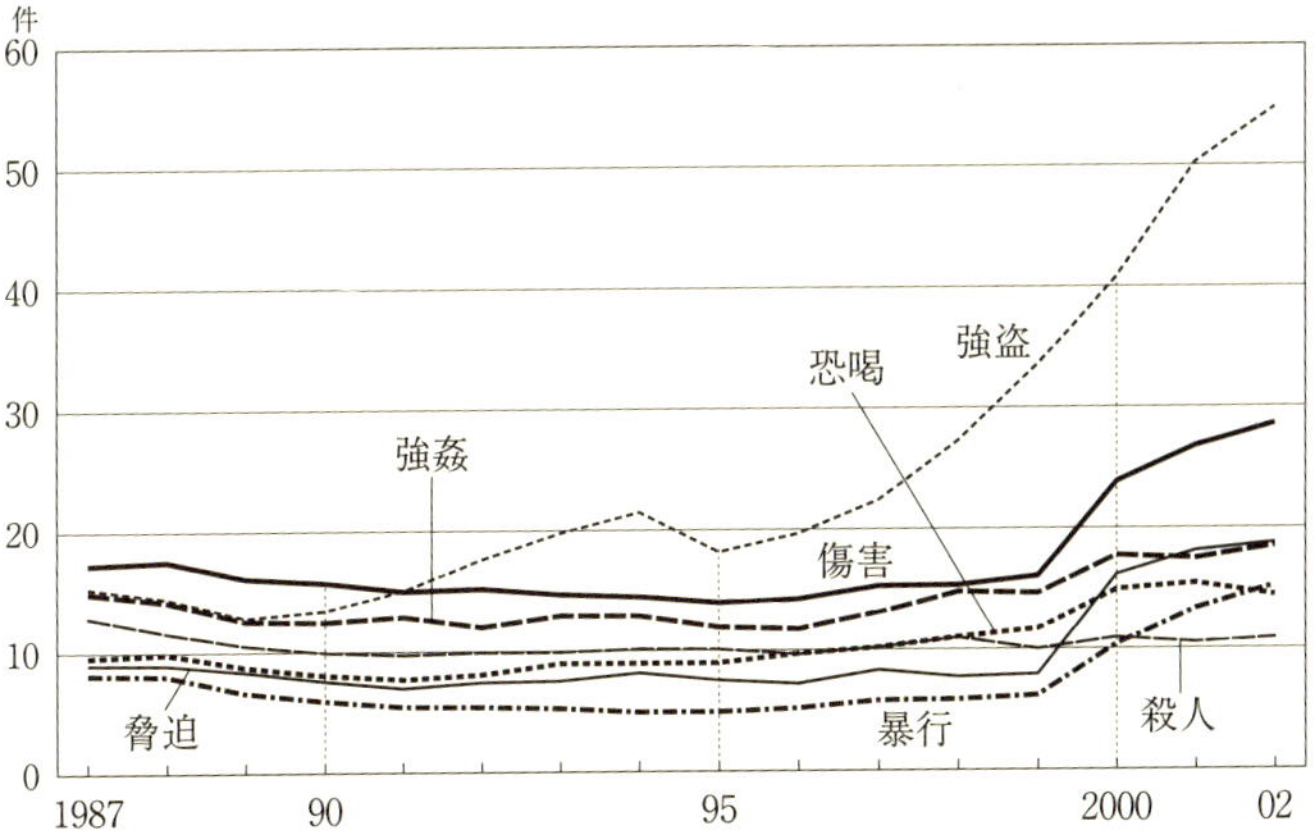

注）殺人・強盗・強姦・脅迫は人口100万人当り，傷害・暴行・恐喝は人口10万人当り．［犯罪白書より河合が作成］

図13　主要暴力的犯罪の発生率(1987-2002年)

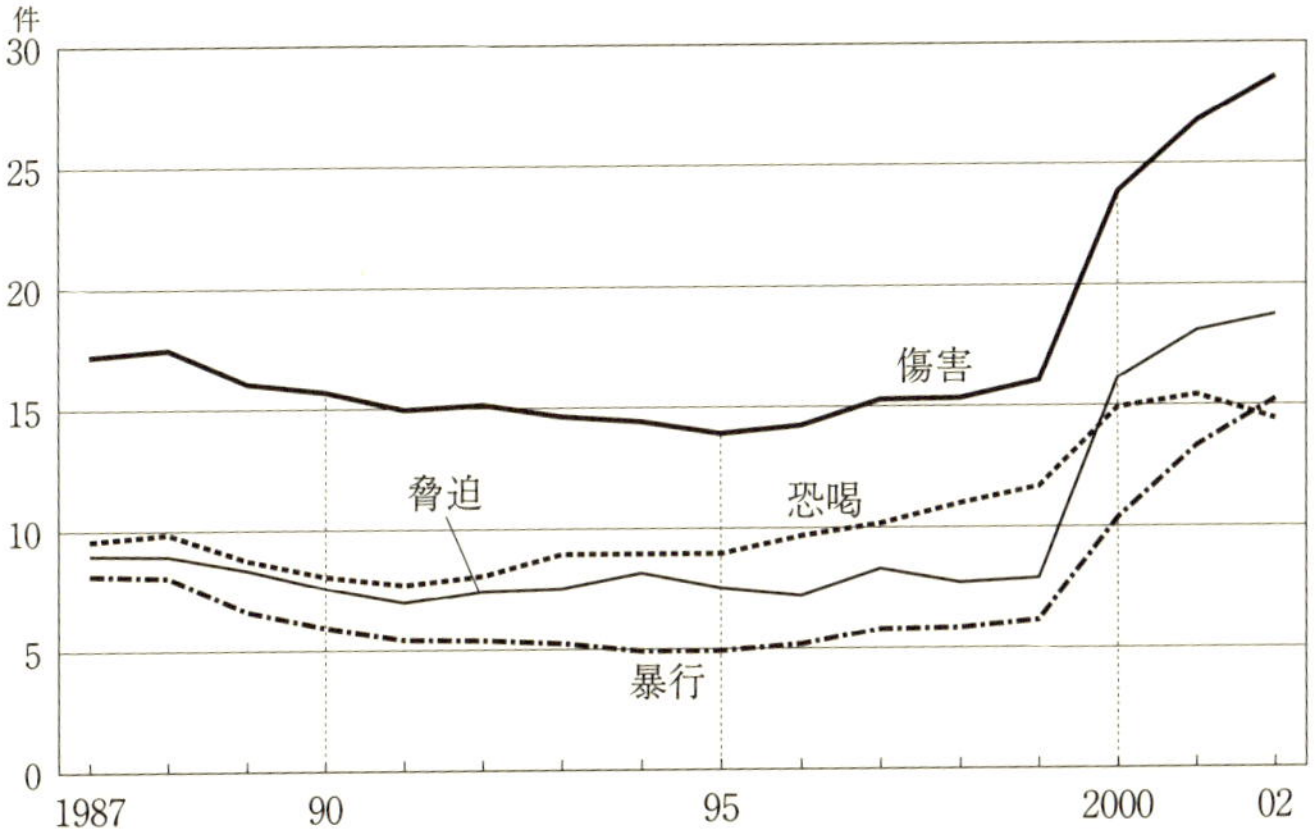

注）脅迫は人口100万人当り，他は人口10万人当り．［犯罪白書より河合が作成］

図14　暴力的犯罪4種の発生率(1987-2002年)

化した結果認知件数が急増したと考えるのが自然である。前述の「前さばき」を一斉にやめた結果であると予想する。前年の一九九九年一〇月の桶川ストーカー殺人事件等への対応として、被害届を原則全て受理する方向になったのであろう。なお、統計の取り方が年初に変わったのでなく、たとえば四月からであると、二〇〇〇年には、その変化の八カ月分の影響が出て、二〇〇一年には一二カ月分の影響がでる。したがって、二〇〇一年もかなりの増加があるのは、そのためと理解可能である。この仮説が正しいならば、二〇〇二年には落ちつくはずだが、一般刑法犯の増加傾向はわずかになっている。そこで警察庁の『犯罪統計資料』(10)によって月ごとの認知件数を調べてグラフ化した(図15・図16参照)。見事に二〇〇〇年四月から五月にかけてジャンプしているが、それ以外は月ごとに横ばいであることが確認できる。四月に通達が出されそれが五月に各警察署に浸透し、安定状態に達したのであろう。統計の取り方に変化があったことに十分注意する必要がある。

しかしながら、ジャンプの部分を無視しても、微減から横ばい、そして微増に転じているように見えることもまた、重大である。微増の時点を特定するために、殺人、強盗、強姦、傷害、暴行、脅迫、恐喝という七種の犯罪の認知件数を合計し、経年変化をグラフ化した(図17参照)。正確に検討するために発生率を算出し、見やすくするために肝心の部分を拡大すると、九五年が最小値である(図18参照)。このため九六年から増加傾向ということも不可能ではないが、九六年の値は、九〇年の値より小さく、横ばいの範囲内と見るほうが自然である。しかも、罪種別の最小値を検討すれば、強盗が八九年、脅迫と恐喝は九一年、暴行は九四年、傷害は九五年、殺人と強姦は九六年となっている。九六年には増加に転じたというのは、この点からも納得できない。減少傾向は九〇年までで、九六年まで

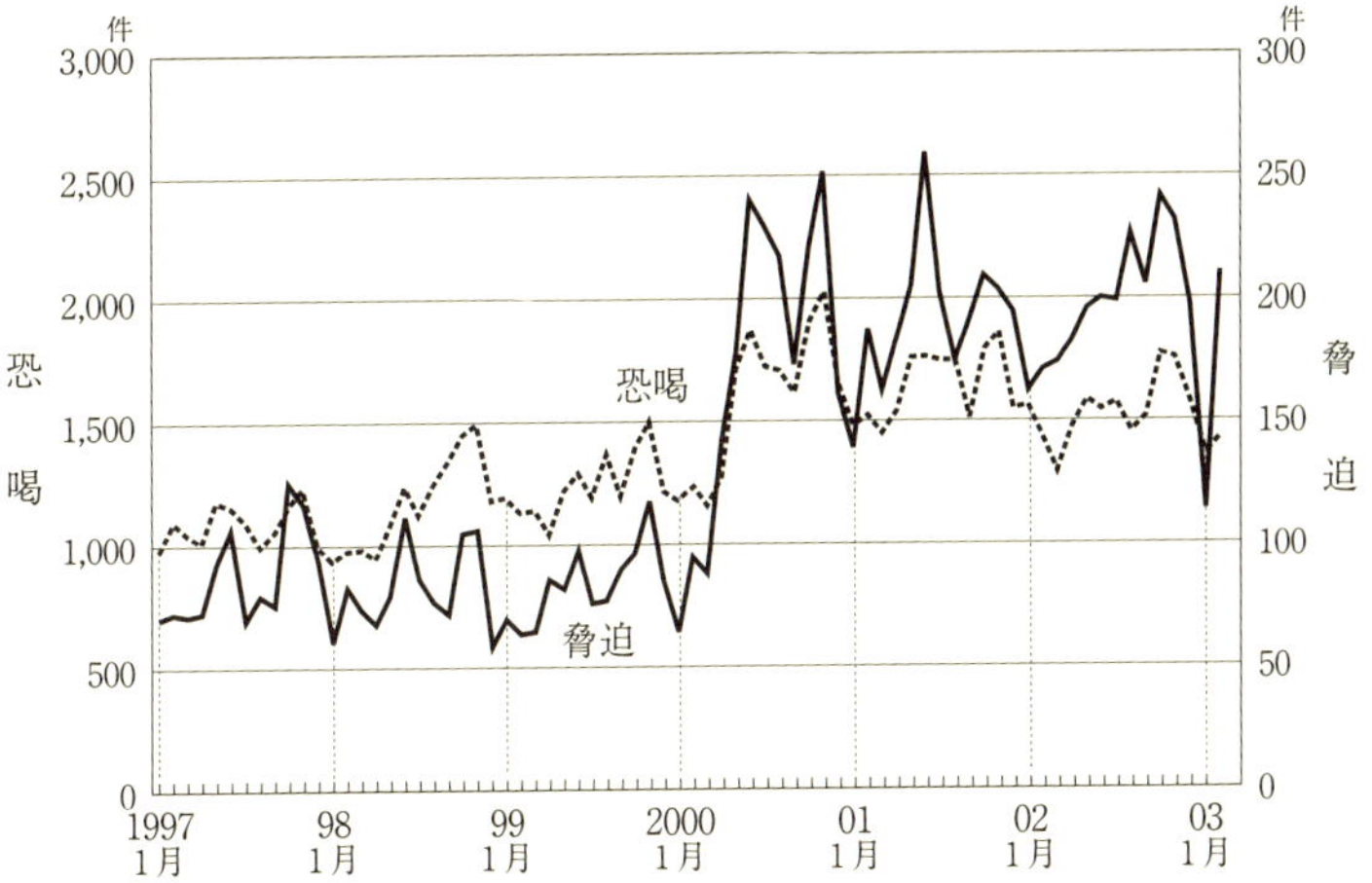

[犯罪統計資料より河合が作成]

図 15　脅迫・恐喝事件認知件数の月別推移

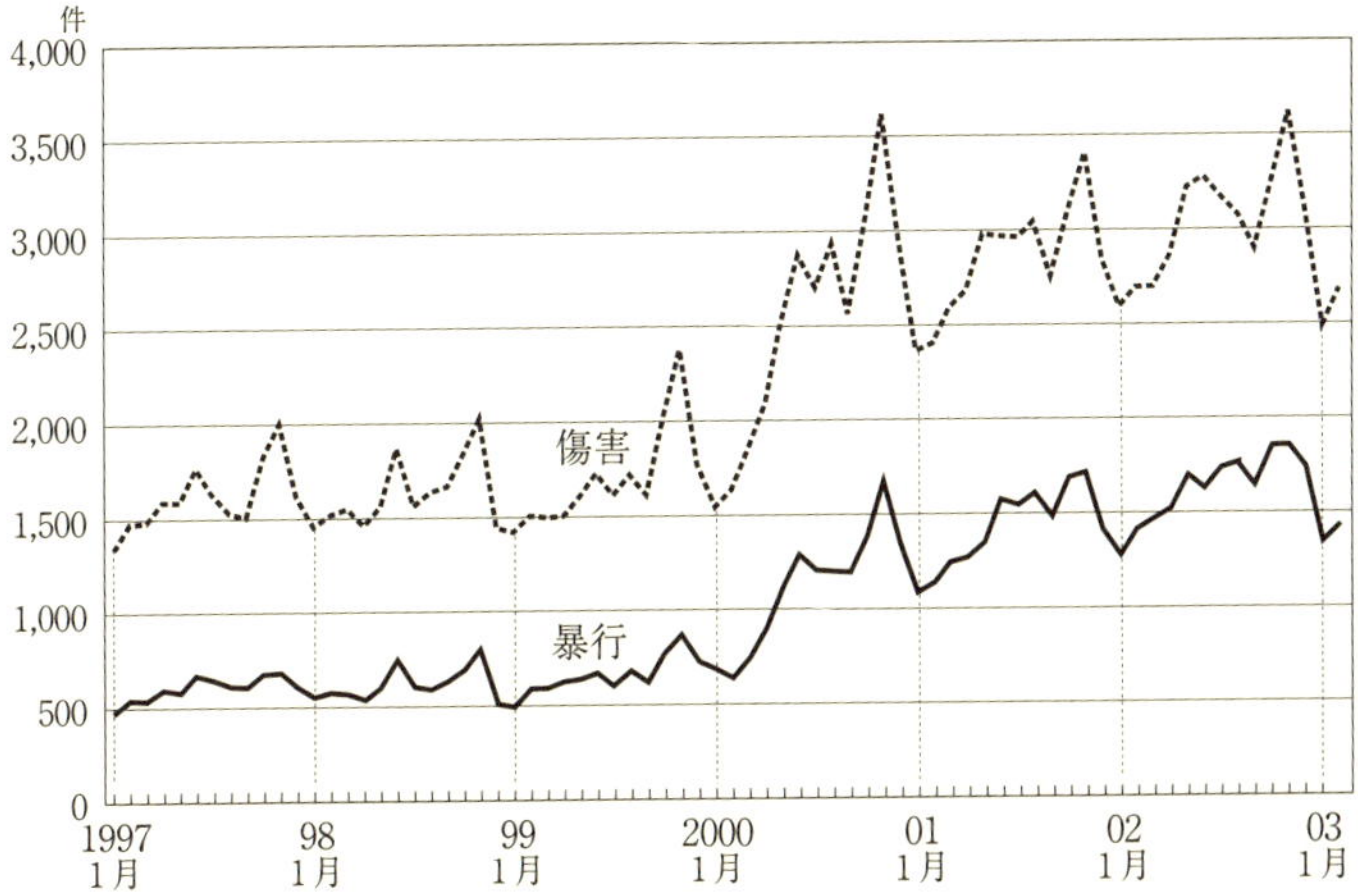

[犯罪統計資料より河合が作成]

図 16　暴行・傷害事件認知件数の月別推移

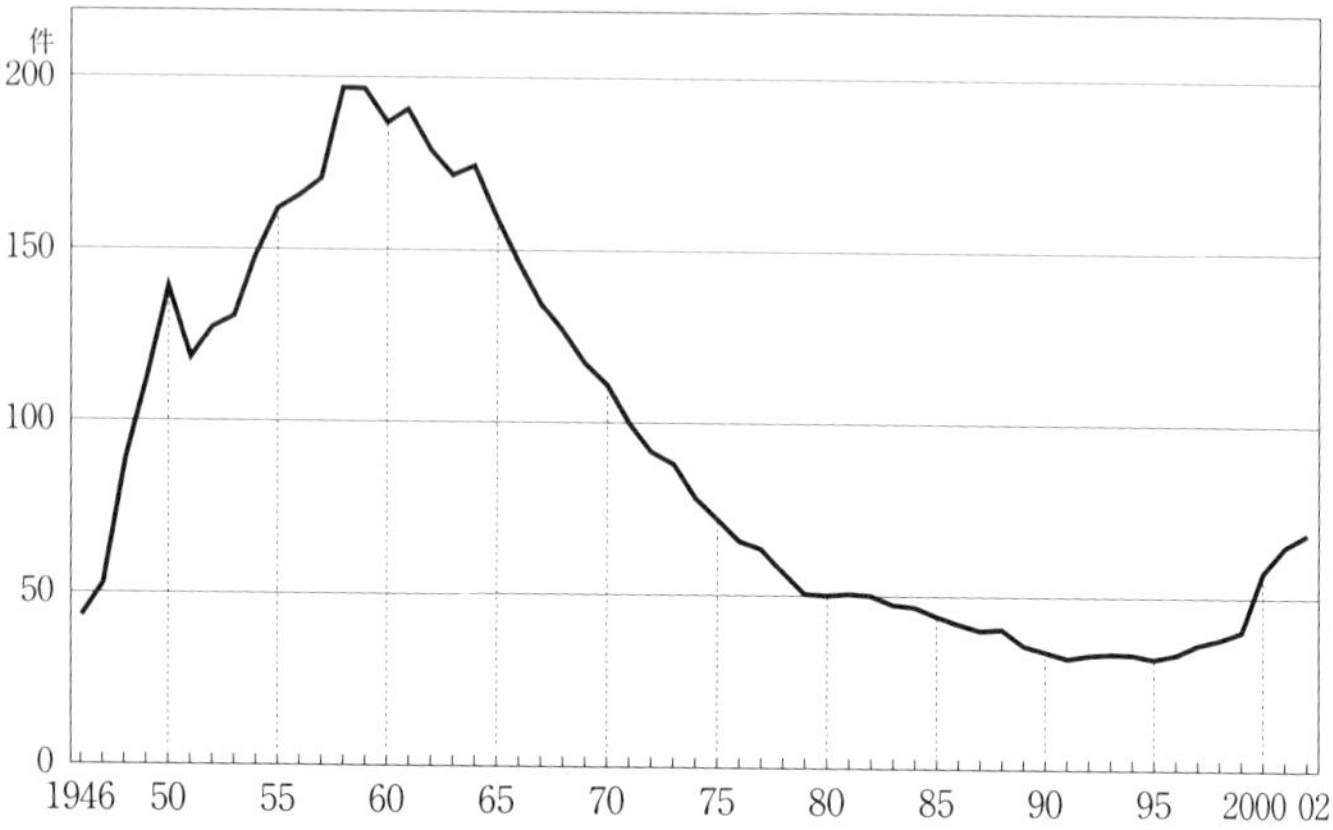

注）人口 10 万人当り．主要 7 罪種とは，殺人，強盗，強姦，傷害，暴行，脅迫，恐喝を指す．［犯罪白書より河合が作成］

図 17　主要 7 罪種合計の事件発生率(戦後の推移)

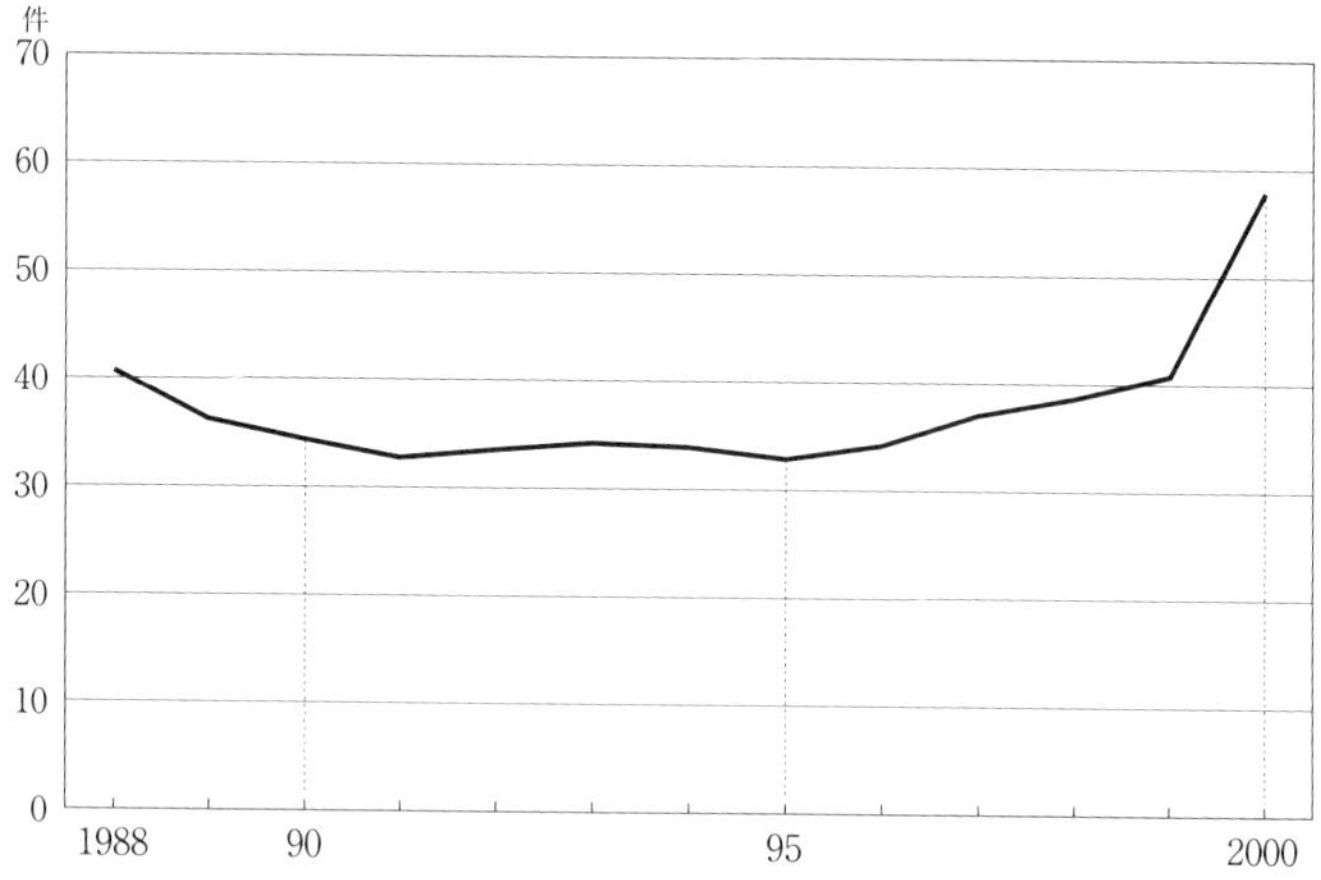

注）人口 10 万人当り．［犯罪白書より河合が作成］

図 18　主要 7 罪種合計の事件発生率(1988-2000 年)

横ばい、九七年からわずかながらも増加傾向が始まっていると特定したい。

犯罪実数は、戦争や経済恐慌、大自然災害などの波瀾要因がなければ、少しずつ変化するものである。最近五年での認知件数の急増は、実は統計の取り方の変化などが原因で実数の急増ではないことを、この後も、さらに厳密に証明していくつもりである。しかし、それは、犯罪情勢に問題なしという主張ではない。むしろ、緩やかに変化するのが当然とすれば、減少傾向が終わって横ばいとなり、九七年からは微増に転じたということは大事件であり、大いに懸念すべきことである。犯罪の背景となっている社会のほうは間違いなく悪いほうに向かっている査証である。ただ、客観的治安の悪化は起きていないということである。まだ、少なくとも八〇年代よりは治安は良好である。

4　凶悪化

認知件数を使った分析を行ってきたが、実はこれには大きな限界がある。たとえば、殺人事件が年間一三〇〇件以上あったという統計を見て、多くの人々は、殺人が一三〇〇件犯されたと理解する。ところが実態は、その印象と、恐ろしく異なっている。殺人の統計には、殺人予備罪(一〇件ぐらい)と殺人未遂罪が含まれている。殺人既遂は一三〇〇件よりかなり少ないと予想できる。殺人事件において、ついに殺せたか殺しきれなかったかは、実に大きな差であり、世間常識では、未遂は殺人事件ではないであろう。たとえば、犯罪小説で「〇〇殺人事件」と題されていて事件が未遂に終わったら、これは殺人事件じゃないではないかと思うのが普通であろう。治安状態についての最も基本的な指標ともなりうる、殺人既遂事件の数を、当然知りたいが、この統計はなんと存在しない。元から取っていないのである。そこで、殺人によって殺された被害者の数を調べると、最近は六〇〇人台である。一度に何人も殺すことは可能だが、ほとんどの事件で、一事件で一人の犠牲者であろうから、殺人既遂事件数は、六〇〇件台であろう。そうするとこれらは全て既遂事件であるから、殺人事件は年間六〇〇件台かと思うとそれも大きく違う。この六〇〇件余りの内、最大のカテゴリーは心中である。無理心中でなくとも子供を殺してから自分が自殺した事件は、刑法上も統計上も殺人事件となる。嬰児殺なども社会的カテゴリーとしては殺人でないとし、いわゆる「人殺し」が無垢な被害者を殺した事件のみを純粋に殺人事件であると考えるならば、いったい、その数はどのくらいあるのであろうか。

やや古いが、加害者と被害者の関係についての研究があるので見ておこう。一九七七年日本における、業過致死を除いた犯罪によって殺された者、つまり殺人と傷害致死、強盗致死、強姦致死などの合計一五二七人全員について、加害者と被害者の関係が調査された[11]。それによると、親が子を殺したケースが三分の一以上で、心中が最も多いことがわかる。嬰児殺は、戦後三〇〇件ぐらいから減少の一途をたどり、今や三〇件前後である。なお、この頃は、児童虐待はまだ「発見」されていなかった。今は二〇件ぐらいの児童虐待による殺人事件がある。配偶者間の殺しも多く、核家族内で全体の過半数を占める。統計上は同居人として表れる、結婚しない同棲や、別居しており知人扱いだが愛人あるいは恋愛関係があった事件も計算に入れると、ほとんどが家族関連の事件であることがわかる。親密な付き合いがある者が八割、残りが単なる顔見知りと面識なしである。

よく考えてみれば、殺すということは、なんとしてでも避けたい嫌な事であって、よほどの恨みがないと殺せない。親族関係にない者は、嫌なヤツなら絶交すれば済むのであるから、殺して別れなければならないのはやはり親族か恋人(別れたくないのに別れると言われた場合のほうが多数と思われる)、とりわけ家族となる。すぐに命のやり取りを語りたがる暴力団の抗争でも、年間一五から三〇人の死者を出すのみである。大騒ぎして小指の端っこを切り落とすぐらいで、日本の暴力団は、世界の犯罪組織と比較すれば「人命尊重」の度合は高い。殺人事件の内、年間一二〇ぐらいは薬物等による精神障害者による事件であり[12]、これが通り魔に代表される面識なしの事件の多くを占めていることを考え合わせれば、無垢な被害者を「人殺し」が襲う事件は、実はほとんど存在しないと考えられる。確かに歴史に名を残す「殺人鬼」はいるが、これとて本当に殺人鬼と言えるかどうか疑ったほうがよいくらいである。ただし、治安を問題にする以上、殺人鬼かどうかはともかく、無垢な被害者が実在することには注目する必要がある。この数は、せいぜい百、二百のオーダーであるように思われる。

田村雅幸は、一九六〇年から一九七八年までの殺人事件の内容を詳細に検討し、三〇六六件から一六八四件まで大きく減少しているが、「殺人類型の分布にさほど大きな変化はない」としている[13]。その後、詳細な研究はないが、犯罪統計書の死傷者の加害被害関係の統計から、親子心中が減少し(バラバラに自殺するようになった)、嬰児殺も減少し、親殺しが増加していると予測する。増加している親殺しとは、たとえば、「ずっと介護してきたが、介護する側が六〇歳を超える高齢となり、自分も体調を崩して入院せよと言われた。もう九〇歳の親を介護できる者がいないと悲観して、親を殺害し、自分は自殺しかねて自首した」という類の事件と予想する。

統計上、どのような殺人事件が、どの程度含まれているのかを見破るには、量刑を見るという方法がある。年間一三〇〇件台の殺人事件が認知され、ほぼ全て解決事件であるが、刑務所に入所してくる者は、たとえば二〇〇一年には五八三名に過ぎない。[14] 殺人事件なのに刑務所に入らなくてよいケースが過半数であるとは驚きであろう。地方裁判所の科刑状況を見ると、総数七三一とある。そのうち一三五名が執行猶予付き判決である。[15] 六〇〇名ぐらいの判決がない事件は、多い順に、被疑者死亡等（親子心中等）で公判が開かれない（乱暴な予測で約二〇〇人）、心神喪失で不起訴（二〇〇一年は八七件）がある。[16] 次いで、嫌疑不十分で不起訴、起訴猶予（三〇―五〇人程度）等である。[17] 殺人で執行猶予どころか起訴猶予があるのは驚きかもしれないが、むしろ、殺人事件には、加害者に同情すべき事情がある場合が多い。前記の介護がらみの事件は、社会にとっては実刑の必要はないが、本人が執行猶予されて帰宅したときに自殺といった結果を防ぐために、極めて短期の実刑にされたりする。誰かが面倒を見てくれるようだと執行猶予であろう。起訴猶予は、公判がないためデータがなく、想像するしかない。唯一わかっているのは、心神耗弱による起訴猶予（二〇〇一年は三件）である。[18] 暴力団による殺人事件なのに起訴猶予がいくつかあるのは、組長に殺害を指示され拳銃を渡されたが実行できず、組にも帰れず警察に駆け込んだというようなケースであると想像する。拳銃を受け取った時点で殺人予備罪であるから統計上は殺人事件一件となるが、世間常識からすれば、殺人事件は回避されたと評価するのが常識にかなっていると考える。確かに、なるべく実行を思いとどまって警察に駆け込んで欲しいという刑事政策的観点からしても、また、拳銃の受け取りを拒むことが事実上は不可能であることも考えあわせれば、起訴猶予は頷ける。

さて、肝心の刑の重い殺人事件の数であるが、二〇〇二年は死刑が一二名、無期が二二名、一〇年以上が一七九名、一〇年以下五年以上が二二五名、五年以下の実刑が一五〇名であった。[19] なんら同情すべき事情がない殺人既遂事件、たとえばケンカで、凶器を使用するなど相手が死ぬおそれがある攻撃をして殺してしまった場合（素手でなぐって相手が転倒、頭の打ち所が悪くて死亡などは傷害致死）は、懲役一〇年を覚悟しなければならないことを参考にしていただきたい。この例は、凶悪というよりも、本当にバカなことをしたというレベルであろうが、この程度も含めても、死刑、無期と懲役・禁固一〇年以上の合計は二一三件である。誰もが凶悪と考える事件は死刑と無期の合計三四件に過ぎない。

殺人事件年間一三〇〇件台の実態は、以上のごとくである。これをヒントに、全犯罪について、量刑の重い事件がどのくらいあるかによって、本当に凶悪な事件の数の推移を検討することができる。ついでに中くらいの量刑の事件数も調べると、犯罪数の増減についての知見も得られるはずである。方法として確定判決を指標にすると、数の正確さはあるが、最高裁まで争われた場合、重大犯罪の刑が確定するのに何年もどころか、十年単位の時間がかかるという欠点がある。年毎の治安の悪化を語るには、第一審の判決を指標にしたほうが、時期のズレが少なく、適切であると思われる。多くの場合、上級審で判決が覆ることはないうえ、増減を比較するだけなら、判決が覆される比率が変化していなければ問題ない。これは、無視しうる範囲にあると考えられる。

死刑と無期懲役の第一審判決の数の推移を見てみよう。大雑把な印象では、死刑は増えているとは言えそうもなく、無期は一九九九年から増加傾向かもしれないというところである（図19参照）。死刑判決の数が二〇〇〇年に一四件あり、二〇〇二年一八件と、ここのところで最大値を更新していることが気にかかる。しかし、オウム事件の一審判決が集中して出た影響を考慮すべきである。既に総数

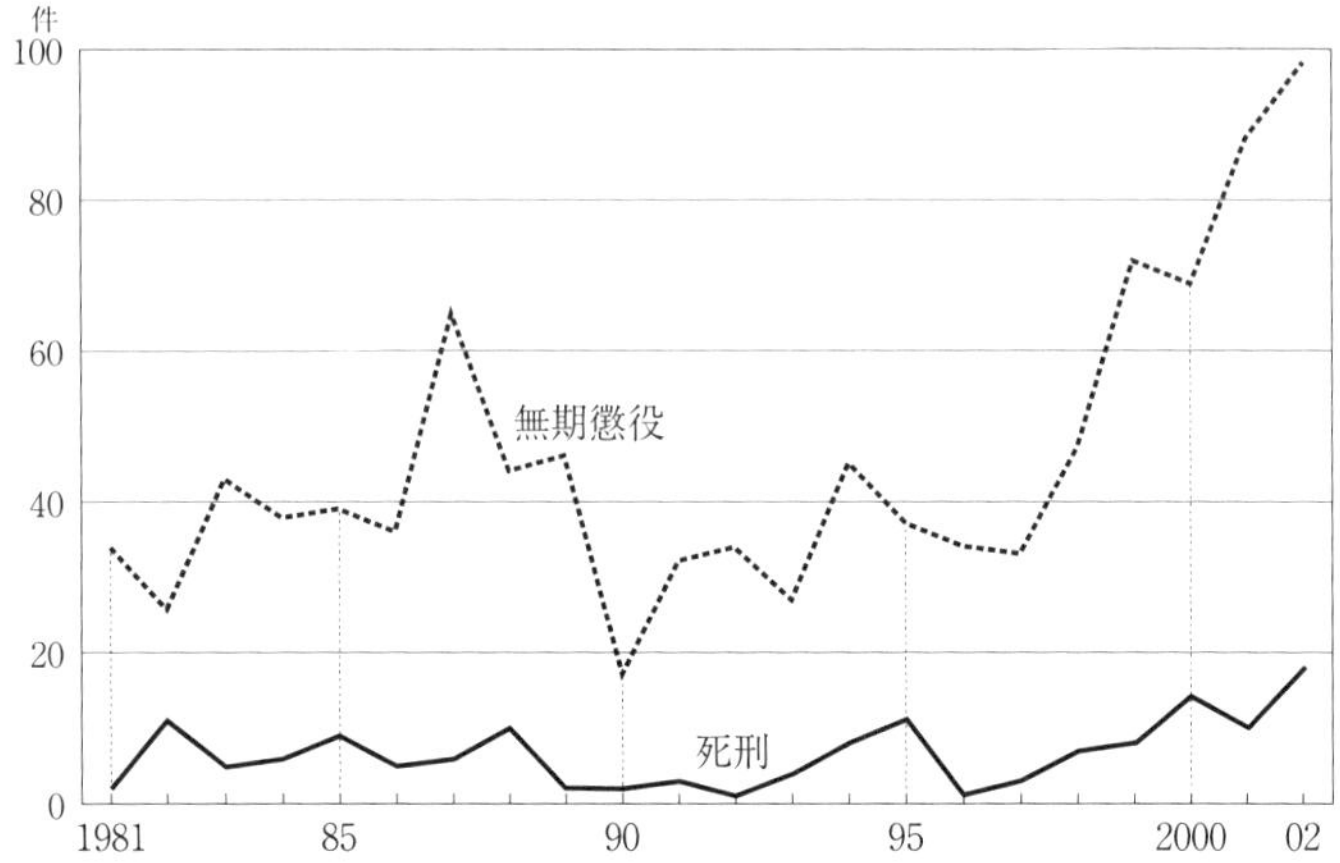

［犯罪白書より河合が作成］

図 19　第一審において死刑・無期懲役判決が出された件数

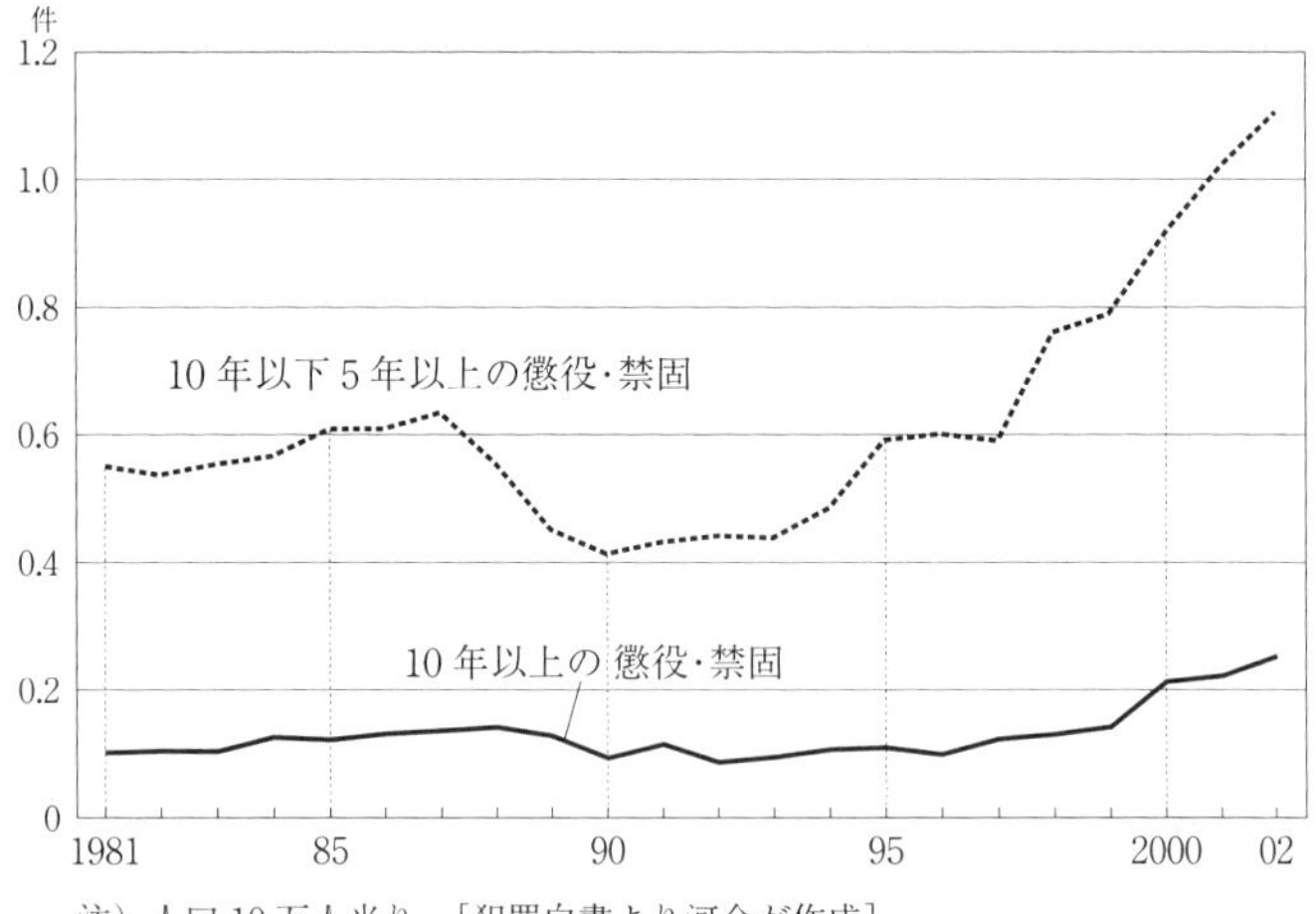

注）人口 10 万人当り．［犯罪白書より河合が作成］

図 20　人口に対する第一審での長期判決の割合

九人の死刑判決があるが、そのうちほとんどが二〇〇〇年に出ている。また、無期も、その前後の期間に六名出ている。[20] 注意が必要である。死刑については、最近ますます批判が高まっているが、他方で厳罰主義も勢いを増している。この二〇年で、死刑の基準は大きくは変化していないと考える。

次に、一〇年以上の懲役・禁固と、一〇年以下五年以上の懲役・禁固の第一審判決の数をみてみよう。一〇年以上の刑は二〇〇〇年から増加、一〇年以下の刑は一九九八年から増加している（図20参照）。もうひとつ、実刑になるか執行猶予になるかは、非常に大きな分岐点である。刑務所の入所者数の推移も見ておこう。他の先進国と比較して圧倒的に刑務所人口が少ないのが日本の特徴であるが、戦後の減り方は激しい（図21参照）。とりわけ八〇年代後半に、大幅に減少していることは注目に値する。確かに、一九九二年を最小値に微増に転じ、九九年からは増加傾向を強めているが、まだまだ八〇年代より少ないし、八〇年代後半の減少の急劇度に及ばない状況である（図22参照）。これらの図を見ただけで、最近の治安の悪化はひどいという議論が、どれほど客観的数値を無視したものであるか明白であろう。ただし、検挙率が下がっていて真犯人が逮捕されないから、入所者が少ないだけであるという反論がありうる。これについては、検挙率の検討のところで、警察の検挙能力は少しも落ちていず、検挙率の低下は統計のトリックであることを証明したい。

さて、凶悪犯の数に話をもどそう。統計上、確かに、重い犯罪の数が、ここ何年かで少しながら増加傾向である。この解釈のためには、二つのことに留意する必要がある。第一点は、重大犯罪ほど判決に時間がかかることである。死刑判決が予測されるような重大犯罪等は、乱暴に言えば第一審に五年かかる。重大な犯罪と凶悪犯罪はイコールではないから、幾つかの凶悪犯罪の判決は速やかに下さ

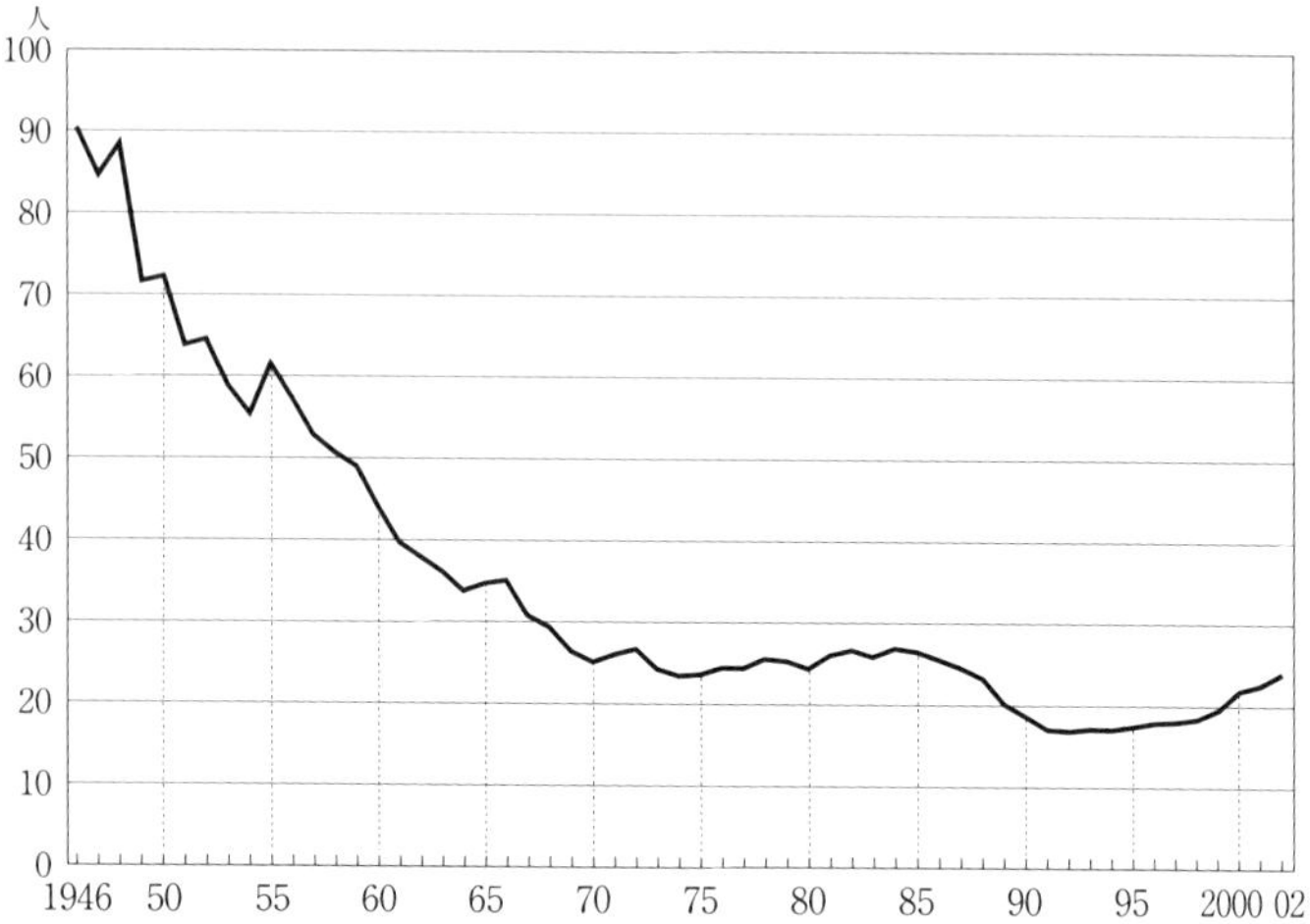

注）人口 10 万人当り．［犯罪白書より河合が作成］

図 21　人口に対する新受刑者の割合（戦後の推移）

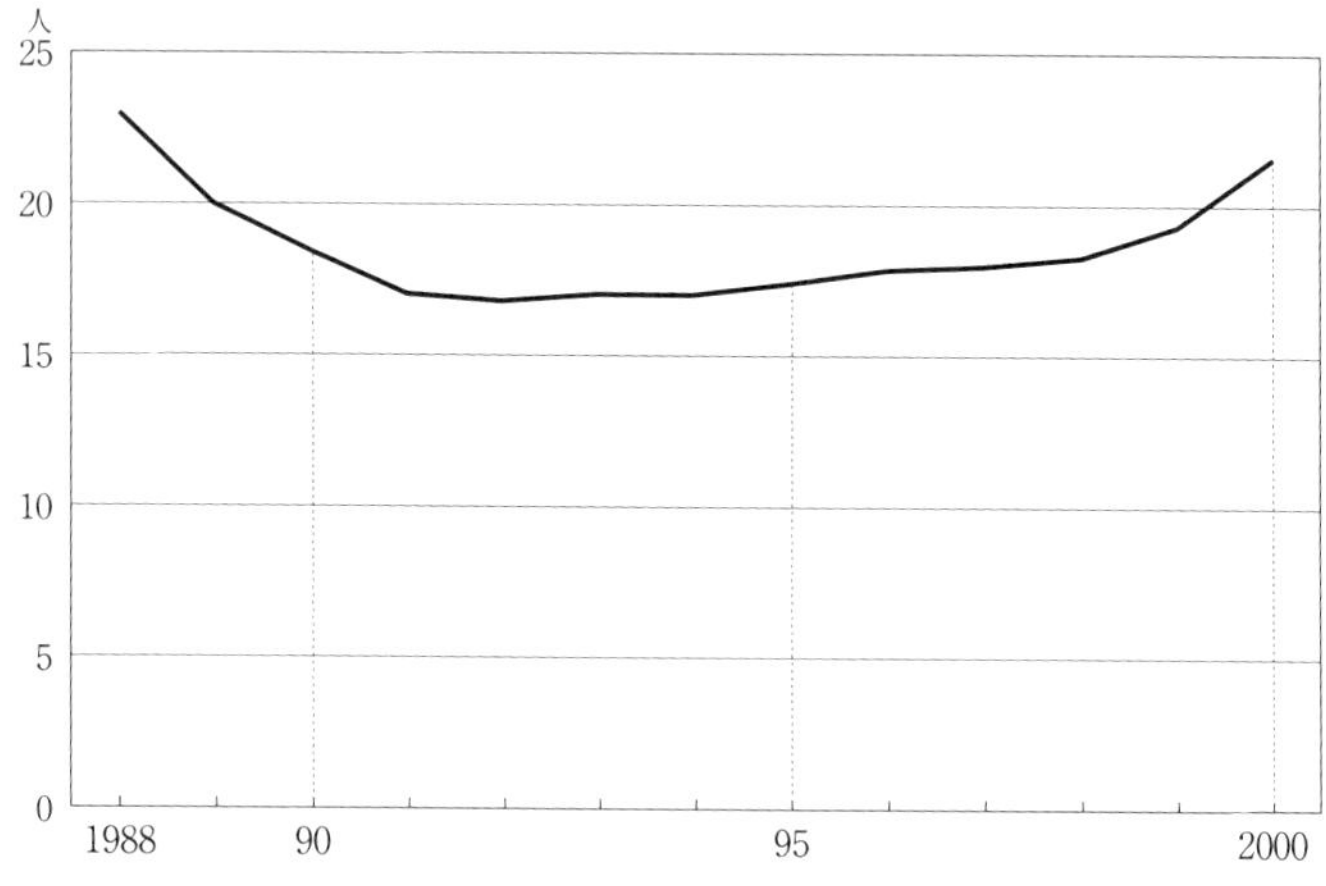

注）人口 10 万人当り．［犯罪白書より河合が作成］

図 22　人口に対する新受刑者の割合（1988-2000年）

れるため、ある程度の影響は計れるが完全ではない。ただし、グラフ上は、死刑以外は、既に増加傾向が現れている。留意すべき第二点は、この比較は、量刑が不変であることが前提であることである。実は、ここのところ、量刑は厳罰化にはっきり振れており、そのことの考慮なしに検討できない。たとえば、強姦罪の重罰化は顕著であり、一〇年以上の懲役刑は急増している。[21]ただし、残念ながら、量刑の変化を単純に示す統計的指標はない。それは、ある重さの刑の判決の数を決めるのに影響する要因があまりにも多様だからである。分かりにくくなってしまったが、五年前までは、死刑・無期になるような犯罪は増加していないことだけは確認できる。ここ五年の増加傾向が本物であるかどうかは、確認できないということである。

以上ここまで、殺人事件の内訳と重い判決の数の推移を見てきた。凶悪犯の、ある程度の実態は把握できたと思う。そこで、ここで、凶悪化とは、正確にはいかに定義できるかについて整理しておきたい。そのためには、まず、凶悪犯罪の定義が必要である。犯罪白書は、殺人と強盗、警察白書は、それに放火と強姦を加える。しかし、殺人でも起訴猶予がありえるように、凶悪とは限らない。これに注目すれば、やはり、刑罰が重い事件が凶悪犯罪である。これに対する反論は、覚せい剤事犯等、薬物犯罪で、誰もあやめていないにもかかわらず無期刑の者は、はたして凶悪事犯と呼べるのかというものである。日本は、死刑を存続させつつも、一般に刑罰が軽いことで知られている。厳密な比較は困難だが、欧米では二、三割増しのレベルではなく二、三倍の長期刑になる、というぐらいの差がある。しかし、この例外が薬物事犯で、組織犯罪であるため、組織が受刑者の家族の面倒をみる費用と、薬物売買で儲ける費用との比較で、抑止力を持つためには結果的にかなりの長期刑が必要となる。そのような理由で、日本の薬物事犯の刑罰は、極めて重くなっている。これらを凶悪犯と呼ぶのは無理がある。また、薬物事犯の数も多く、刑務所内において、薬物事犯は最大の割合を占めている。二〇〇一年の第一審判決でも、薬物事犯に四件の無期刑が言い渡されている。これらは、検討から除外すべきであろう。実際、平成八年版犯罪白書が、凶悪犯罪の現状と対策の特集を組んださいには、凶悪事犯の実態及び量刑に関する特別調査において、本書で第三期と呼んだ時期と重なる、一九八三年七月の永山判決から一九九四年九月三〇日の約一一年間に、殺人または強盗致死で死刑又は無期刑の判決が確定したもの四四九名を検討対象としている。[22] このあたりが妥当なところであると思われる。ただし、凶悪犯の定義を定めることが本書の目的ではない。どのように定義すればどうなるかという描写を試みたい。

凶悪犯の定義を定めると、次は、凶悪化の定義である。字義どおりの理解は、犯罪が凶悪化しているということであるから、単純には、犯罪全体に占める凶悪犯の比率となるであろう。しかし、犯罪数が変動すれば、凶悪犯が一定でも、凶悪犯率は変動してしまう。人口比での凶悪犯比率も検討する必要がある。

犯罪の定義に従えば、刑法犯と特別法犯の合計が犯罪数であるが、特別法犯の取締件数のほとんどを占める道路交通法違反の取締件数は、二〇〇一年に六八六万余で、そのなかには駐停車違反が二六・四％含まれている。[23] これを数に入れて、犯罪数のなかの凶悪犯率を減らしても意味がないと考える。取締件数でなく送検件数にすれば、九四万余になり、悪質な交通事犯に絞ることができる。ところが、検察官の仕事負担量を減らす目的で、爆発的に増加する道路交通法違反事件の送検対象を見直し、一九四四年と一九八七年に大幅に減少させたりしている。このため、経年変化を見るのは適当ではない。厳密には、ある種の特別法犯のみ計算に入れるべきだが、これはかなり少数となり、除外しても大勢に影響しない。したがって、刑法犯認知件数を使用したい。刑法犯のなかでも、交通事故関係業過を除いた一般刑法犯のほうが、より普通に考えられる犯罪に近いので、これが最も妥当性が強いと考える。

まず、最も妥当性が強いと考えた組み合わせで、一般刑法犯認知件数を犯罪数とし、第一審の殺人・強盗による死刑・無期の合計数を凶悪犯数として、経年変化を見てみよう。そもそも数が少な過ぎて、年毎の上下動が激しい(図23参照)。問題のここ五年をみても、少なくとも、八〇年代と比較した場合、増加しているとは言えない。刑法犯全体を犯罪としても、ほとんど同じ傾向である。人口比での凶悪犯の数を見てみると、一九九九年からの三年がなければ増加傾向なしと見える(図24参照)。逆に言えば、一九九九年から増加傾向が見られる。しかし、オウム関係事件の一審判決ラッシュを考慮する必要はある。強引に見れば、一九九〇年から二〇〇二年の間だけ取ってきて伸び率が数倍になっていると騒ぎ立てることも可能であろう。しかし、八〇年代の数値もよく見れば、むしろ、九〇年代前半から九七年までが、史上稀に見る凶悪犯罪の少なかった時代であったと総括できる。

殺人と強盗の合計認知件数を凶悪犯の数とし、一般刑法犯総数を犯罪総数として、凶悪犯率を計算すると、多少のデコボコはあるが戦後一貫して減少し、一九九〇年を最小値にして、その後少しデコボコはあるが増加傾向にある(図25参照)。ただし、増加したといっても、二〇〇一年で八〇年代はじめのレベルである。なお、刑法犯総数を犯罪数とした場合も、ほとんど同様のパターンとなる。戦後

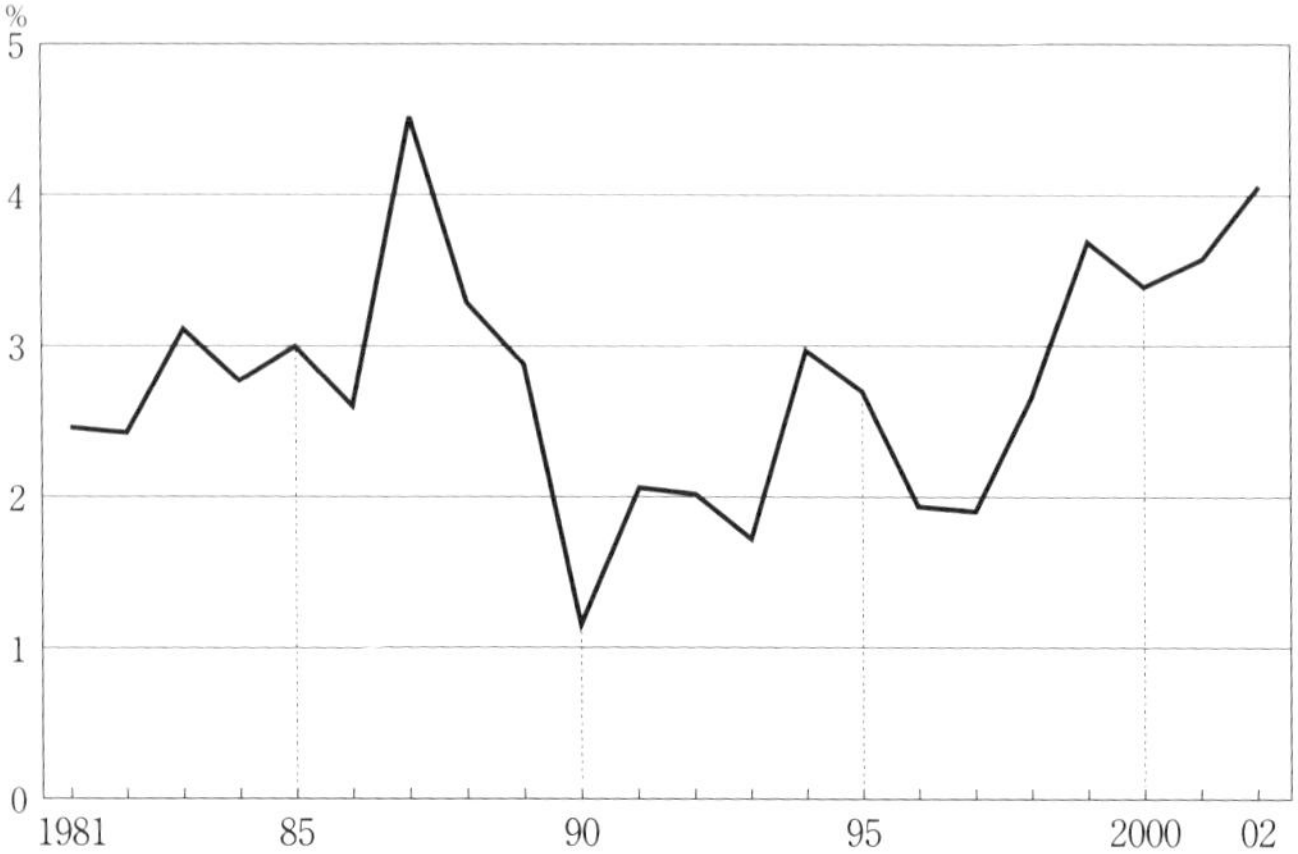

［犯罪白書より河合が作成］

図 23　一般刑法犯に対する死刑・無期懲役の割合

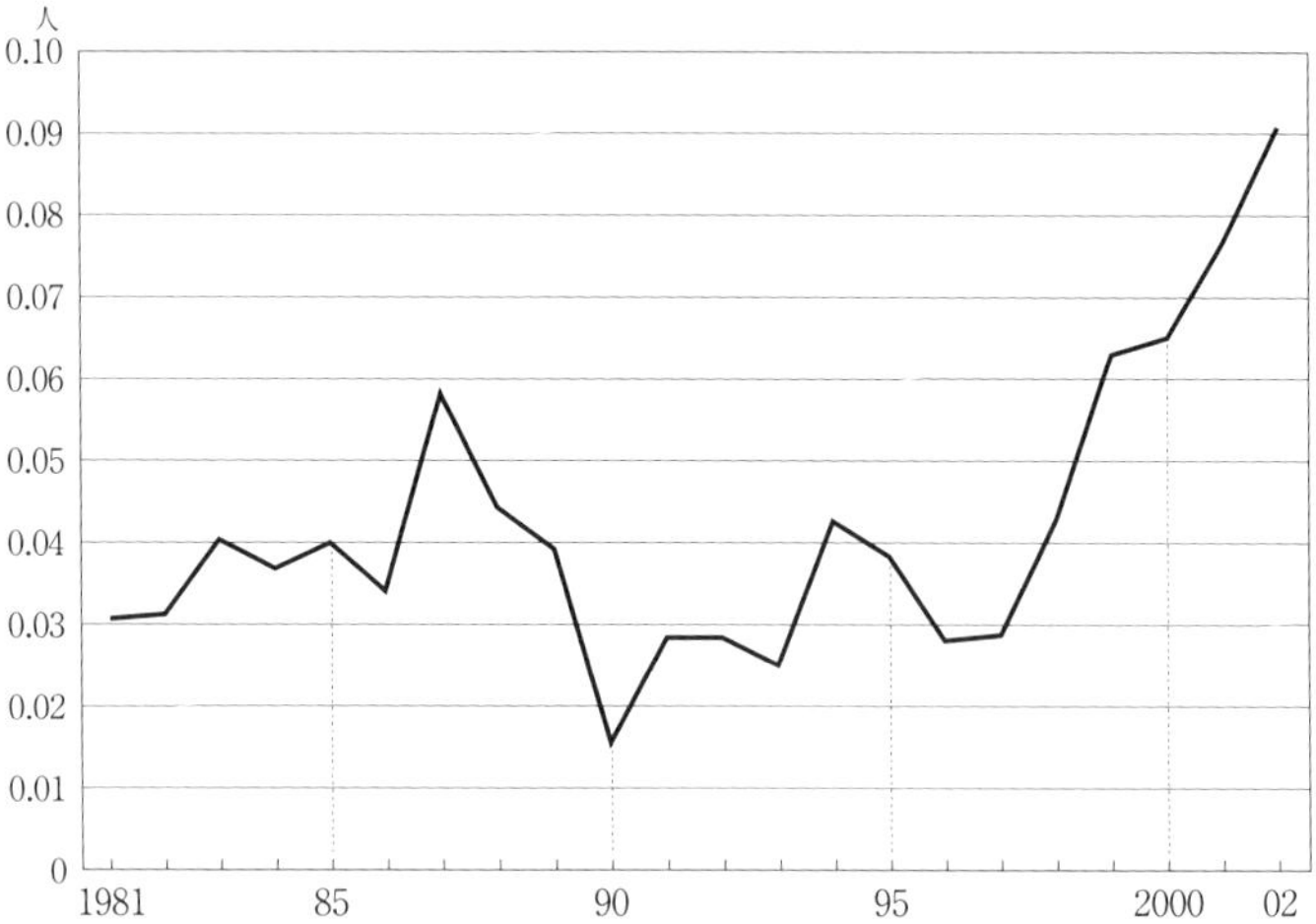

注）人口 10 万人当り．［犯罪白書より河合が作成］

図 24　人口に対する死刑・無期懲役の割合

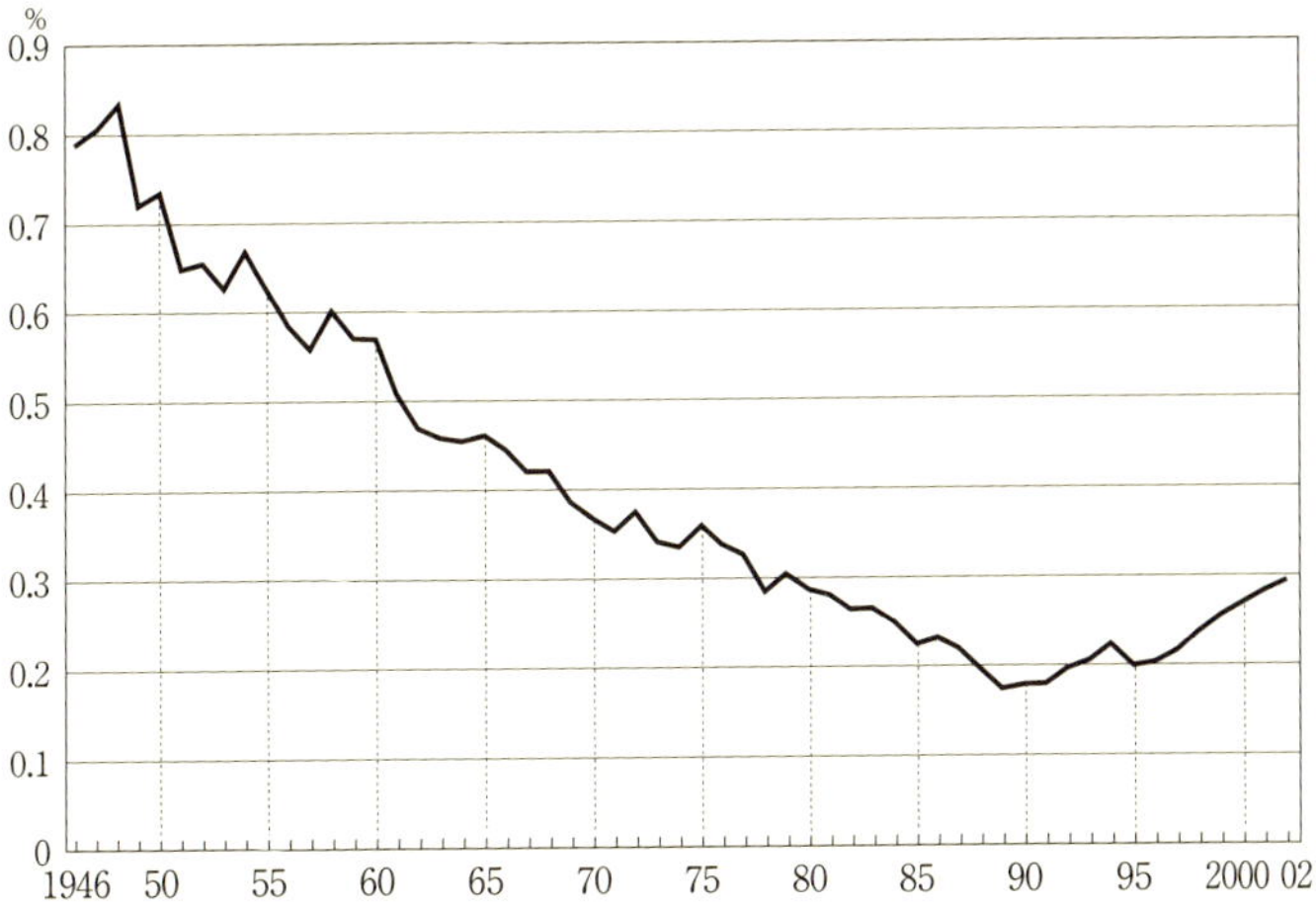

［犯罪白書より河合が作成］

図 25　一般刑法犯に対する殺人・強盗の割合

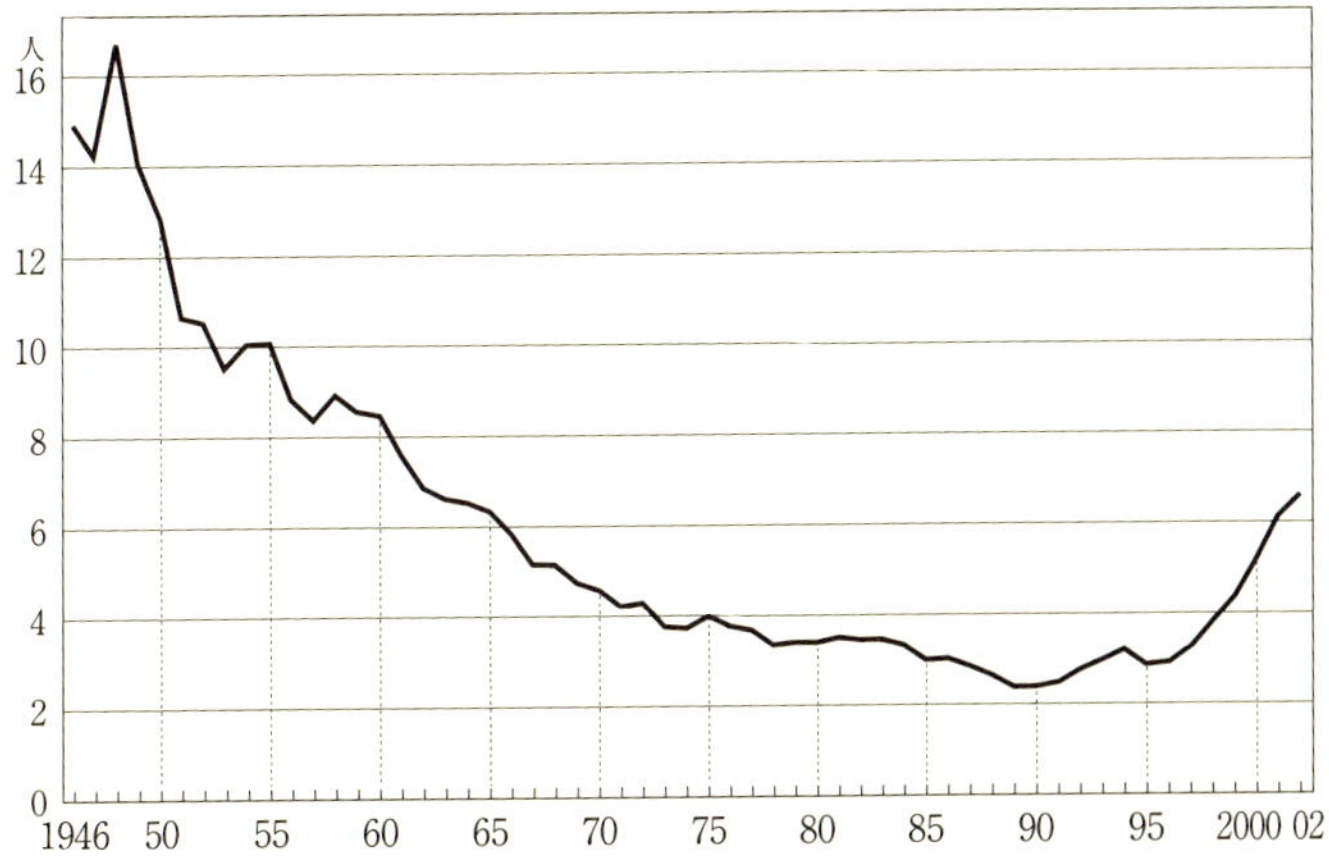

注）人口 10 万人当り．［犯罪白書より河合が作成］

図 26　人口に対する殺人・強盗の割合

直後が、最も凶悪犯罪が多発して治安が悪かったことが、このように、殺人と強盗に焦点を絞ることで明確になった。九〇年以降の凶悪犯率が上昇している部分は、殺人の認知件数は横ばいだが、強盗だけが九〇年から増加傾向であることに留意しなければならない。

最後に、殺人と強盗の認知件数の合計を凶悪犯の数として、人口比での凶悪犯罪発生率を見ておこう。戦後一貫して大幅に減少し、一九九〇年が最小、九七年からここ五年が急増となっている(図26参照)。ここ五年で、ほぼ倍増になって、六〇年代半ばの水準まで戻ってしまっている。

以上、様々な組み合わせで、凶悪犯率を見てきたが、量刑から定義した狭義の凶悪犯の増加はたいしたことはなく、ここ五年の強盗認知件数の伸びが焦点であることがよくわかる。懸案にしてきた強盗犯の詳細な検討を行ってみよう。

強盗犯の検討には、三つのアプローチを用いる。第一は、強盗致死、強盗致傷等の分類を使ったアプローチである。第二は、少年と成人の強盗に分類してみることである。そして、第三は、さらに細かい強盗事件の分析をもちいる。なお、警察統計の取り方が変化したことの考慮は適宜検討する。

金銭目当ての殺しという、凶悪殺人事件の最も代表的カテゴリーは、実は殺人ではなく、強盗致死に数えられている。平成一五年版犯罪白書によって、強盗致死の認知件数の推移を見てみよう。まず、戦後直後のひどさに驚かされる(図27参照)。人口比にしなくても圧倒的多数である。大雑把には一九七〇年頃から落ちつき、年間五〇人前後のレンジにある。グラフの凹凸が激しいのは、そもそも数が少ないからである。一九九〇年には最小の二三人であった。検討課題である最近の変化を詳細に検討するために、人口比で拡大して見てみよう。八七年までの状況に比較して、八八年から九七年までは、

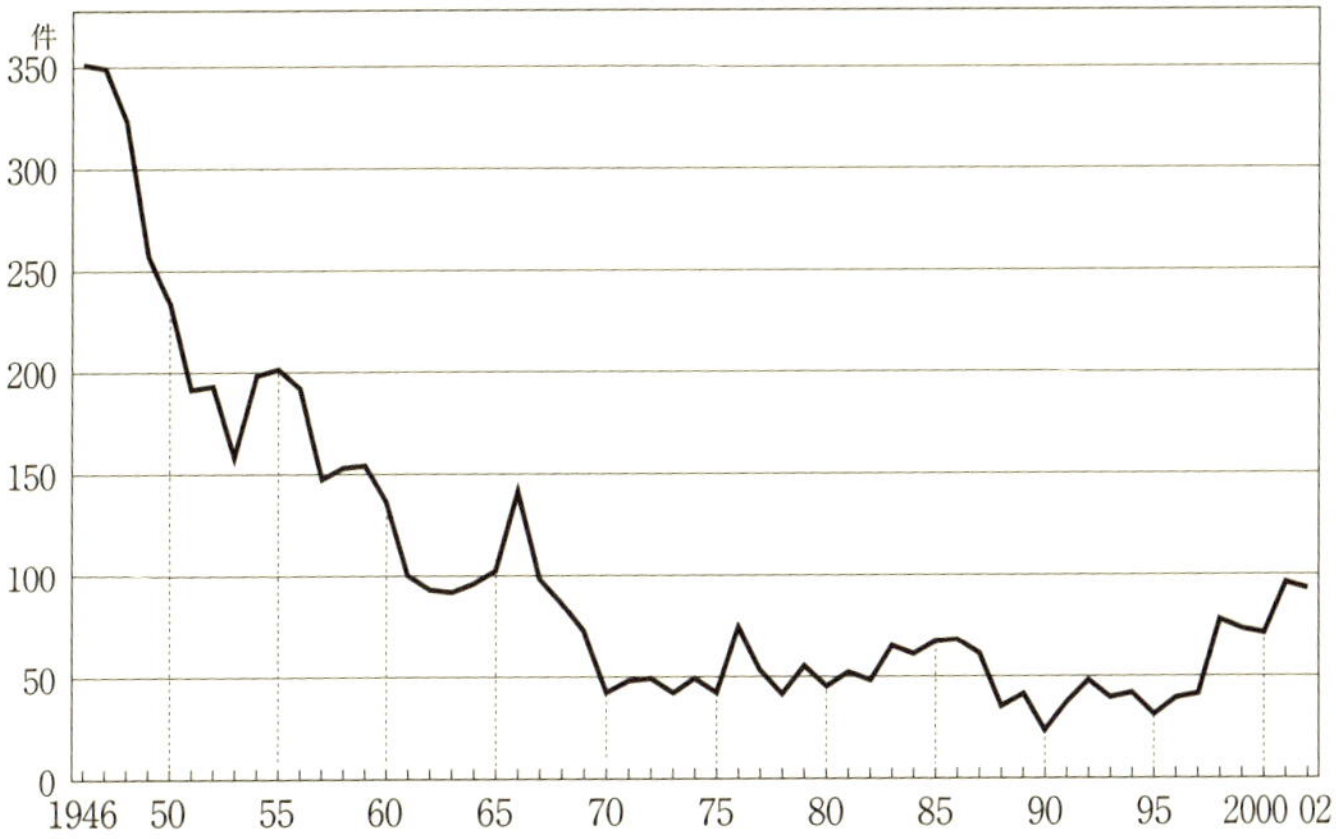

［犯罪白書より河合が作成］

図 27　強盗致死事件の認知件数

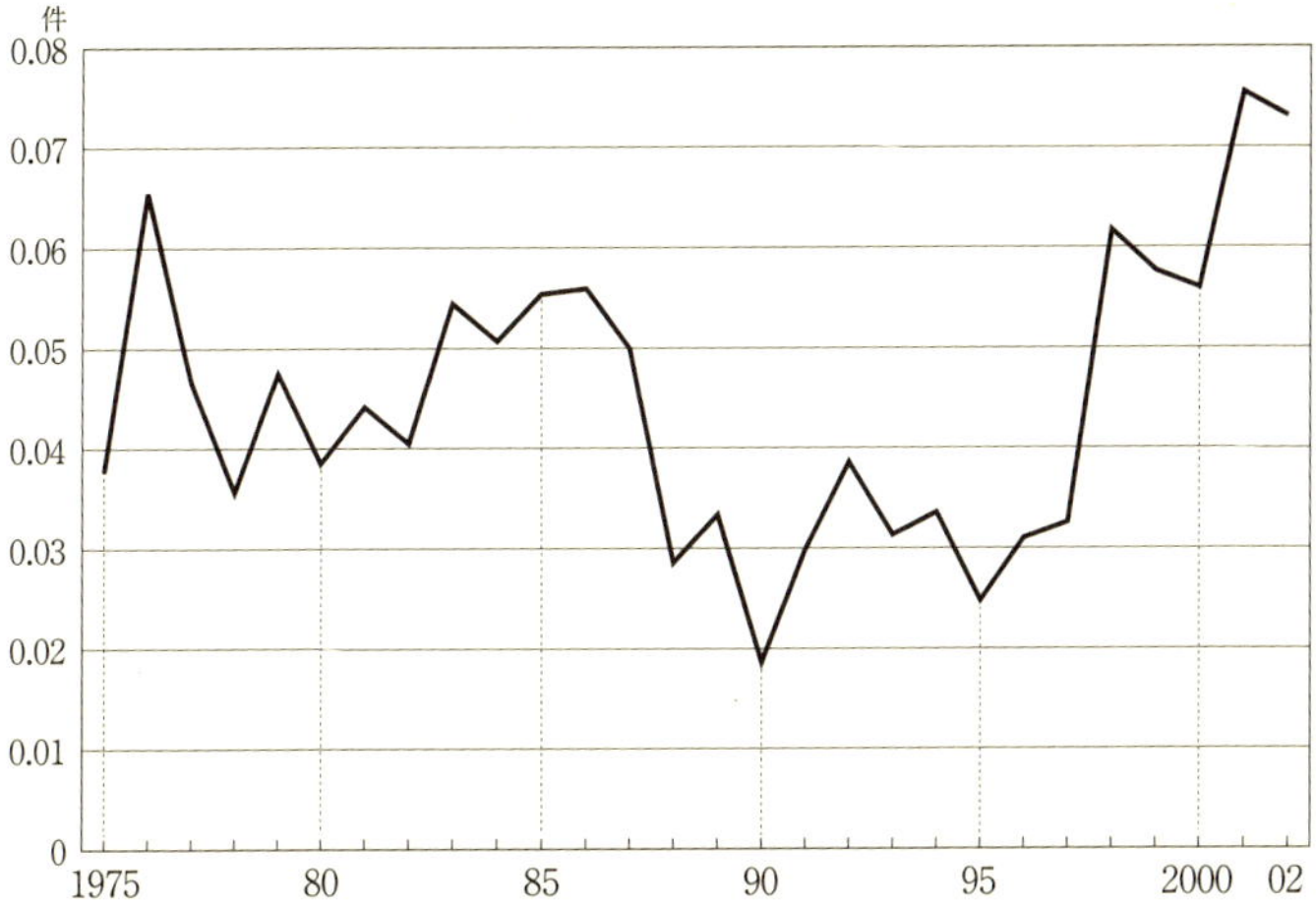

注）人口 10 万人当り．［犯罪白書より河合が作成］

図 28　強盗致死事件の発生率（1975 年以降の推移）

はっきり低レベルになっていることがわかる(図28参照)。先ほど見たように、死刑と無期刑の数が同時期に少なかったのは、その最大の供給源である強盗致死が少なかったからであることがわかる。九八年から増加なのかどうかであるが、九八、九九、二〇〇〇年の数値だけなら八〇年代の水準に戻ったといえそうだが、二〇〇一年にはついに一九七〇年以降の上下幅のレンジを超えている。上下動を繰り返している上昇部分だけを切り取ってきて犯罪増加を言うのは謹まなければならないが、十年以上の幅をとって上昇しておれば、やはり上昇傾向と認めるしかないと判断する(図29参照)。強盗致死の認知件数は、死亡がからんでいるため、殺人と同様に、見逃されることも統計上のトリックも可能性がほとんどない。したがって、暗数はほとんどなく、信頼できる。わずかとはいえ、強盗致死が増加傾向であることは重く受けとめなければならない。

続いて、強盗致傷をみてみよう。強盗致傷の人口あたりの発生率は、戦後直後意外に少なく、一九七〇年代半ばまで急速に減少、一九九七年から驚くべき急上昇、ここ三年で倍になって戦後最高を記録している(図30参照)。解釈は、戦後直後意外に少ないのは、警察力が十分でなく、特に重要な犯罪で手一杯だったため見逃されていたと予測される。ここで留意すべきことは、強盗致傷のある程度の比率の事件は、特に重要な事件にはあたらなかったということである。強盗致傷といえば、金銭目当てで被害者に負傷させるということで、凶悪事件を想像しそうであるが、実は、強盗致傷に該当する犯罪の幅はきわめて広い。強盗致死に限りなく近く、被害者が重症だがなんとか一命をとりとめたような事件もある一方、コンビニで万引きを見つかり、店員を突き飛ばして逃走をはかり、店員が軽い怪我を負ったような場合も該当する[24]。

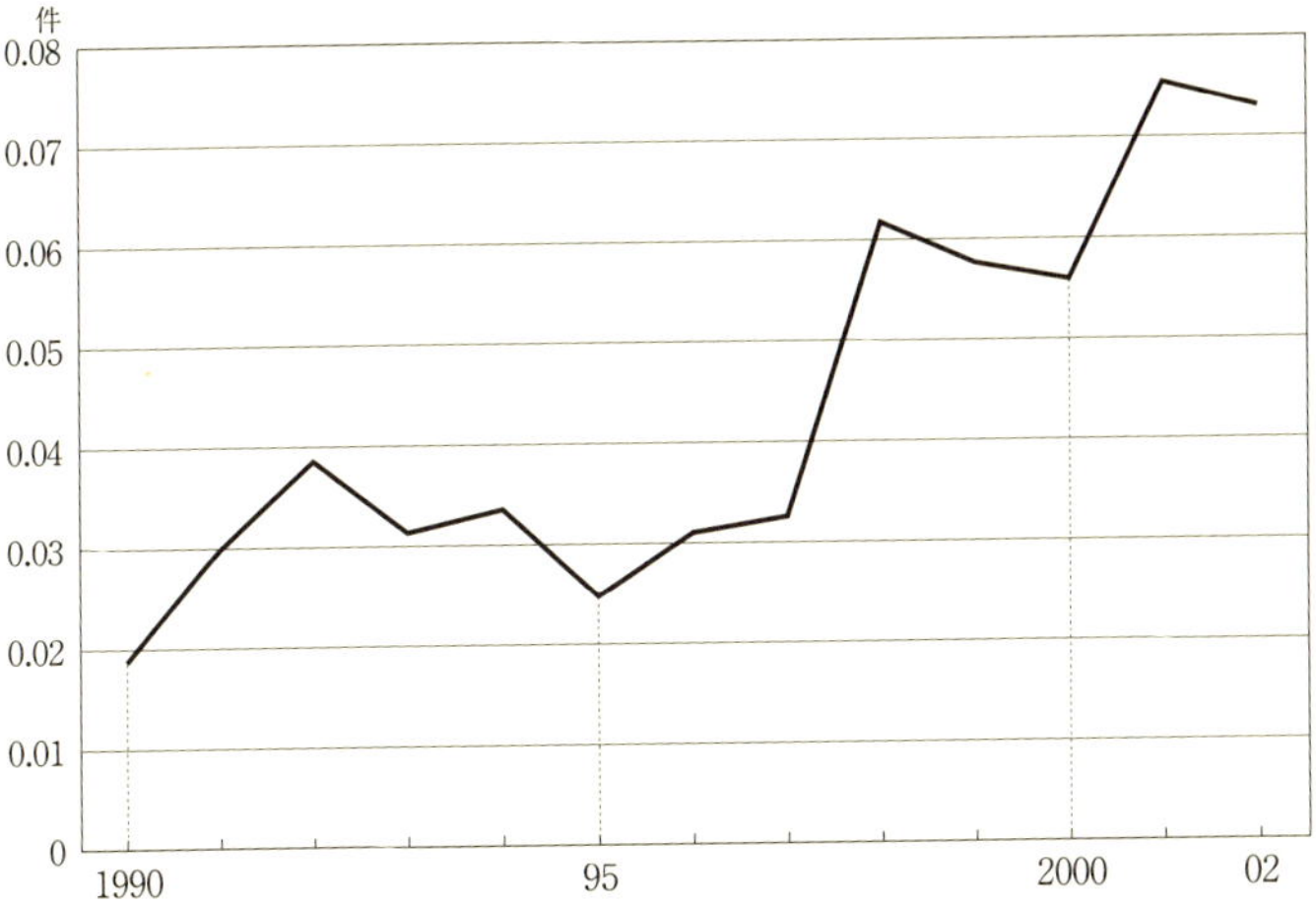

注）人口10万人当り．［犯罪白書より河合が作成］

図29　強盗致死事件の発生率（1990年以降の推移）

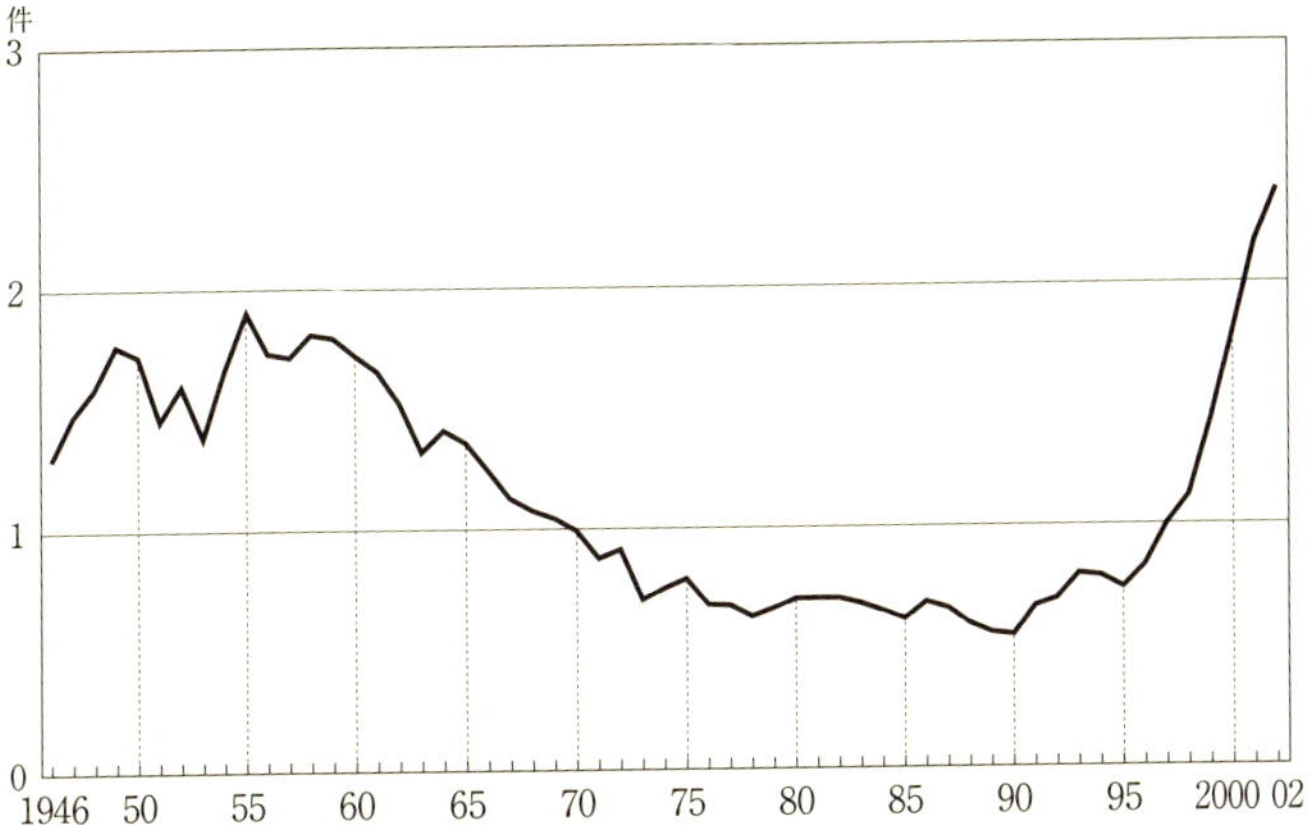

注）人口10万人当り．［犯罪白書より河合が作成］

図30　強盗致傷事件の発生率

実は、最近、強盗致傷の適用対象範囲が変化していると見られる。ひったくり犯は窃盗にあたるというのが、伝統的な解釈であった。ところが、欧米においては、ひったくりは暴力を伴った財産犯であり、強盗にあたるのが普通である。日本だけが窃盗であったのは、欧米人のように常に警戒心が強く鞄をしっかり握っているのが力ずくで奪われるのではなく、手にしっかり持っていない状態を盗られる（たとえば、自転車の籠に入っているところを持って行かれる）ためであったと考えられる。確かに、鞄をひったくられたら、「泥棒」と叫ぶところからしても、日本では窃盗のイメージであった。最近は、しっかり鞄を確保しているかどうかはともかく、荒っぽいひったくりは強盗に分類されるようである。とすると、その荒っぽくひったくる際に、被害者が転倒して怪我でもすれば、たちまち強盗致傷となる。実際、このような事例が強盗扱いで送られてくると、検察官や家裁の実務家から耳にする。最近の強盗認知件数の急増は、「ひったくりに毛が生えた」ような事件の増加であると考えている実務家は少なくない。統計的な根拠は、まず、「「路上強盗」の急増が著しく最近一〇年間で約四・五倍に増加している」[25]こと、さらに、「「路上強盗」の七〇％前後を少年が占めている」[26]ことである。これらの指標は、少年による荒っぽいひったくりが強盗に組み入れられたことを示唆している。

以上を考慮すれば、九七年からの強盗致傷の認知件数の急増は全て否定されるかというと、そうではない。強盗の定義を変えることが、ある程度、全国一斉にある時期から導入されたなら、グラフの変化は、その年に突然急増、翌年からは横ばいとなるはずである。むろん、全国の現場でのひったくり事件の取り扱いの変更の徹底が、何年にもわたたらないということが明確でないと結論は導き出せない。しかし、他に統計の取り方の変更があったときの例から、経験上、全国徹底は一年以内であると

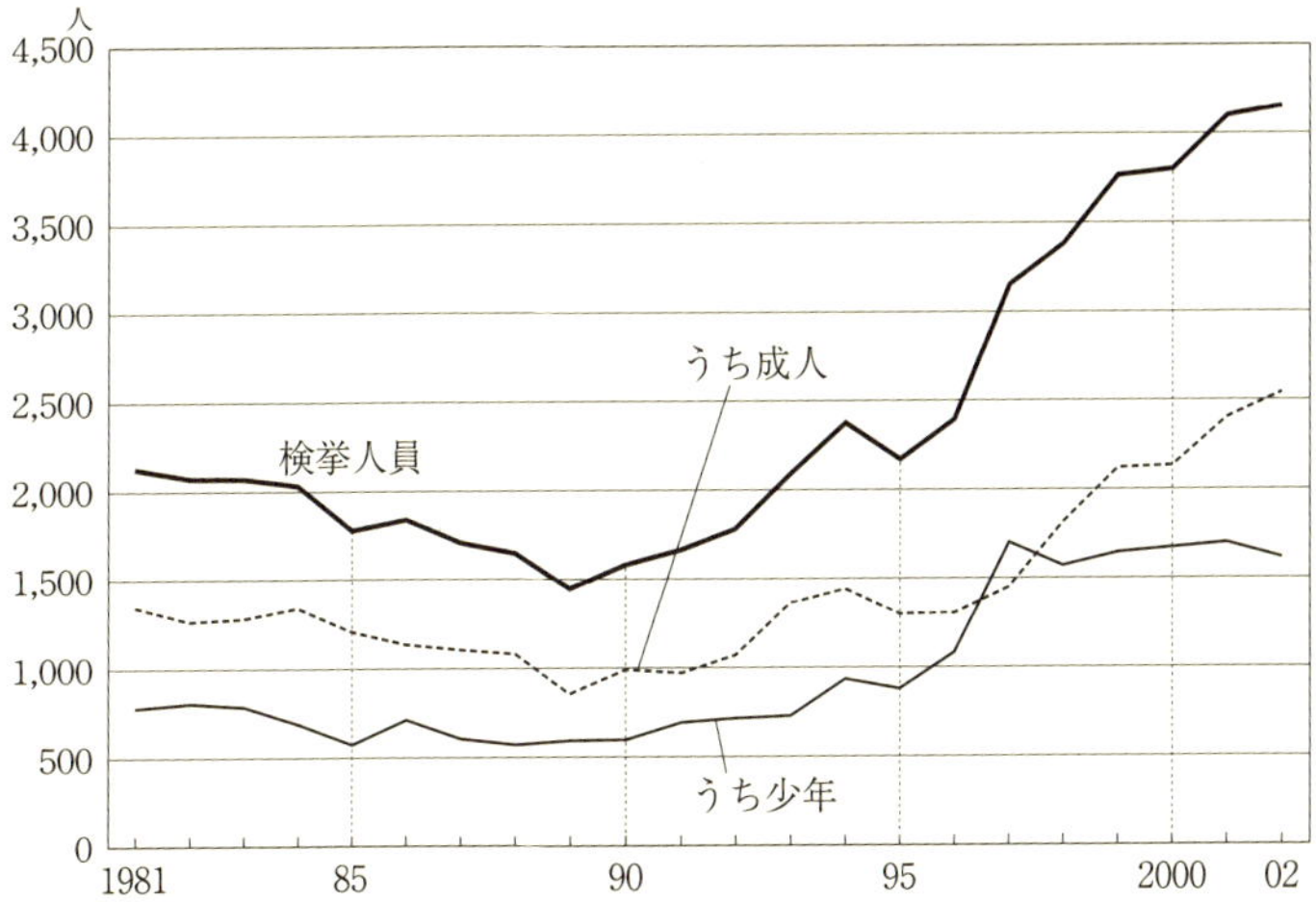

［犯罪白書より河合が作成］

図 31　強盗事件の検挙人員

考える。ただし、変更が一月一日でない場合は、二年にわたって二段階で伸びて、三年目から横ばいのはずである。そもそも、強盗致傷は、一九九〇年から既に増加傾向であるし、路上強盗以外の強盗の手口も軒並み上昇している。ひったくりの扱いの変更の影響が九七年からの急増の大きな要因であることは確かであるが、増加傾向を全て否定することは困難とみえる。

次に、成人と少年に分けて分析してみよう。認知段階では、強盗犯が少年か成人か明確ではないため、検挙人員数を用いて分析したい。成人と少年の合計検挙人員数の推移は、認知件数と同じように、八九年を底に増加に転じ、その後、明確な増加傾向を示している(図31参照)。認知件数の代わりに検挙人員数を用いることに問題がないことがまず確認できる。少年に注目すれば、七〇年代前半からほぼ一定であったのが、九四年頃から増加の兆しを見せ、九七年には突然ジャンプして、前年比五七％も増加、九五年からの二年間でほぼ倍増している（図31参照）。この年、日本の少年に何がおこったのであろうか。実は、これこそ、実数の増加とは異なる変化の典型的な例である。九七年にジャンプしてから二〇〇二年まで横ばいであることに注目しなければならない。その間、少年強盗の増加傾向はない。九七年と言えば、神戸の少年事件（酒鬼薔薇聖斗）があり、少年犯罪に対する社会的注目が高まった年である。原因は、たとえば、前述の荒っぽいひったくりが強盗犯にされる等の変更が行われ、かつ、警察が少年事件に人的資源を集中させたことによると予測する。認知件数と比較して、検挙人員数は、警察が力を入れるかいなかに、より大きく影響される。九七年には、とりわけ力が注がれたのであろう。戦後ずっと、強盗検挙人員は、成人が主であったが、九六年から少年の比率が急増していることは、この解釈を裏付けている。

この少年強盗犯罪の統計上の急増には、もうひとつ、犯罪学者が想像している原因がある。それは、いわゆる「オヤジ狩り」のように、多人数でカツアゲをする行為が、「相手方の反抗を抑圧しうる」[27]程度であり、もはや恐喝ではなく、強盗であるとされるようになったことである。カツアゲという言葉の由来からして、かつて、カツアゲは恐喝であった。鮎川は、ナイフで脅してさえ恐喝とされていた例をあげている[28]。いつから変化したのかは、特定しづらいが、マスコミで「オヤジ狩り」が話題になってからというのはありそうな話である。統計数字からは、路上強盗の増加により検証できる。九七年のジャンプにこの要因が絡んでいるという解釈に矛盾はない。ただし、前述の荒っぽいひったくりもまた路上強盗であり、両者を分けた統計はないため、どちらが大きい要因であるかは特定できない。いずれにせよ、実態の変化ではなく、統計数字上、強盗が増加したことを意味する。

少年強盗の九七年の急増については、これで説明できたとしても、成人強盗も増加している。しかし、成人強盗増加の一部も、少年同様の強盗犯の適用範囲の変更で説明できそうである。荒っぽいひったくり犯に、二〇歳、二一歳といった統計上の成人が含まれていることは間違いないであろう。オヤジ狩りのような大勢のカツアゲにも成人が交じっていることもあるであろう。九七年近辺での成人強盗の増加は、これで説明できそうである。もうひとつ検討の必要があるのは、二〇〇〇年には前述した「前さばき」の廃止という要因があり、これまた統計上の増加を演出した可能性があることである。ただし、強盗の場合は、元々それほど大掛かりに「前さばき」をしていたとは想像できない。検挙人員では「前さばき」の影響は検出不能であるため、認知件数のほうを見る必要がある。確かに、二〇〇〇年にも急増しているが、前後の年も同じくらい急増している。強盗に関しては、「前さばき」を減らした影響は限定的と考えたほうがよさそうである。

強盗の検討の最後に、平成一四年版犯罪白書の特集「暴力的色彩の強い犯罪の現状と動向」を参考に、別の観点から凶悪化を論じてみたい。法適用の段階で強盗の定義が変化していることも考えあわせて、他の暴力的犯罪（殺人、傷害、暴行、脅迫、恐喝、強姦、強制わいせつ、器物損壊）も対象に見ていこう。まず、驚くことは、凶器使用率[29]が低下していることである。とりわけ傷害罪は、一九九六年以前と比較して、二〇〇一年は、凶器使用率がなんと半減、しかも、凶器使用した事件件数のほうも半減している。これは、軽い傷害罪を多数カウントしたから凶器使用率が下がったのではなく、凶器を用いた傷害事件そのものが激減していることを示す（図32参照）。凶器の種類からみても、銃砲・刀剣類は減少傾向である。危険な凶器を持つほど凶悪であるという常識的凶悪化の定義からすれば、凶悪化とはむしろ反対になっている。

次に、共犯についてだが、少年の殺人も強盗も、共犯率が上昇傾向にあり、なかでも多人数での共犯事件が増加傾向である。さらによく見ると、九四年と九七年に、少年強盗の共犯事件検挙件数はジャンプしているとみえる。その原因は、四人組と五人以上の事件検挙件数の増加である。ここで、九八年以降、増加傾向がないことに注目してほしい（図33参照）。これはまさに、大勢での「オヤジ狩り」のような事件が九七年から強盗として扱われたことを裏付けている。また、同じような時期に、実務家から、少年によるバイク盗に変化があったと聞いている。バイク盗は、年間二十数万件あるが、手っ取り早くやるために、停めてあるバイクではなく、走っているバイクを大勢で停めて奪うことがはやりだした[30]。確かに、奪う側からすれば、人数は必要でも、鍵の問題がなく、手間はとらないが、これは強盗になってしまう。共犯者には成人もおそらく含まれており、これも強盗が増加したひとつの原因であろう。強盗数の増加でもって凶悪化をいうならば、凶悪化したことになるが、バイク盗のやり方のはやりが変化したのみで、これをもって凶悪化というのは、あまりに大袈裟すぎるであろう。また、荒っぽいひったくりが強盗にカウントされはじめたという予測も、二人組強盗が約倍増していることから裏付けられる。荒っぽいひったくりは、バイクの二人乗りが、おそらく最も多い犯行形態と予想されている[31]。

なお、強盗の定義が変化したことを否定する意見は、恐喝が強盗になれば恐喝が減少するはずだが、全ての暴力的犯罪カテゴリーは増加傾向にあり、強盗も当然、本当に増加しているのだという。しかし、これは、次の二点から反証できる。第一点は、同時期に「前さばき」をやめたために軽い暴力犯

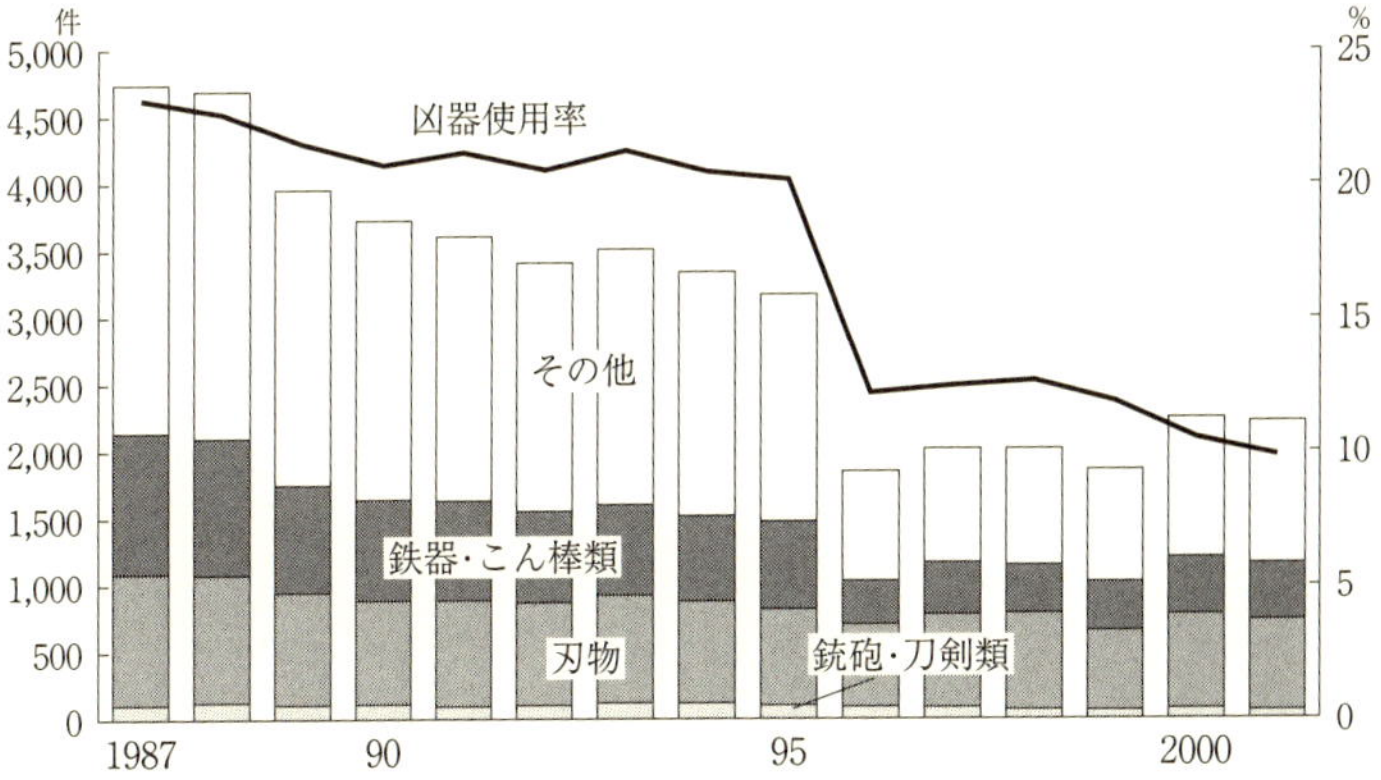

注）①一つの事件に数種類の凶器が使用されている場合には，それぞれの凶器(2種類を限度とする)で計上している．②凶器使用率とは，各犯罪ごとの検挙総数に占める凶器を使用した比率である．［平成14年版犯罪白書5-2-3-2図③より］

図32 凶器を用いた傷害事件の件数と凶器使用率

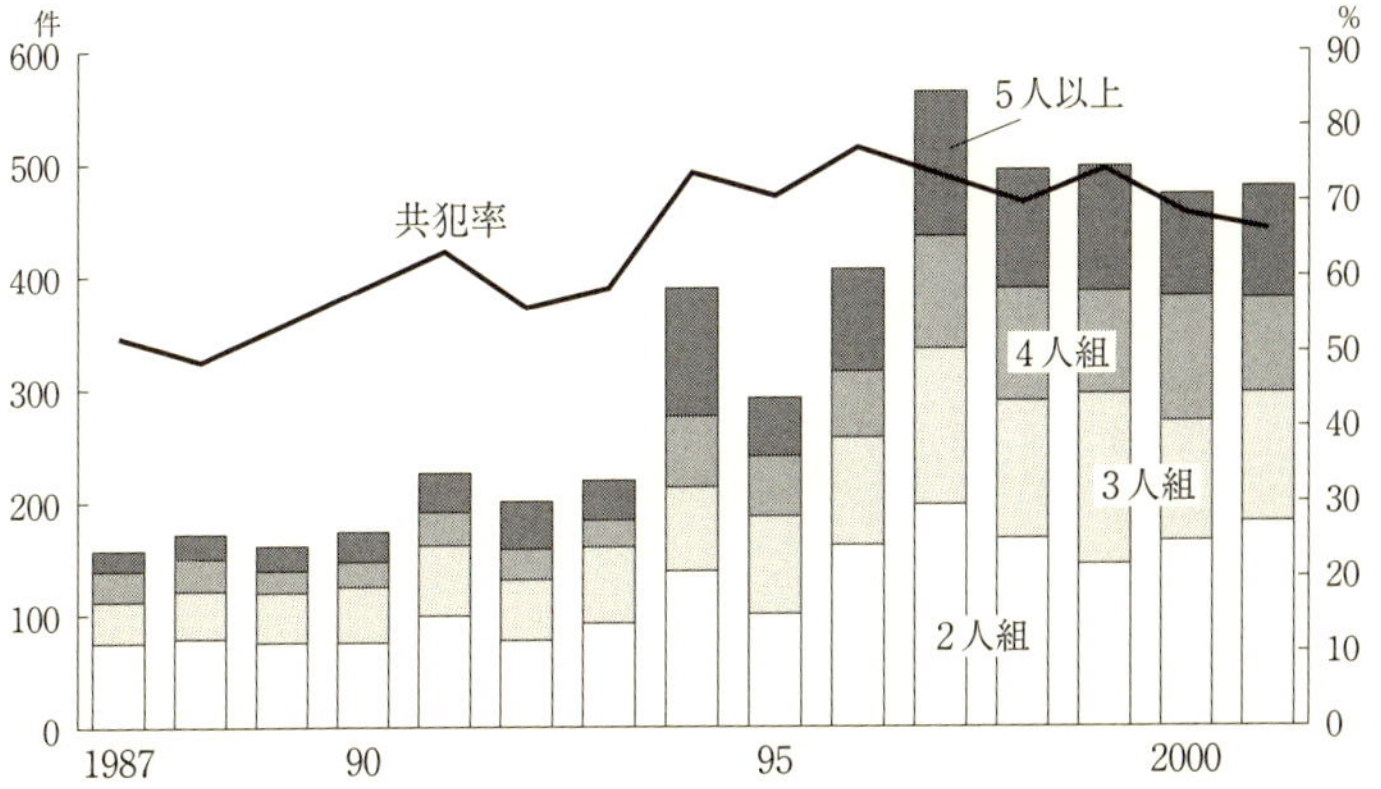

注）①少年の強盗事件とは少年のみによって行われた事件であり，成人と少年との共犯事件は除いている．②共犯率とは，少年の強盗事件のうち2人以上で行われた事件の件数の割合である．［平成14年版犯罪白書5-2-3-3図②(2)より］

図33 少年の強盗事件における共犯事件検挙件数と共犯率

罪は全て急増したに過ぎないことである。第二点。恐喝や脅迫は、かつて基本的には暴力団構成員等による事件であった。凶器も持たずに相手を脅せる人間が、それ以外にどれほど存在するのか考えてみればわかることである。統計上も、それは明確に出ているが、ここのところ、暴力犯罪における暴力団構成員等による比率は、どんどん低下している。何に置き換わったのだろうか。恐喝、脅迫、傷害、暴行等における被害者と加害者の面識率が急増している。狭い知り合いのなかの弱い者を対象とする、つまりイジメ事件のようなものが多くカウントされているわけである。また、面識がある暴力事件は、かつて「話し合い解決」していた可能性があり、暗数が顕在化したという解釈もありえる。いずれにせよ、恐喝等の定義もまた同時に変化しているために、全ての暴力犯罪が増加したように統計上みえるだけであると解釈できる。

もう一点、統計についてであるが、警察だけで強盗の定義を変えることはできないという反論に対して答えておこう。犯罪白書で使われる認知件数は、警察庁統計を元にしており、警察が強盗として送検したものが、検察の調べによって強盗ではなかった場合、統計上の件数修正は行われていない。家裁送致され、そこで強盗ではないとされた場合も同様である。たとえば、警察庁によると二〇〇〇年の少年による殺人検挙件数は一〇五名であるが、最高裁の司法統計によると五七名となる。むろん検挙時と終局裁判の時期のずれはあるが、検察や家裁で傷害致死に変更されているケースが多数あると予想できる(32)。つまり、統計上は、警察によって強盗と見なされた事件は全て強盗事件としてカウントされているわけである。検察官や家裁調査官に聞くと、強盗ではなかった事件が少なからず存在するようである。いずれにせよ、警察だけで強盗の定義が変化することになっている。

それでは、以上の検討を踏まえて、犯罪の凶悪化について総括しよう。凶悪事件の定義を、殺人や強盗致死等で死刑または無期刑の事件のみとするか、殺人と強盗事件全てを含むとするか、二つあげ、その数の増減をまず検討した。狭義の凶悪事件の増減からは、まだ増加傾向は確認できない。しかし、その兆しはあり、二、三年後には確認できる可能性がある。強盗致死の増加傾向が認められ、この傾向が継続すれば、無期以上の事件も増加しはじめるかもしれない。広義の凶悪事件の増加は、殺人はほぼ横ばい、強盗事件のみがここ五年急増していた。しかし、強盗事件の内容を検討すればするほど凶悪化のイメージとは程遠く、荒っぽいひったくりや大勢でのカツアゲが強盗に組み入れられたことが、強盗認知件数の大幅増の原因であったことが判明した。

さらに注目すべきは、このような統計のトリックを無視して、ここ五年の強盗の増加があったとしてさえ、凶悪犯率は八〇年代の水準に過ぎず、安全神話が信じられていて犯罪が減少し続けていた時代程度の治安状態であるということである。「前さばき」のことも含めて統計のトリックを考慮すれば、犯罪実数は、横ばいから九七年以降、微増に転じたと結論したが、凶悪化については、そのような傾向を言うことは到底無理であろう。ただし、強盗致死の増加傾向だけは懸念材料である。しかし、そもそも、狭義の凶悪事件の数は、年間、日本全国で一〇〇—二〇〇と予想でき、極めて少数である。客観的数値という面からは、治安の悪化等を論ずるのは、見当はずれもはなはだしいということになる。

5　犯罪の変質・悪の衰退

凶悪化はないと述べたが、それでは、何事も起きていないのかというとそうではない。犯罪の質の変化は確かにある。凶悪化以上に注目すべきで、また、ある意味で懸念すべき変化についてまとめておきたい。

犯罪の質の変化を検討するには、犯罪者の側から見たほうがわかりやすい。犯罪を「成功」させるためには、それなりの努力もいるし、新人の教育も必要である。ここまで見てきた分析で、強盗致死の増加傾向を指摘した。これでもって、ひどい犯罪が増加しているから犯罪勢力は強力になっていると勘違いしてはいけない。犯罪者から見れば、もし金銭目的が本当なら、強盗する際に怪我をさせる(強盗致傷)のはもちろん、殺してしまうのは、はっきり「失敗」である。脅しが見事に決まって、大金を速やかに出させて、それを奪ってさっさと逃走することこそ、「きれいな仕事」である。ひったくりの際に相手を転倒させて強盗致傷になってしまうのも、文句なしに「失敗」であろう。この観点からは、強盗致死や強盗致傷の増加は、むしろ、犯罪技量の低下を意味し、犯罪勢力の衰退である。

「オヤジ狩り」や大勢で取り囲んでのバイク強奪なども、技量の低い犯罪である。二人組ぐらいで「金かしてくれないか」とやる、伝統的カツアゲの技術が継承されていないと感じる。伝統的手法を使えば恐喝ですむのであるから、犯罪者にとっては有利なはずである。凶器の使用が減少しているということも考え合わせると、きっと、十分な犯行準備も計画もなく、ケータイ電話で仲間を多数呼び集めて、行き当たりばったりに犯行に及んでいるものと想像される。これらのことから浮かんでくる

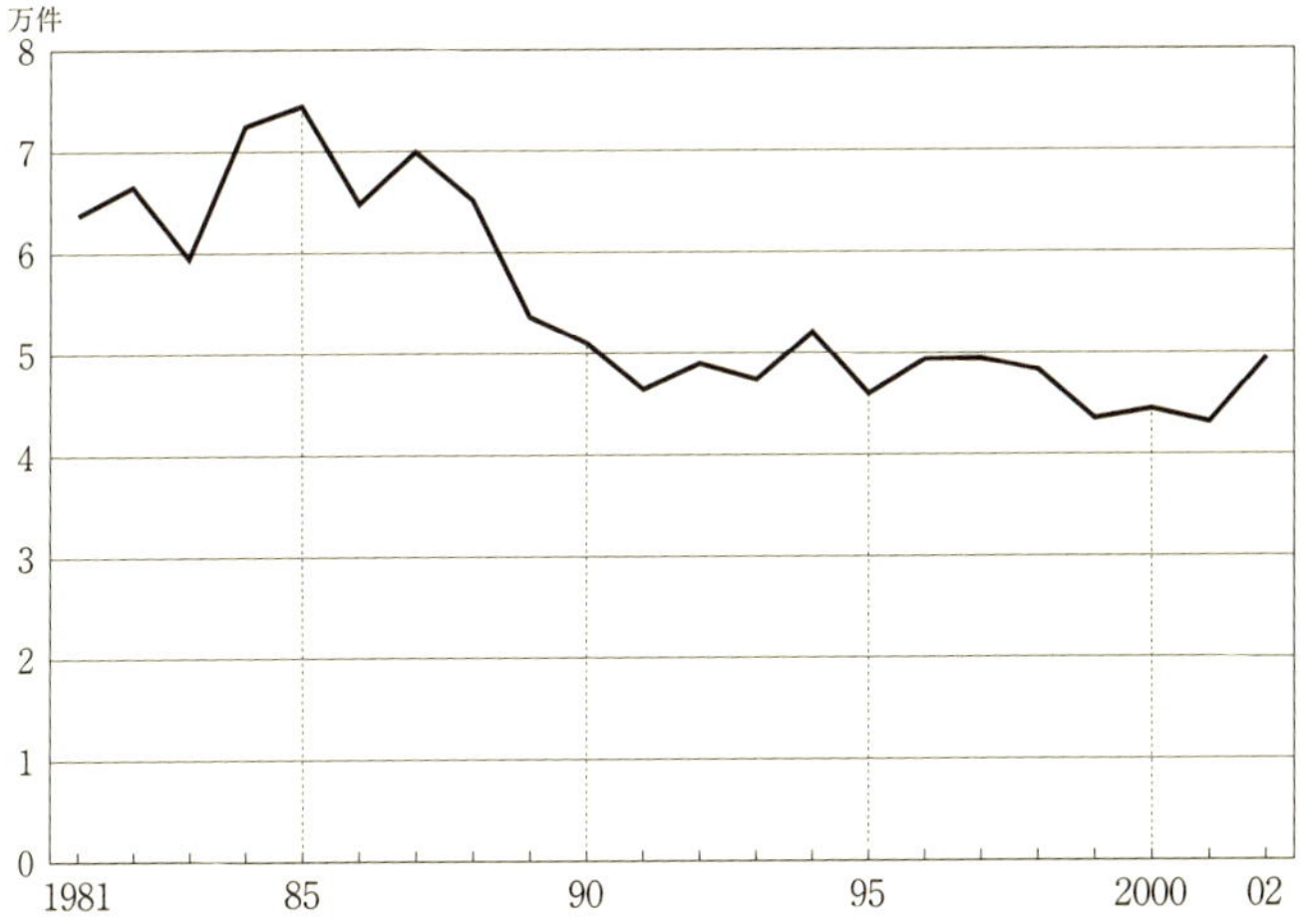

［犯罪白書より河合が作成］

図 **34**　詐欺事件の認知件数

犯罪者像を特徴づけるのは、凶悪というより、幼稚な犯罪者と言わねばならない。実は、暴力犯を中心に検討してきたため触れなかったが、詐欺のような高い技量を要する犯罪認知件数は減少の一途を辿っている(図34参照)。同じく一定の技量修得を必要とする「すり」の認知件数も、ここ十年ぐらい、どちらかといえば減少傾向にある[33]。

　行き過ぎた個人主義を非難し、教育に問題があると批判し、若者の規範意識の衰えを指摘し、あたかも、それらが犯罪増加や凶悪化の元凶であるかのように表明する言説がある。確かに、世代間あるいは、先輩後輩関係を通じて、「仕事」や「職業倫理」を伝承する、社会にとって基本的な仕組みが機能不全を起こしていることは事実であろう。日本人の意識調査をすれば、最も差異が表れるのは、学歴でも収入の多寡でもなく、今は年齢差である[34]。ところが、犯罪者集団にとっても、「仕事」の仕方を教え、遵守すべき「掟」を教える必要があることは同じである。むしろ、犯罪者集団のほうこそ、行き過ぎた個人主義等の影響で、その仕組みを維持しづらくなってきている。暴力団組織は、少しずつ勢力を落としつつあるが、とりわけ苦しいのは、組長の後継者不足であろう。また、鍛え上げられたストイックな犯罪者を生み出すメカニズムこそ、一般社会以上にダメージを受けており、崩壊過程にあるように思う。

最後に、なにかと言及されることが多い、少年について一言しておきたい。今の少年の特徴は、ある意味、凶悪の反対で「ひ弱さ」である。(35) 今の少年と、六〇年代、七〇年代の少年、さらに、戦後の愚連隊などとを比較してみれば、その怖さや迫力、あるいはケンカの強さの差は明白である。愚連隊は文字通り毎日、流血のケンカを繰り返していたし、昭和三〇年代の高校の卒業式など、先生方は「おれいまいり」が怖くて、警察に守ってもらってようやく出席できたぐらいであった。(36) 凶悪化を主張する人々は聞く耳を持たないが、少しでも事例を検討すれば明白なことであると思える。

ただし、上記のごとき「犯罪の衰退傾向」をもって、犯罪統制の手を緩めてよいように楽観することは誤りである。新しい傾向について述べただけであって、悪が衰退してしまったわけではないし、古いタイプの犯罪もたくさん残存している。高い能力を持って犯罪を繰り返す、いわゆるプロの犯罪は、かなりの程度残っている。その対策は怠れない。そもそも、犯罪の増加と凶悪化は犯罪統制強化の必要性を示し、その逆は緩和策を示すというのは、全くの短絡的思考である。刑事政策的観点については、後に述べたい。

6　検挙率・警察力

検挙率の低下が話題になっている[37]。検挙率を巡っては、大きく分けて二つの視点からみていきたい。第一は、素朴に、犯罪状況が悪化したり、警察力が低下あるいは不足していないかという視点である。第二は、犯罪を犯せば確実に警察に捕まるという神話が崩れたのかという視点である。

まず、第一の視点から検討していこう。検挙率とは、認知件数あたりの検挙件数である。横領、背任、贈収賄等の検挙率は、ほとんど一〇〇％であるが、これは、これらの犯罪を犯せば必ず逮捕されるということは意味しない。発覚つまり、認知されなければ捕まらないが、これは検挙率の統計には計算されていない。この種の犯罪は認知されれば犯人が既に特定されており、たいてい社会的地位のある人物であるがゆえに、必ず逮捕されるだけである。したがって、検挙率とは、犯罪が発覚した際の逮捕率と考えたほうがよい。ただし、本書では、暴力犯罪中心、それも街で発生するものに注目している。そのため、検挙率は、警察が犯人を逮捕できたかどうかの指標になりうるはずである。

ところが、実は、統計上の検挙率を警察力と同一視することはできない要因がいくつもある。第一点は、前述の警察による「前さばき」である。「前さばき」をして認知件数を減らせば、検挙率は高く維持することが可能となり、その後に「前さばき」を突然やめれば、検挙率は急減する。分母となる認知件数が大きくなるからである。第二点は、余罪追及である。たとえばピッキング盗が五万件認知されたとしよう。これは、五万人の盗人が一件ずつではなく、五〇〇人が平均一〇〇件の犯行におよんでいたりする[38]。犯人が逮捕された際に、余罪追及を丁寧にやって、一〇〇件全てを処理すれば、検挙率は上がるが、余罪追及を数件でやめた場合[39]、残りの九十数件は未解決事件となって検挙率は大幅に下がる。しかし、この場合の検挙率の低下は、犯人が捕まっていないことを意味しない。余罪追及を控えることによって検挙率が低下しても、犯人を捕まえる警察力は低下したとはいえない。

以上のことを念頭に置いて検挙に関する統計を見てみよう。例によって、刑法犯全体と一般刑法犯を最初に見ておこう。罪種別の検挙率は後に検討する。ひき逃げは業過ではないため、交通関係業過は検挙率が一〇〇％であり、これを計算に入れて犯罪検挙率の高さを誇ってもしかたがない。検挙率の検討には、一般刑法犯に注目すべきである。一般刑法犯検挙率は、戦後、ほぼ六〇％前後の高さを誇ってきたが、八八年から八九年にかけて急落、五九・八％から一気に四六・二％になっていることが注目される(図35参照)。その後、九二年の三六・五％まで落ち続けてから上昇に転じ、九九年から再び急落し始め、ついに二〇〇一年には二〇％をきるに至っている。なんと大幅な変動の仕方であろうか。

この原因を検討するには、一般刑法犯の大半を占める窃盗犯の検挙率の推移を見ておく必要がある。注目される急落時期に絞ってグラフ化してみると、八八年から八九年にかけて急落、九二年を底に一旦回復、再び九九年から急落し、二〇〇一年には一五・七％まで落ちている(図36参照)。一般刑法犯よりも少し低いが、完全に同じパターンであり、一般刑法犯で見られた傾向は、窃盗犯の検挙率の推移によって起きたといえる。

窃盗が問題とすると、前述した統計上の見せかけの変動を考慮する必要がある。八九年の急落と九九年からの急落の双方を検討しよう。まず、余罪追及の仕方が変化したことによる変化の可能性について見てみる。これには検挙件数ではなく、検挙人員に注目するとよい。もし検挙人員が減少せずに

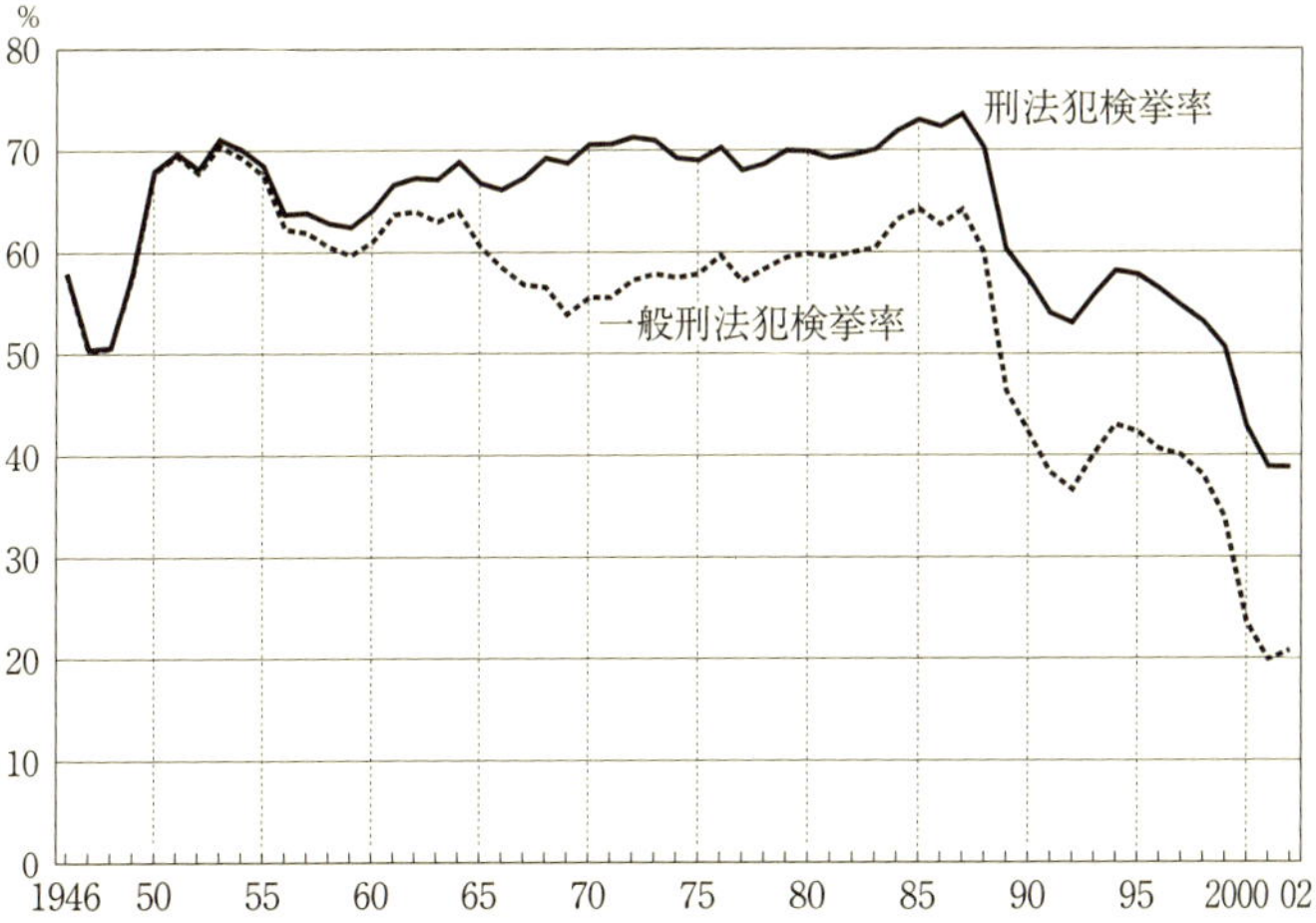

[犯罪白書より河合が作成]

図 35　犯罪検挙率

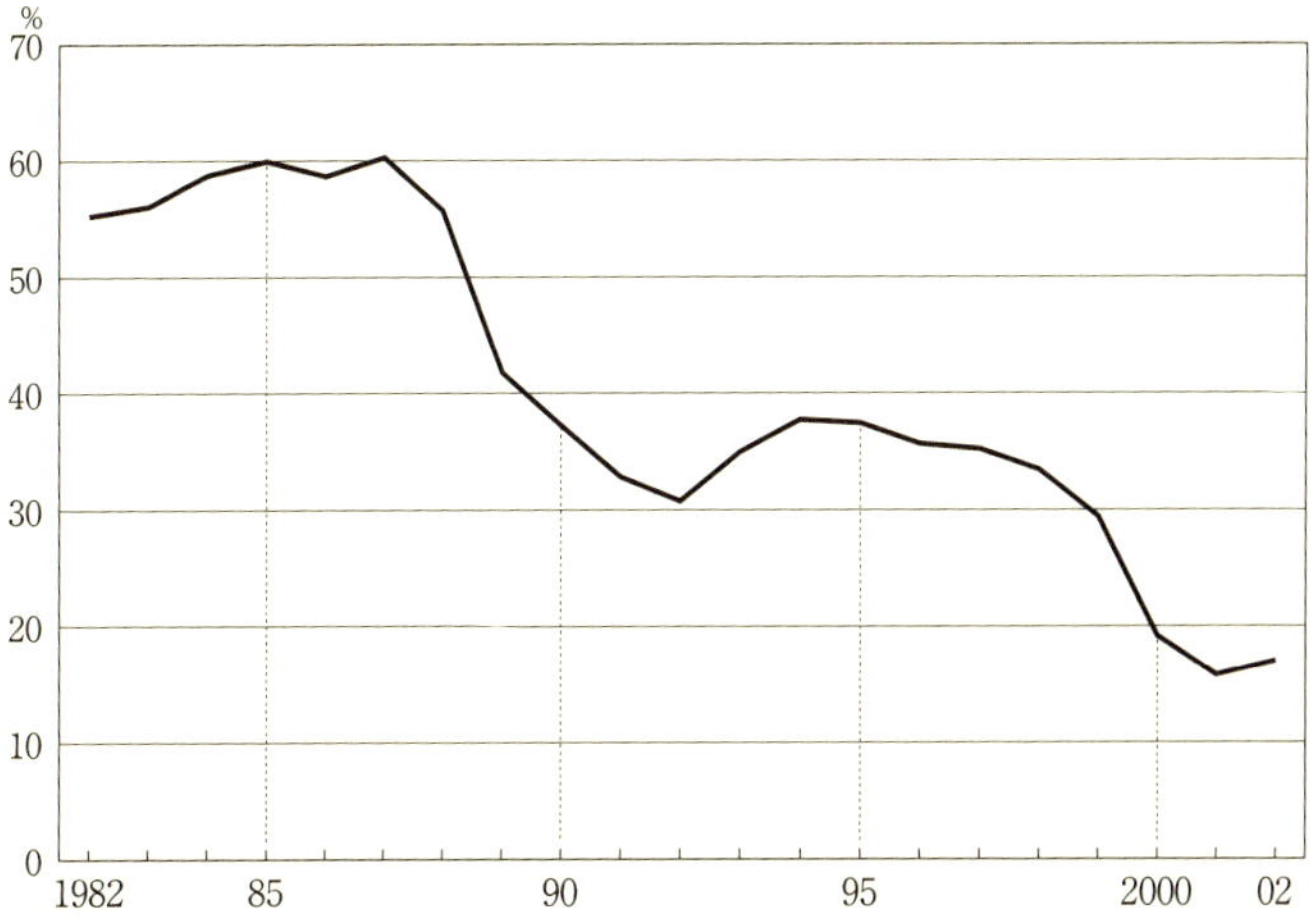

[犯罪白書より河合が作成]

図 36　窃盗犯の検挙率

検挙件数のみが減少したならば、余罪追及の度合が減少したからと予想できる。むろん、実際の犯罪実態が変化して、ひとりあたりの犯行件数が変動することはあるが、問題の時期には大きくて急劇な社会変化はなく、それほど急劇に犯罪実態が変動したとは思えない[40]。検挙件数と検挙人員の推移をグラフで見ると、八九年からの急落は、検挙件数が急減しただけでなく、検挙人員も急減し、ともに九二年まで減少しつづけている（図37参照）。こちらの急落は、余罪追及とは関係なく、見せかけではなく本当に検挙されなくなったと解釈できる。他方、二〇〇〇年からは、検挙件数は急減しているが、検挙人員は変化していない（同図37参照）。こちらは余罪追及を緩めた影響と解釈できる。実際、最近、余罪追及があまりされなくなったと言われている[41]。検挙件数を検挙人員で割って、検挙された者ひとりあたりの事件数を計算しグラフ化すると、八九年には変化なく、二〇〇〇年には急落していることが確かめられる（図38参照）。

次に、「前さばき」をやめたために認知件数が急増し、その結果、見かけ上検挙率が激減した可能性を検討しておこう。窃盗の認知件数と検挙件数の推移をグラフ化すると、八九年からの急落時期については、認知件数は急増しておらず、検挙件数のほうが下落していることが確かめられる（図39参照）。こちらのほうは、この観点からも、本当に検挙が減っているとみえる。他方、九九年からの急落については、認知件数が九七年あたりから急増しており、これが原因の検挙率の低下は九七年に始まっていたと解釈できる。ただし、前述したように、「前さばき」をやめたのは二〇〇〇年あたりであり、九七年からの窃盗犯認知件数の増加は、それだけが原因ではなく増加したとみるのが妥当であろう[42]。

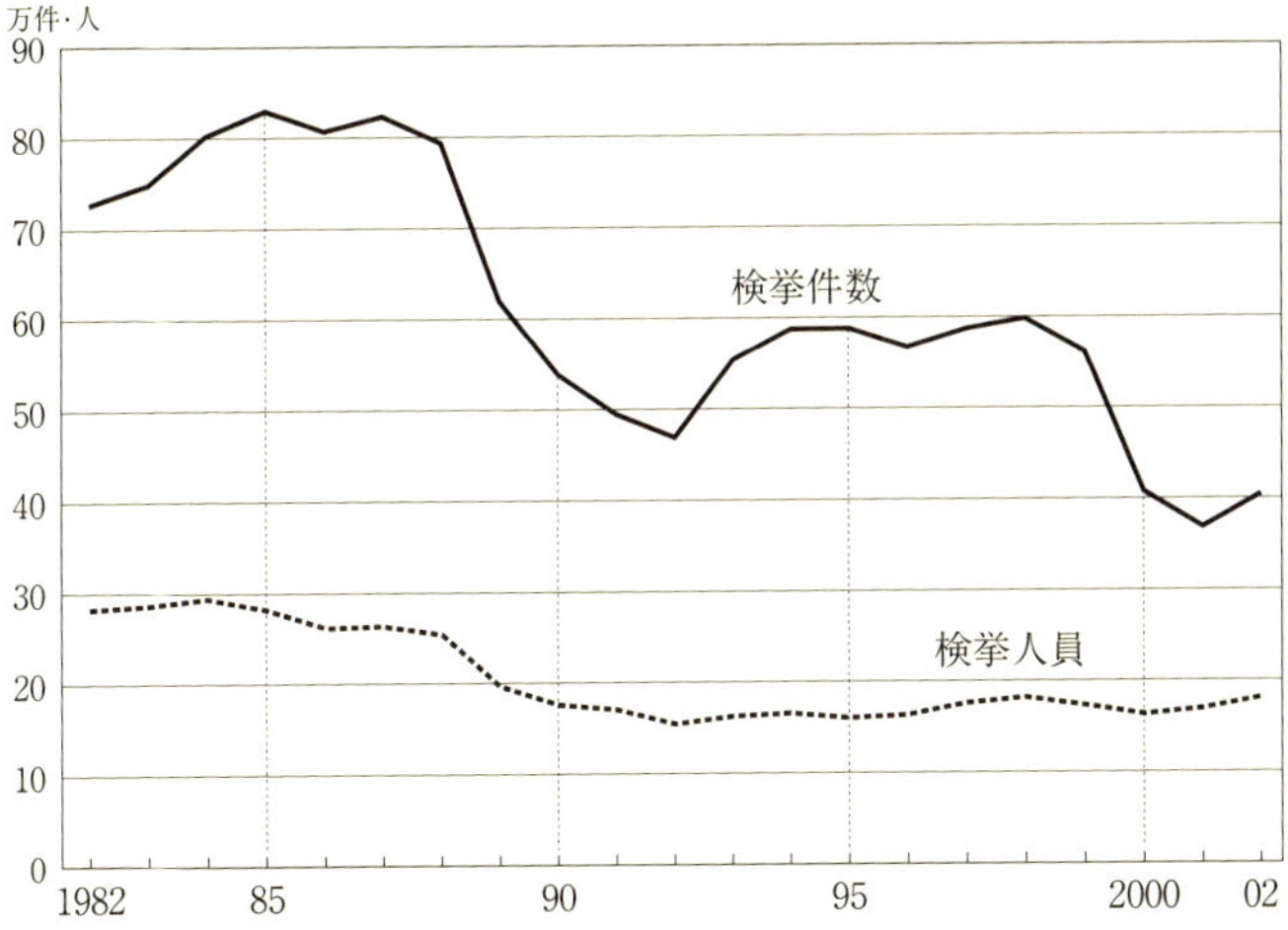

[犯罪白書より河合が作成]

図 37　窃盗犯の検挙件数と検挙人員

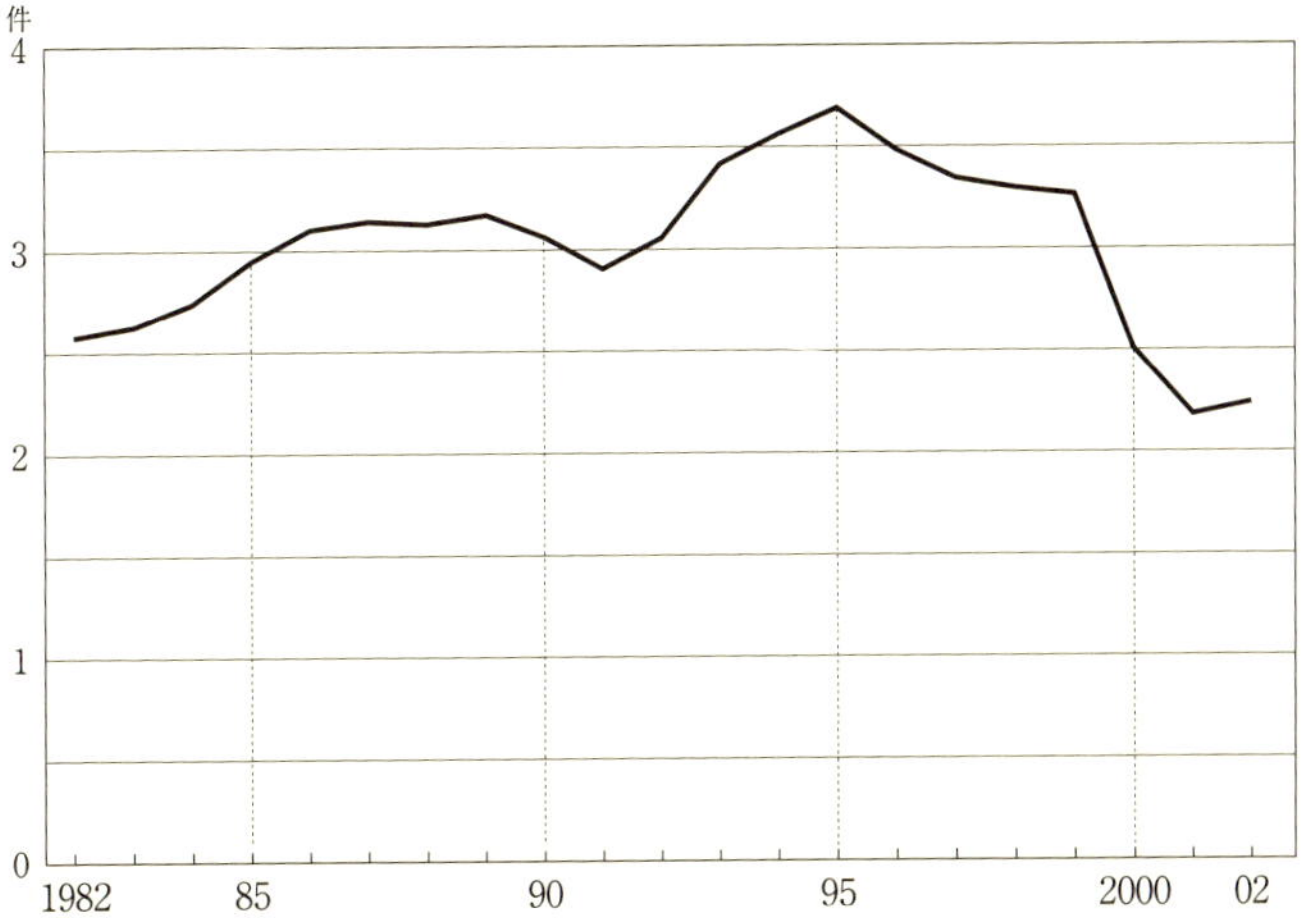

[犯罪白書より河合が作成]

図 38　窃盗犯１人当りの検挙件数

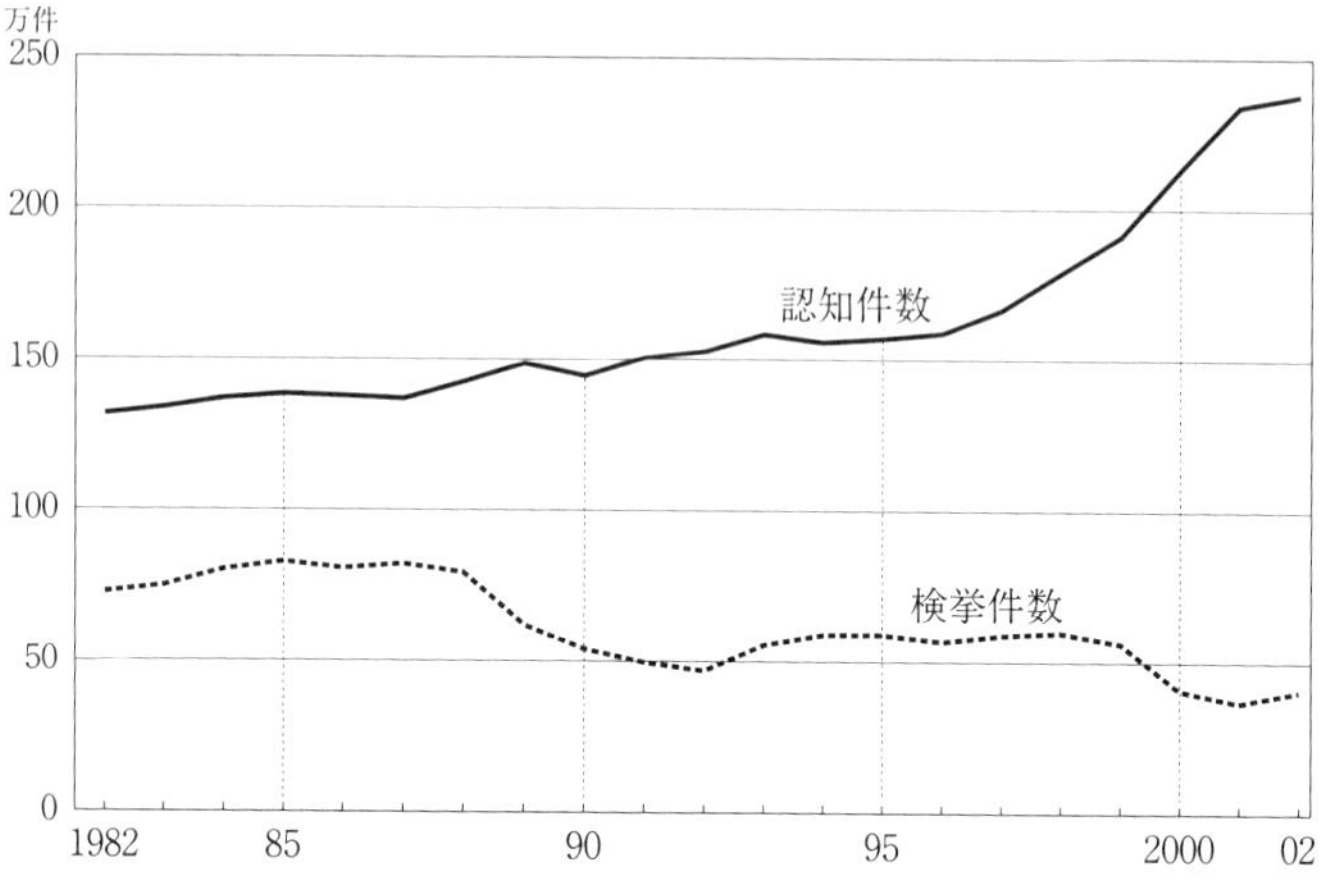

［犯罪白書より河合が作成］

図 39　窃盗事件の認知件数と検挙件数

少し複雑になったので整理しておこう。まず、一般刑法犯の検挙率が八九年からと九九年からとで急減したのは、窃盗検挙率の急減のせいであった。八九年からの窃盗検挙率の急減は、認知件数が変化しないなか、検挙件数、検挙人員双方が急減しており、本当に検挙率は減少した。社会の大変動もない時期に、一年で警察が捜査能力を大きく減じることは考えられないので、これは、警察が、窃盗に対して人的資源を投入することを控えた結果と考えられる[43]。次に、九九年からの窃盗検挙率の急減は、検挙人員が減少していないことを特徴とする。つまり、九七年からの認知件数の急増により、検挙率が減少し、さらに、それに重なって、二〇〇〇年からの余罪追及の減少によって、とりわけ二〇〇〇年に検挙率を大幅に減少させた。もし、認知件数の増加は見せかけのものであり窃盗実数の増加ではないと仮定すれば、九九年からの検挙率の急減も全て見せかけのものであり、検挙率は減少していないことになる。検挙人員が減少していないのだから当然の結論ともいえるが、「前さばき」をやめたことだけでは窃盗認知件数の増加を説明できないなど、犯罪実数が微増の可能性は高い。その意味では、検挙率も微減したことを否定しきれないと考える。ただし、いずれにせよ、警察の検挙能力が落ちたのではなく、犯罪実数が増加した結果として検挙率が微減したにすぎないことに留意する必要がある。

なお、一般刑法犯を窃盗犯によって代表させたが、念のため窃盗犯を除いた一般刑法犯の検挙人員の推移を検討してみれば、ここ一〇年間一定である。一般刑法犯の検挙人員が全く減少していないうえ、刑法犯全体では急増していることは、本章の図1、平成一五年版犯罪白書の冒頭の図でも確認できる。警察の全体としての検挙能力が減少していないことは、明白と思われる。

続いて、主要犯罪別の検挙率を一瞥しておきたい。刑法犯の主要罪名別検挙率の表を見てもらいたい(表1参照)。まず、言えることは、罪種によって大きな違いがあることである。犯罪とひとくくりにされるが、罪種が異なれば全く性質の違うものなのであることが確認される。発覚すれば捕まる罪種は、ほぼ一〇〇%であるのは当然として、殺人も、家族内に犯人がいることが多く、検挙率が高い。他方、面識のないものを襲うことが多い強盗や恐喝は、検挙率が低い。変化に注目すれば、一九九九年から低下し始めて、二〇〇〇年に急落しているものが多い。これは、「前さばき」をやめたことなどによる、二〇〇〇年の認知件数の突然増加の結果、検挙率が低下しているものである。強盗、傷害、暴行、脅迫、恐喝は、検挙件数・検挙人員ともにかなりの増加傾向であり、検挙自体は減少していない。したがって、検挙する能力が低下したのではなく、認知件数が増加したという、統計計算上での検挙率が低下したにすぎないことが、ここでも確認できる。認知件数が増加していない殺人検挙率は、

表1　主要刑法犯罪の検挙率(%)

罪名	1993	94	95	96	97	98	99	2000	01	02
総数	55.8	58.1	57.7	56.3	54.7	53.1	50.6	42.7	38.8	38.8
一般刑法犯総数	40.2	43.0	42.2	40.6	40.0	38.0	33.8	23.6	19.8	20.8
殺人	96.5	95.8	96.5	98.3	95.6	97.7	96.4	95.0	94.1	95.7
強盗	79.9	78.2	82.7	80.1	79.5	76.3	66.4	56.9	48.7	51.1
傷害	86.1	86.9	87.0	84.3	83.5	81.6	77.3	72.0	66.4	64.6
暴行	82.4	81.1	81.3	77.2	72.7	68.3	61.0	54.4	46.4	42.9
脅迫	94.3	94.2	96.3	94.2	90.7	93.7	87.3	74.5	69.1	66.2
恐喝	68.2	67.5	65.1	58.0	58.8	55.9	48.7	46.1	40.4	38.2
凶器準備集合	100.0	95.2	105.3	100.0	100.0	97.3	97.1	100.0	102.4	100.0
窃盗	34.9	37.7	37.4	35.6	35.2	33.4	29.4	19.1	15.7	17.0
詐欺	94.0	93.9	93.5	94.3	93.5	92.0	88.3	79.4	69.6	63.8
横領	99.6	99.7	99.6	99.4	99.5	99.5	99.5	98.4	97.7	97.0
背任	95.5	96.6	100.0	100.0	104.2	100.0	100.0	87.8	87.9	91.1
盗品譲受け等	99.9	99.9	99.2	100.4	99.2	99.3	99.5	99.7	99.3	99.3
強姦	92.6	91.6	94.0	88.8	88.8	88.2	73.7	68.1	63.0	62.3
強制わいせつ	87.2	91.7	88.7	85.4	86.1	82.3	63.4	48.6	41.7	35.5
公然わいせつ	96.1	98.7	97.5	99.2	97.8	97.4	96.0	88.6	81.2	76.7
わいせつ物頒布等	100.0	99.8	99.9	100.2	100.4	99.9	99.8	99.1	99.3	100.3
放火	94.4	92.2	96.2	94.7	93.2	87.4	84.4	78.7	76.8	67.4
失火	55.3	57.9	57.2	61.5	44.3	41.9	36.2	25.8	23.8	24.6
贈収賄	100.5	100.0	100.6	100.0	100.0	98.6	99.0	97.0	99.4	98.8
略取・誘拐	105.0	97.5	99.2	99.6	98.2	95.5	98.0	90.1	89.0	85.7
公務執行妨害	99.8	99.3	99.7	99.1	99.2	99.2	98.5	98.4	97.8	97.1
住居侵入	31.8	33.1	33.8	32.6	32.6	30.2	28.1	23.0	19.7	19.1
器物損壊等	13.4	13.3	12.9	12.6	11.1	10.2	9.3	7.2	5.3	4.9
偽造	98.4	97.9	98.9	99.1	97.8	98.3	94.4	84.6	78.9	60.7
賭博・富くじ	100.4	100.3	100.1	99.7	100.2	100.0	99.3	100.0	100.0	100.0
暴力行為等処罰法(2条・3条)	92.9	98.1	100.0	95.4	96.5	98.9	96.1	91.6	92.8	79.5
危険運転致死傷	…	…	…	…	…	…	…	…	…	100.0
交通関係業過	100.0	100.0	100.0	100.0	100.0	100.0	100.0	100.0	100.0	100.0
その他	90.9	94.1	90.4	92.0	91.8	90.1	82.7	77.2	72.7	65.7

注）①警察庁の統計による．②検挙件数には前年以前に認知された事件に係る検挙事件が含まれることがあるため，検挙率は100.0%を超える場合がある．[平成15年版犯罪白書 資料1-3より]

高水準を保っている。強制わいせつの検挙率がかつて非常に高かったのは、捜査手がかりがないものを「前さばき」でカットしていたことを証明してくれている。器物損壊の検挙率の激減も、認知件数の爆発的増加のせいである。文書偽造・有価証券偽造の検挙率の低下のみ、検挙件数も大きく減少しており本物である。海外での偽造などのためと予想する。ただし、これも警察の検挙能力が低下したというよりも、むしろ偽造する側の能力が上がったと言うべきであろう。

警察の検挙能力を検討するうえで興味深いのは、ひき逃げ事件の検挙率である。ひき逃げ事件の認知件数は、二〇〇〇年、二〇〇一年と続けて爆発的に増加した(図40参照)。しかし、死亡事故も重傷事故も、ここ一〇年で増減はなく、軽傷事故だけが爆発的に増加している。二〇〇〇年に軽傷事故のひき逃げだけが突然増える理由はなく、これは、軽傷事故のひき逃げが「前さばき」されなくなったためであると予測できる。分母の認知件数が増えた結果として、検挙率が落ちたにすぎないわけである。とりわけ興味深いのは、死亡事故に限れば、検挙率は全く下落せず、しかも、九〇%を超える高水準を保っていることである。警察が、どのような事件に人的資源を注ぎ込むかといえば、重大な事件と、効率良く犯人を捕まえられる事件であると考えられる。死亡事故のひき逃げには、労力をかけているのであろう。これを別の角度から見れば、警察が本気になれば、九〇%以上の確率で犯人逮捕可能ということになる。軽傷事故のひき逃げの検挙件数は減少しておらず、重症事故の検挙件数と検挙率の低下だけが気にはなるが、警察の検挙能力はほぼ落ちていないことが、この図からも確認できる[44]。

以上、犯罪全体の傾向と、罪種別と、ひき逃げについて検討してきた。検挙率の低下は数字上は異

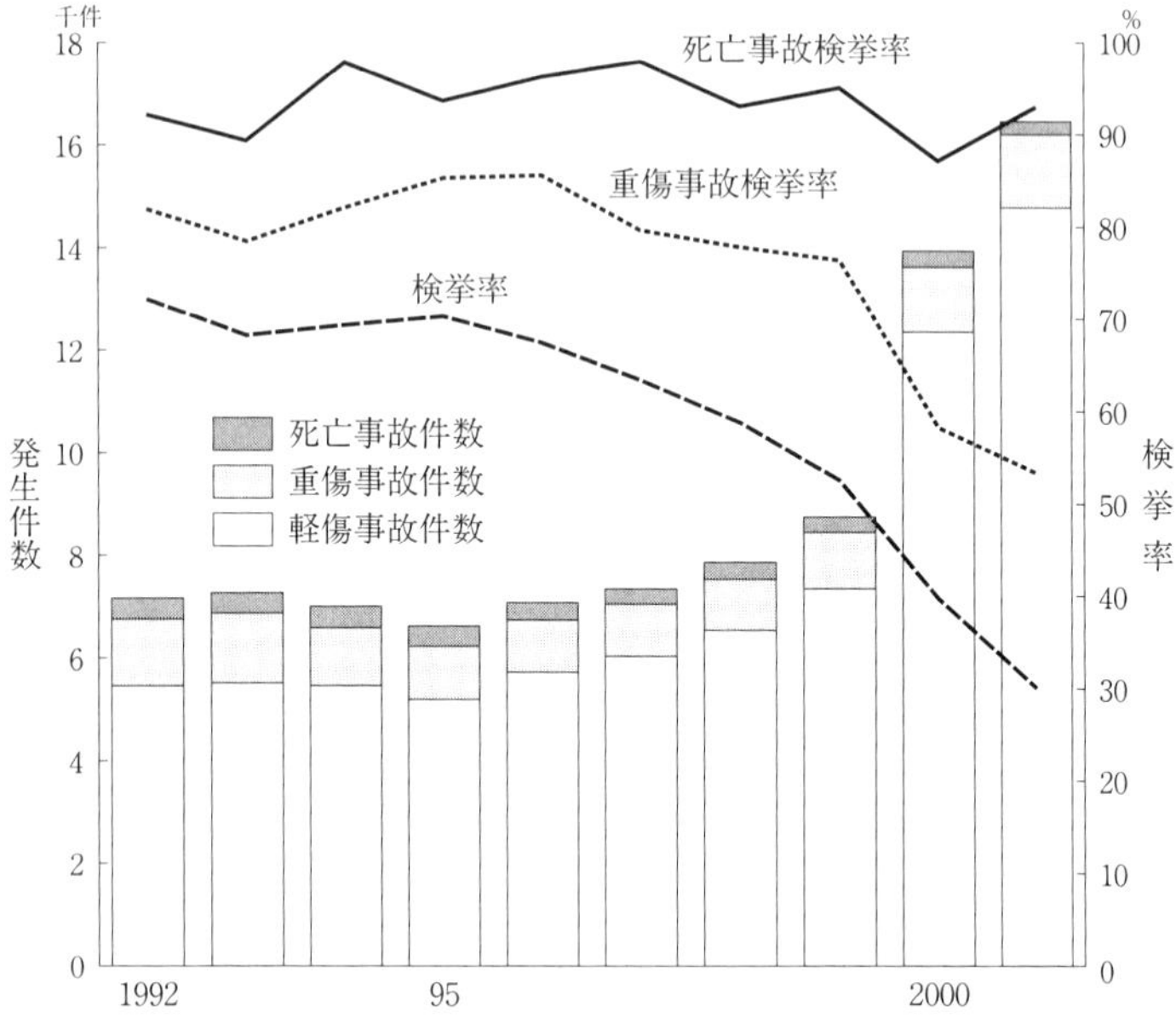

注）「検挙率」は全ひき逃げ事件の検挙率である．［平成 14 年版犯罪白書 1-1-3-3 図より］

図 40　ひき逃げ事件の発生件数と検挙率

常なまでの速度であり、これ以上落ちようがないぐらいにまで達している。しかし、これまでの検討から、これは統計数字上のことに過ぎず、警察の検挙能力ということに関しては、低下傾向はほとんど見られない。ただ、八九年から窃盗の検挙に力を注がないという方針転換がなされ、二〇〇〇年から窃盗の余罪追及を余りやらなくなったという方針転換がなされたと考えられる。検挙率の議論に限定して議論を締めくくっておこう。犯罪認知件数が統計上の理由で大幅増しているが、これは犯罪実数の変化を反映したものではない。しかし、それを差し引いても、九七年からは、犯罪実数は微増に転じている。これを分母に計算すれば、検挙率も、実にわずかながら、低下傾向を認めることができそうである。また、窃盗に対して捜査方針の転換を余儀なくされたという点で、検挙能力は低下していると言うこともできる。

なお、ここで警察の検挙能力が、依然としてほぼ維持されているということは、個々の事件の検挙が以前と変わらず容易であることを意味はしない。検挙人数を増やそうとすれば、それを担当、世話する警察官の人数を必要とする。警察官が増員すれば、検挙人員はほとんどそれに比例して増加しそうなものであるが、ようやく一定の水準を保っているにすぎない。言い換えれば、ひとり検挙するのに、以前より多数の警察官を必要としていることになる。警察白書で、繰り返し指摘されているように、一件一件の事件の検挙は困難になっている。ずっと継続している警察官の増員のおかげで、全体としての警察の検挙能力がかろうじて維持されているにすぎない。その意味では、実は事態は深刻である。留意の必要がある。

さて、事実についての議論はここまでにして、次に「検挙率神話」について検討しておきたい。「安全神話」については、後ほど厳密に論じるが、欧米諸国と比較しての議論であり、イザヤ・ベンダサンの「安全と水はタダ」[45]という言葉が有名であるように、おそらくは外国人の印象に出発点がある。ここで私が「検挙率神話」と呼ぶものはそれとは異なり、日本人が「犯罪を犯せば必ずといってよいほど捕まる」と信じてきたことである。むろん、本気で信じていたかどうかは疑わしいが、「そういうものだということになっていた」という点で、神話と呼んでいる。言い換えると、「世間常識としての認識」と呼んでよいであろう。阿部謹也は、確立した個人の集合体としての西洋式社会など日本には存在せず、あるのは世間だけであると述べているが、まさにそれと同じ意味で、社会学の定義する社会的認識あるいは認知ではなく、「世間常識としての認識」を問題にしたい[46]。

世間常識の検証はむずかしいが、おそらく、「三億円事件」の犯人が捕まらなかったことでもって、初めて大事件が未解決になる経験をしたという印象がある。その後、未解決事件が多いという印象はなく、最近になって急に増加したというところであろう。しかし、印象論は、マスコミ報道にほとんど左右されている。前もって、検討方法を論じておこう。

国民全体の意識調査がベストであるが、これは十分なものがない。残るは、報道を手がかりに、どうみなされていたかを検討するか、警察側のスタンスを検討するかである。報道は、大事件で犯人が検挙されないと、「警察はなにをしている」という非難のトーンがあったと記憶するが、信頼性のある媒体ではあまり明示的になされなかったため、検証は難しい。むしろ、より大衆的な媒体でのトーンの変化こそ興味深いが、これは普通の図書館にはなく検証困難である。そこで、まず警察白書等を手がかりに、警察側の未解決事件についての態度を見てみよう。

捜査という観点から最も重要な事件は警察庁指定事件とするならば、これまで時効成立した事件は二件、一九八四年指定一一四号「グリコ・森永事件」と一九八七年指定一一六号「朝日新聞記者殺傷、器物損壊及び、爆破未遂事件」(赤報隊事件)のみである。九〇年代の事件はまだ公訴時効にかからないので比較不能であるが、ここで確認したいことは、八四年の一一四号事件まで全て解決しているということである。これこそ、「一〇〇%逮捕される神話[47]」そのものであろう。「三億円事件」は、なぜ警察庁指定にされなかったのか[48]、戦後の警察力が不足していた時代に多くある指定事件が、なぜ一つ残らず解決できたのか。[49]「必ず捕まる」神話を守ろうという考慮が働いたという可能性が高いと考える。

次に、警察白書の検挙率についての記述を検討してみよう。警察白書には、ほとんどの版に「犯罪情勢と捜査活動」という章があり、そこに検挙率について記述がある。戦後混乱期から検挙率は上昇し、一九八九年からの急落まで高い検挙率を維持してきたが、警察白書はこれを誇ってきた。以下にそれらの記述を示すことにする。昭和四八年版警察白書「検挙率は上昇へ」、昭和五二年版警察白書「検挙件数、検挙率は一〇年間の最高」、昭和六三年版警察白書「上昇した検挙率」。前述のごとく、平成二年版警察白書では、検挙率の急落を、軽微な窃盗の検挙に力を注がなくなったからであることを説明している。これは、裏返せば、重要事件の検挙率は高水準を維持していることを主張しており、高検挙率を誇ることはやめていない。第二の下落である一九九九年からの検挙率の急落については、平成一四年版警察白書のコラム「指標としての検挙率」のなかで、人手不足で「余罪の捜査にまで手が回らない実情がある」と述べている。[50]これも、裏返せば、犯人は逮捕しているということを意味する。

三番目に、捜査本部設置事件(殺人、強盗殺人等、殺人の絡む事件のうち、捜査本部を設置した事件をいう)の解決率を検討してみよう。警察白書の「犯罪情勢と捜査活動」のなかに記述されたりされなかったりしているが、最後に掲載された平成一一年版警察白書等[51]により、本部設置件数と解決件数をみてみると、一九八八年以降、設置件数にも解決件数にもさしたる変化はない(図41参照)。解決率を計算しても、減少傾向など全く認められず、約八割で推移している(図42参照)。前述したように、

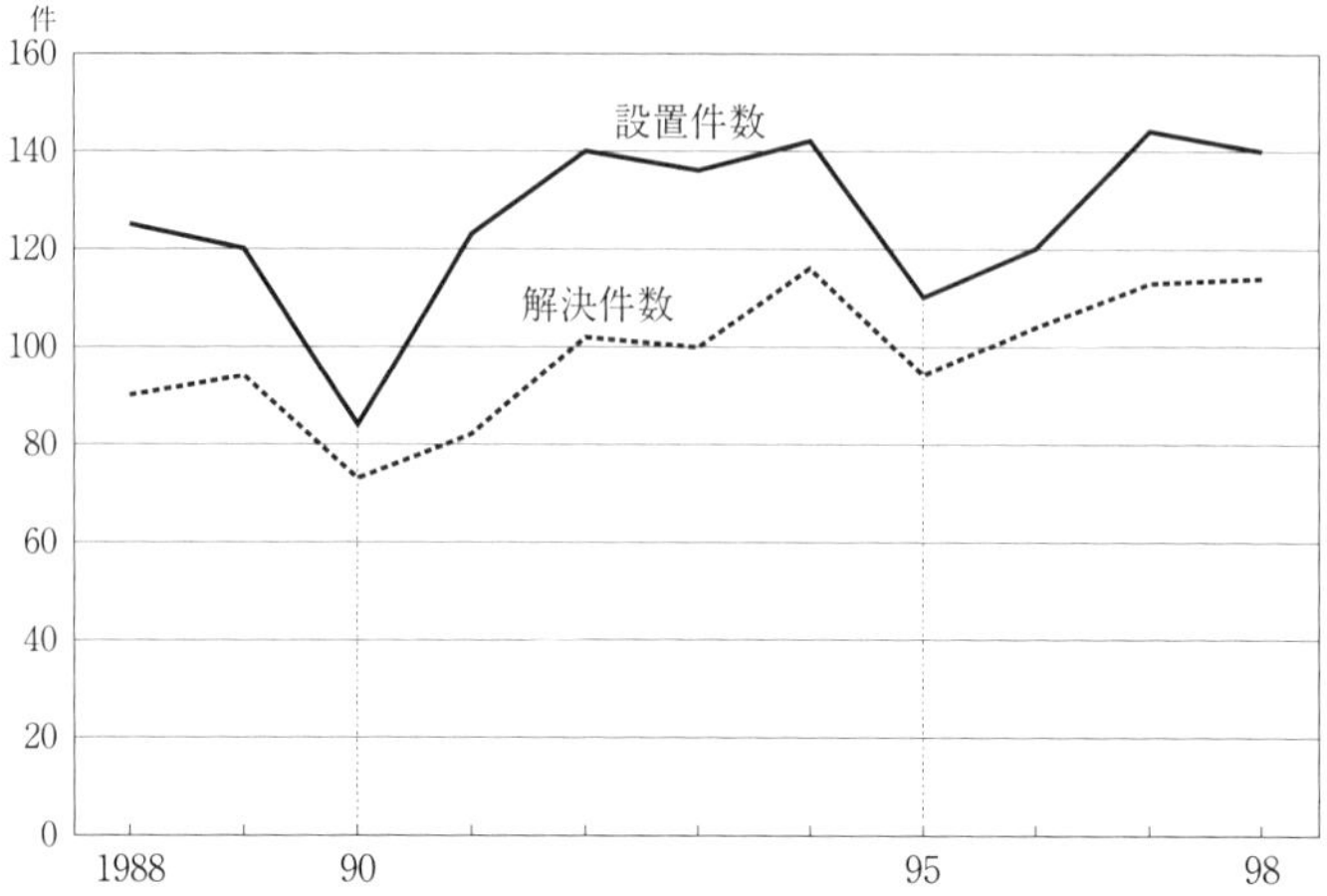

［犯罪白書より河合が作成］

図 **41**　捜査本部設置件数と解決件数

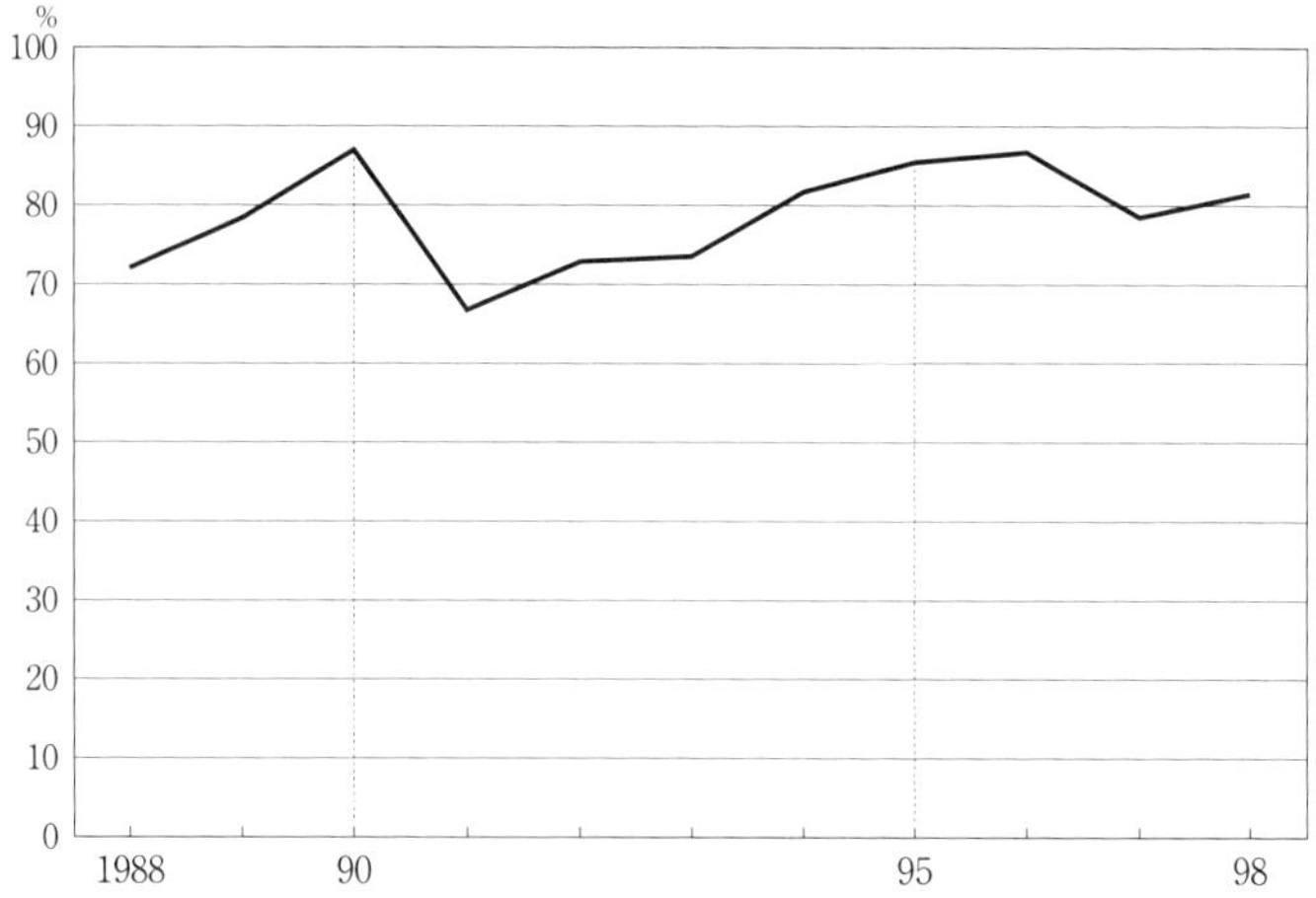

［犯罪白書より河合が作成］

図 **42**　捜査本部設置事件の解決率

殺人事件は、過半数が家族内の事件であるなど捜査が簡単なものが多いわけだが、捜査本部設置事件は、死体隠蔽事件が数十件含まれ、強盗殺人も加えられている。これこそ社会的には本当の凶悪殺人事件と呼べる事件である。したがって、この結果は重要である。ここで注目したいのは、解決率≒検挙率が落ちていないことではなく、これほどの重大事件に、かつても未解決事件が相当数(年二十件以上)あったということである。これらが記憶にないのは、むしろ報道の問題ということであろう。最近は迷宮入りした事件について、そのようなことがあるのも当然というようにテレビでの警察捜査についての特集などで取り上げられている。報道問題については後に詳しく検討する。

以上の検討をまとめると、「犯罪を犯せば必ず捕まる」あるいは「警察は必ず犯人を捕まえる」ということは、世間常識として存在してきた。警察は、犯人検挙に至らない事件が少なからず存在することは承知していたが、世間常識を意識して、敢えてそれを崩さないようにしてきた。そして、それどころか、むしろ検挙率の高さを誇ってきた。マスコミも、この世間常識を前提に報道する、あるいは、この世間常識を破壊しないように気を使ってきたとみえる。これが、最近になって、世間常識は揺らぎ、警察も検挙率の低さを隠さず、報道も未解決事件の報道を手加減しない、あるいは、検挙率の低さをニュースとするようになっている。[52] むろん、ニュースが出たからといって、人々が直ちに、犯罪を犯しても捕まらないことが多いと考え始めるわけではないであろう。検挙率神話が大きく揺らいだというあたりが現状であると思われる。

7　社会内の犯罪者比率

前節で、統計上の検挙率のガタ落ちは、警察の検挙能力の激しい低下を意味しないことを明らかにした。とりわけ検挙人員は、むしろ増加している。そもそも、そうでなければ、刑務所がいっぱいになることはない。とりわけ重大な犯罪は、ほとんどが一年以内に速やかに逮捕されている。そのことを前提にすれば、日本の治安と社会について、もうひとつの別の観点から検討できる。

近代刑法は、行為主義をとり、ある行為を犯罪と定義することを出発点にしている。治安の問題も犯罪発生率に注目することが多い。しかし、一見原始的な見方ではあるが、ある社会内の犯罪者の比率に注目することは、社会の健全性という長期的な観点での治安状態を明らかにしてくれる。ただ、ここでも「社会内の犯罪者」の定義が問題となる。

まず、犯罪者の定義であるが、ラベリング論・構築主義などの犯罪学の立場からは、捕まっていない者は犯罪者ではなく、刑を終えた者もそうでないとすれば、犯罪者とは、捕まって未決拘留中あるいは保釈中の者と受刑者である。犯罪学としては全く正しい定義と考えるが、安全の問題を考えたいという本書の意図からして、ここでは敢えて、神様の目から見て犯罪行為を行った者として考察していきたい。ただし、ここで言う犯罪行為は、広義の刑法犯ではなく、重大な犯罪に限定する。そうすると、アメリカの犯罪者隔離を狙う潮流が理解できる。この立場は、犯罪行為を犯した者を、できるだけ刑務所に長く入れて、社会内の犯罪発生率を下げようというものである。この発想は、犯罪者は、まだ逮捕されていない者を含み、社会は、いわゆる娑婆に限定されることを前提している。つまり、刑務所内は、社会の外部とみなされている。娑婆の中にいる犯罪者だけを「社会内の犯罪者」と呼んで、これを排除しようという発想である。

それに対して、私は、刑務所と受刑者を含んだものを社会と考えている。これは犯罪学というよりも、思想的、政治的問題である。その方面の検討は本書では割愛し、立場の表明にとどめておくが、ここでの目的である、社会の健全性を測る指標の議論のためには、受刑者を社会構成員と認めるほうが理にかなっていると考える。なぜなら、娑婆の短期的な犯罪発生率よりも、受刑者が多数いるかどうかは、長期的な視点での、その社会の健全性判断には欠かせないからである。なお、受刑者はやがて娑婆に戻ってくる人々であり、それが多数いることは長期的には治安の問題となるという指摘は、犯罪者は原則、本当の終身刑か死刑とする極端な隔離政策を採る場合には、妥当しない。ただし、そのような極端な政策自体の健全性は問われるであろう。

社会が受刑者を含むということの意味は明確であろうが、神からみた重大な犯罪行為について、さらに詳細に論じておく必要がある。実は、警察に検挙されれば刑務所行きではない。まず、最も軽微なものは微罪処分か交通反則金を取られておしまいである。そうはいかない者のみが、検察官に送致される。それでも二〇〇一年の検察庁側の被疑者受理総数(53)は、二二〇万人余もいるが、このうち起訴されたのが一〇二万余で、起訴率は五二・二%、しかも、略式命令請求人員(うち道路交通法違反が九割)がほとんどで、公判請求人員は一三万三八人しかいない。九九・九%有罪となるが、罰金のみで済むか、執行猶予が付く者が多数いて、二〇〇一年の受刑者新入所人員はわずか二万八四六九人である。二〇〇一年の平均一日収容受刑者は五万一六六八人、人口比〇・〇二%である(54)。

執行猶予というのは、罰を免じられているということであり、許されているのに近い。だとすると、その対象者は犯罪者と扱われていないことになる。別の言い方をするならば、重大な犯罪を行ったものは実刑となる。このように考えると、重大な犯罪がほとんど検挙される日本においては、神様の目から見た犯罪者の数は、ほぼ受刑者の数である。むろん若干名は検挙を逃れているが、この比率が年毎で大きく変化していないため、日本社会における受刑者数の推移をみることによって、犯罪者数の増減を検討することができる。

一瞥すると、受刑者数は、一九九三年の三万七二〇九人(一日平均数)を最小に、増加に転じ、二〇〇〇年から急増、二〇〇一年は五万一六六八人である。新入所者数は、一九九二年の二万八六四人を最小に増加に転じ、二〇〇一年には二万八四六九人である。人口比で計算しても一九九二年が最小となる(図22参照)。一九九四年からは、犯罪者数が増加に転じ、ジャンプはないが、毎年急速に増加している。これまで検討してきた犯罪数の増加傾向が一九九七年以降であることと比較して、先行していることが興味深い。普通は、犯罪増加が先行してから受刑者数が増えるはずである。いったい何が起きたのであろうか。

受刑者については、身柄があるためデータが豊富かつ正確である。また、過剰収容は行刑施設にとって第一級に重要な問題である。したがって、近年の受刑者数の伸びの原因は、既に十分検討されている。ここでは、細かいデータを検討することは割愛して、浜井の研究の成果を借りて要約したい(55)。浜井によると、刑務所人口増の原因は、まず、新確定受刑者の収容期間の長期化である。とりわけ、罪種別で、受刑者の最大多数を占める覚せい剤の刑期の長期化が著しいという(56)。確かに、二〇〇一年の新受刑者数は約一〇〇〇〇人の増加だが、受刑者数は約四〇〇〇〇も増加しており、[57] 仮出獄率と仮釈放の刑の執行率も変化していないため、[58] 刑期の長期化が受刑者数の増加原因であることは明白である。刑務所人口増の第二の要因である、新受刑者数の増加について、浜井は、検挙人員は増加していないが、警察から検察への送検率が増加、検察による公判請求人員が増加、強制わいせつ、覚せい剤事犯等における起訴率の上昇が原因とする。つまり、犯罪者側ではなく、統制する側の厳罰化傾向が原因で新受刑者が増加している。[59]

以上のことを勘案すれば、犯罪増加する前に、厳罰化によって刑務所人口は増加に転じたということになる。それも、とりわけ覚せい剤事犯に対する厳罰化が主要因となっている。したがって、社会内犯罪者比率の急劇な増加は、治安の悪化によるものではなく、むしろ厳罰化によると結論するほかない。

ただし、ここでいう厳罰化は、実刑が増加し刑期が長くなるということだけを意味し、思想的に厳罰化しようということが考えられているかどうかについては留保したい。むしろ、社会内の誰かに面倒をみてもらうようにして、刑務所には入れないという伝統的方法が使えなくなってきていると私は予想している。社会の側の受容力の低下が刑務所人口を増加させたというわけである。

8　警察陰謀説と官庁統計

犯罪者側よりも、むしろ統制する側の厳罰化によって刑務所人口が急増したとなれば、統制側の変化について検討しておく必要がある。これまでも警察認知段階での「前さばき」や、強盗の定義の変化等について述べてきた。統計の集計と報告を担う官庁と統計の関係について、まとめて検討しておこう。[60]

犯罪統制については、最も単純化するならば、厳罰化の保守と、それに反対する左派という、政治上の政策対立がある。そのため、「犯罪状況の悪化を喧伝して厳罰化の世論を形成し、統制機関の強化につなげよう」と警察が動いているといった観点から、全てを理解しようという立場がある。いわゆる警察陰謀説である。幼稚な言説であることは言うまでもないのかもしれないが、厳密に論じておきたい。この手の単純すぎる議論が跋扈しかねないような民主主義の状況にあると危惧している。

まず、ラベリング論が指摘するように[61]、統制機関全てが持つジレンマは確かに存在する。ジレンマとは、統制機関が成功を収めるほど、その統制機関が存在する必要性が減少するというものである。極端には、犯罪や伝染病の完全撲滅に成功すれば、それぞれ組織解散となる。社会全体に対しては大きく貢献しても、組織にとっては、その見返りを受け取るどころか、人員と予算削減というマイナスの結果をもたらすというわけである。そこで、もし、統制機関が、社会全体の利益を考慮せずに、自己組織のために行動すればどうなるか。問題となる行動は二つ考えられる。第一は、統制能力が余った分を統制の必要性が薄い対象に向けるという、過剰な統制を行うことである。第二は、予算と人員増を目的として、犯罪状況を悪く見せる統計上の操作が行われることである。それぞれ検討していこう。

第一の問題は、まさしくラベリング論が指摘してきた問題である。ラベリング論自体について厳密に論じることは簡単ではなく割愛するが、本書の検討に必要な範囲で簡潔にまとめておきたい。「統制側にもっと注目すべきである」という発想に対しては、極めて重要な指摘であり、多くの研究者に受容されていると思われる。換言すれば、全面否定論は聞かない。ラベリング論に対する反論は、その主張が意義を持つには、いくつかの条件があるというものである。社会が不安定で、統制機関に余力がなかった時代には、この種の考慮の必要性は薄い。また、犯罪とすべきか非犯罪化すべきかが問題となるような罪種にとっては意義深いが、凶悪犯罪については重要性が低い。さらに、薬物関係事犯のように、大流行したり、ほとんど消滅したりするような、大きく変動する罪種の統制機関にとって重要であるが、凶悪犯のように、戦争や経済恐慌レベルのことが起きないかぎり犯罪数が大きく変化しない罪種にとっては、この種の考慮の必要性は低い。つまり、治安の中心問題である凶悪犯の統制に関しては、統制側は常に全力で対処する以外に選択肢はなく、ラベリング論の視点は重要性が低いという批判である。この反論には、凶悪犯にはその原因となる害虫が存在し、その撲滅をはかるだけというような、単純な原因論が前提とされているように思う。統制側の態度が長期的に凶悪犯を生み出す原因となる可能性等を考えるべきであろう。日本においては、いきなり凶悪犯罪が行われるのではなく、非行を重ねてついに凶悪犯罪に走るというのが、少なくとも近年までの常識であり、早めに更生をはかることによってそれを防ぐというのが、伝統であったように思う。軽微な犯罪への対応は重要であると考えている。日本流刑事政策については後に検討するが、ここでは、戦後の混乱期を抜けた後に統制機関に余力ができてきたとき、その余力の使い道がどうであったか、そして、ここ十年、五年に統制機関に余力があるのか、あるならその使い道はどうなのかみておきたい。

余力を語る場合に注意が必要なのは、警察、検察、裁判所、矯正、保護の各機関ごとに検討すべきことである。いずれの機関も、独立性の高い組織で、歴史も体質もかなり異なっている。悪く言えば、必ずしも統一性のある政策を採っているとは言いがたい。注意して分析したい。

まず、戦後の混乱期を抜けてから、八〇年代終わりまでの犯罪減少期を見ていこう。凶悪犯罪(殺人と強盗)の減少にともなって余力が生じたはずである。この余力を統制強化に使ったかといえば、警察の検挙人員は一般刑法犯については七〇年代はじめまで減少し続けている。ただし八〇年代にはやや増加している。凶悪犯中心に主要な罪種で、認知件数が大きく減少していることを考慮すれば、八〇年代には以前より軽微な事件の検挙を増やしたと解釈できる。しかし、凶悪犯の減少を反映して刑務所人口は減少している。その点では、刑務所に空きがあるから軽い者も入れるといったことは行われなかったと分析できる。もっとも、これは、警察の意向でどうこうなるものではなく、裁判官の量刑、とりわけ執行猶予を付けるかどうかの判断に影響される。警察は、送検件数を増やす以外の影響力はなく、これも実はほとんど影響力なしというべきであろう。検察については、量刑を上げようとして、起訴を増やし、求刑を厳しくするという手段がある。ただし、これも、裁判官が追随する必要がある。この間の量刑は、大きくは変化せず、刑務所人口が大幅に減少することになったと考えられる。[62] なお矯正と保護には、仮釈放の運用と、保護観察の運用(仮釈放取消)により、刑務所人口に影響力があるが、これも大きな変動はなかった。[63]

これをみるとラベリング論の指摘するような心配はなかったことになる。ただし、留保しなければならないのは、警察の余力が本当に生まれたかどうかである。警察には刑事警察としての機能と並んで公安警察としての機能がある。六〇年安保、七〇年安保などの時代には、こちらの対応で忙しかった。また、交通関係業過が六〇年代から急増し七〇年ごろにピークをつけている。こちらにも多くの人手が必要だったはずである。これらを考慮すると、八〇年に近づいて、公安事件の重要性が薄れ、交通関係業過の検挙人数も落ちついたところで、一般刑法犯の検挙人員が増加したことは、ここへきて本当に余力が生まれたために、比較的軽微な犯罪に人的資源を振り向けることがなされたと予測できる。確かに、器物損壊罪、自転車盗等への統制強化、さらに痴漢行為が、迷惑防止条例の適用から強制わいせつ罪の適用に変化するなど、典型的にラベリング論の主張が当てはまる動きはあったようである。しかし、実質論として妥当性を欠いた過剰な統制とは到底言えず、これらでもって、警察力強化ファッショ化の理屈に持って行くのは、何をしても警察は悪いと言っているのに等しい、思いこみだけの議論であろう。むろん、日本の警察には、横浜事件に代表される拷問致死等の問題の過去があり、警察権力を常にチェックする必要があることを否定するつもりは全くない。民主主義の維持のための闘いとしての警察のチェックという意義はさておいて、この時期と刑事警察活動に限定しての判断である。

ここ十年、五年を見ても、検挙人員は変化しておらず、警察による統制強化を語ることはできない。そもそも、市民の協力が得られにくくなってきていることや、外国人犯罪に手数がかかるなど、余力自体がない可能性がある。被害者に対する対応を改めることなどにも大きな精力を割いており、その意味でも右傾化を語るのは無理である。犯罪がわずかにだが増加傾向に転じるのに先だって、刑務所人口が増加したのは、検察の起訴率が上昇し、求刑が上がったためである。むろん、それを裁判官が量刑に反映させたことも決定要因である。厳罰化志向という点に関しては、検察官が最も高いことが知られている。[64] 後で述べるように、日本の伝統は反省させて許し、慈悲深い処置、つまり軽い刑罰にすることであることを考えれば、不思議な現象である。理由は、犯罪者との距離感であるように思う。ちなみに刑務官の厳罰志向性が最も低いのは、世界各国共通であり、これは彼らが最も犯罪者＝受刑者と身近に接触しており、厳罰の効果がないことを知っているためであろう。警察官は、検察官と刑務官の中間となる。なお、個々のメンバーの意識調査と組織としての方針は必ずしも一致しないことには、注意が必要である。

続いて、予算と人員増を目的として、犯罪状況を悪く見せる統計上の操作が行われたかどうか検討しておく。それには、まず、予算の決まり方について整理しておく必要がある。大蔵省時代から現在に至るまで、財務省の予算決定の特徴は、次の二点である。第一点は、いわゆる縦割りの行政組織に対応した、省庁、部局間の調整が中心のボトムアップ方式である。警察と法務省の予算は、同一の主計官が担当するが、それぞれ前年比何％増かどうかの決定に最も精力が注がれる。警察内部、法務省内部のどれを認めるかの調整は、かなりの程度、それぞれの省庁にまかされているところがある。法務省では、官房長官がその役を担い、局間の調整をする。そして、たとえば矯正局内では、総務課長（検事ポスト）が局を代表して予算編成にあたる。[65] 予算編成の特徴の第二点は、これまでに執行された予算の効果測定はしないで、前年認められた項目は、原則自動的に更新され、新規増加分のみについて検討されることである。なお、この方式は、右肩上がりに予算規模が膨らむことを前提としており、改める必要が認識されているが、未だに代替方法が確立していない状態である。

具体的に整理すると、各部署、それも課以下の細かいところが問題点を指摘して、上層部の許可のもと、その対策が急務であるとして予算請求を出すことになる。そして、その際の問題点の指摘の部分で、統計が用いられるのであろう。この資料は、そのために新たに作られるに違いないが、その元になる統計は、公式に発表される統計と同一でなければ細工したことになってしまう。したがって、予算請求を成功させるためには、どうしても犯罪情勢悪化の結果が欲しくなってしまう。動機からすれば、統計操作の可能性があるといったところであろう。

さて、それでは、実際にそのような操作があり得るであろうか。分析のために、官庁統計を二種類に分けて考える。第一は、検察、矯正、保護、司法の統計年報や警察庁統計のように、説明は少なく、データの集計書というべきものである。第二は、犯罪白書と警察白書のような、そのスタッフ自身は統計記録を取るわけではなく、集められたデータを分析し説明しているものである。白書は、一般向けに執筆されていることが特徴である。それに対して、『法曹時報』に掲載される報告は、業界内向けの色彩が濃い。『法律のひろば』に掲載される、犯罪白書を読む特集も同様に業界内向けである。

まず、第一段階の素データの集計時における操作について考えてみよう。警察庁統計というが、実はカウントしているのは警察庁の職員であるはずがなく、末端の警察署の担当官である。交番レベルがどう扱われているかは不明だが、警察署単位の統計値は存在する。それが県単位で集計されて、警察庁でまとめられていると予想される。警察に限らないが、署ごと、県ごとの統計は、各部署を競争させて管理するために使われている。先ほど警察組織としては犯罪を多く見せる動機があると述べたが、警察署長にとっては反対である。検挙率を上げるために「前さばき」を多用したほうが、自分の成績は上がる。したがって、認知件数を減らす方向の動機づけがある。かつて検挙率が極めて高かった理由はこのあたりにあるのかもしれない。実際、検挙率の低下を食い止めるようにという警察庁長官の方針が示されると、直後に検挙率は上昇している。[66] そういったことから推察すると、ここ二、三年の検挙率の急低下は、既に述べたように、検挙率の低下を容認する警察庁の意向と、前さばきをやめるようにとの指導の結果ということになる。

ただし、当然ながら、これは穿ち過ぎた見解であり、現場はなによりもルーティン作業をこなしているだけである。「前さばき」は、結局成果をあげられそうにない事件に労力を割くのをやめて、他に回そうという意図で行われてきたに過ぎない。それをやめろと言われたからやめただけであろう。検挙人員がほとんど変化していないところをみると、現場は、地道に活動し続けてきたとして、むしろ誉められるべきであろう。いずれにせよ、二十数万人の大組織である警察組織を人格化して陰謀説を唱えるのは単純すぎる。

次に第二段階の白書について、犯罪状況を悪く見せる操作がおこなわれているかどうか見ておこう。犯罪白書、警察白書、いずれも統計数値に妙な操作を加えることはない。単純な意味ではウソはない。しかし、全体としてウソの印象を与えるおそれがある記述に満ちている。細かい個所を指摘するまでもなく、創刊以降、一貫して、犯罪情勢の悪化に懸念を示す記述ばかりが目に付く。戦後の混乱期を抜けた後、犯罪情勢は大幅に改善されたが、その間もずっと、犯罪は増加しているかのようなトーンで書かれている。むろん、数値を偽っていないので、数値を解釈すれば勘違いを避けられるが、これは専門家が大きな努力を割いた場合に限られる。最近めだった例をあげれば、来日外国人犯罪に対する懸念である。実は、来日外国人を除く、その他の外国人犯罪、つまり、いわゆる在日〇〇人の検挙人員は激減、ここ二十年で約半減している。[67] 増加している部分だけを取り上げ、外国人犯罪全体が増加しているという誤った印象を与えている。窃盗手口、凶悪犯の手口についても、増加したものを取り上げては懸念を表明し、減少しているものにはほとんど触れていない。

懸念材料だけを取り上げる理由は、やはり予算請求が、これまでに執行された予算の効果測定はしないで、新規増加分のみについて検討されることであろう。[68] おそらく、余程の専門家でさえ、年報や警察庁統計の数値を拾って自分でグラフを作ることは、ほとんどない。財務省側の担当者が勉強するとしても白書しかないであろう。そのことを見越しての記述であると考えられる。

このように、白書には、正しい犯罪状況が的確に描かれておらず、とりわけ全体像を見えなくしており、問題であると言わざるをえない。しかしながら、これをもって陰謀説を唱えるのは、飛躍しすぎである。実は、犯罪白書については、私自身も、法務省内における、そのあり方についての研究会に出席している。[69] 私も含めて学者サイドからは、予算効果についてわかるように、そもそも法務省の予算についても資料を出すべきだ、といった要望が出されている。それらの意見が反映されないのは、結局、予算編成のやり方自体を根本的に改めるほうが先であるということにつきるように思われる。警察白書とて、事情は同じであろう。[70]

そもそも「前さばき」をやめたのも、予算拡充が目的ではなく、市民や被害者への対応を改善しようというところから出発しており、組織の透明性も高めている。結論として、警察陰謀説は解釈に無理がありすぎである。むろん、検挙率が落ちたことを予算請求のさいに理由として使ってはいるであろうが、「陰謀」とはほど遠い。ただし、検察と裁判所が、犯罪が増加に転じる以前に、量刑増加に転じて刑務所人口を増加させたことは重大である。これはひとつの懸念材料である。検察官は紛れもなくこの分野の専門家であるにもかかわらず、実は犯罪情勢の悪化を戦後のどんな時期にも信じてきた、奇妙な「伝統」がある。検察官は、なによりも個別事件の主任検事として仕事をしており、地検の検事正や次席でもないかぎり犯罪情勢の全体像はわかりにくい立場にいる。むろん自分で勉強すればよいのだが、教科書たるべき白書が前述のごときであり、業界内向けの雑誌論文も議論対象が細か過ぎる。さらに、学者の研究は、外国の犯罪学の輸入中心である。これでは勉強のしようがない。むろん、かなりの数の観察力豊富な検事達は、よく現状把握しているのであるが、組織風土としては、「厳しい犯罪情勢に立ち向かう検事集団」という雰囲気が支配しているようである。

検察官をしてこのありさまであるから、一般市民の犯罪情勢認識は、さらに危ういことが予想される。世論形成に影響力の強い、犯罪関連の報道について、次節で検討しておこう。

9 犯罪関連報道

犯罪報道といっても様々な媒体があり、報道の問題として分析するには詳しい分類が必要であることは、論を待たない。しかし、本書の目的からは、これまで述べてきた犯罪実態と世論のギャップの説明ができれば十分であろう。簡潔にまとめたい。

犯罪報道による人権侵害等の問題は、ひとまずおいて、世論形成を問題にするならば、その信頼性からみて、テレビよりも大新聞の報道が重要である。私自身、記事検索を活用して、最近の犯罪関連報道を検証した経験から、[71]大新聞の報道の仕方を中心に、その影響についてまとめよう。報道の問題といえば、「センセーショナルな犯罪報道から厳罰化へ」という流れが懸念されるわけであるが、検索記事を印刷して、全文をきっちり読み返してみると、驚くほど冷静に書かれている。主要新聞は、犯人の凶悪化をことさらに述べることは皆無といってよい。センセーショナルな記事は週刊誌が得意としており、テレビではいわゆるワイドショーには出現する。しかし、テレビニュースでもそのような報道は自粛している。厳罰化については、新聞紙上で記者がそのような主張をすることは全くないといってよい。読者の声か、被害者のインタビューの形をとっている。学者のコメントは、たいていの場合、厳罰化に慎重である。社説になると、朝日新聞は明確に厳罰化に対する懸念を示している。文化欄の記事も、厳罰化に懸念を示すのが通常である。また、事件がらみでも、私が検索したかぎりで、問題記事はみあたらなかった[72]。

ところが、関連記事に普段全て目を通しているはずの私でさえ、犯罪情勢は悪化しており、厳罰化の流れがあるかのような印象を抱かされているのはなぜであろうか。その答えは記事の見出しにある。検索記事の見出しのリストを打ち出したが、それを読むと、受ける印象は大きく異なってくる。たとえば、「「麻原は繰り返し死刑に」公判でオウムＶＸ被害者証言」(『朝日新聞』一九九九年一〇月二一日)「ホステス殺人事件で被害者の弟、涙声で極刑求める、松山地裁」(『朝日新聞』愛媛版、一九九八年九月七日)等は、センセーショナルな報道から厳罰へ、そのものの印象を受けてしまう。ところが、実は、これらの記事内容を読むと、被害者が心理状態を述べているだけであり、制度の厳罰化を主張してはいない。「殺してやりたいぐらいだ」という気持の表明と、「死刑という厳罰が必要である」という意見表明は、別である[73]。厳罰を求める記事は全て、被害者か投書者の言葉を借りており、記者は慎重でである。もうひとつ例をあげると、犯罪情勢全般について、犯罪白書や警察庁発表によればということで、「検挙率戦後初の一割台」(『朝日新聞』二〇〇二年一一月二〇日)、「犯罪検挙率最低の二〇%」(『朝日新聞』二〇〇一年一二月二一日)。「犯罪白書、九八年の刑法犯、最悪の二六九万件――被害者、心の傷深刻」(『日経新聞』夕刊、九九年一一月一二日)等がある。これらの見出しを見れば、犯罪情勢は恐るべきことになっているように読めてしまう。これらも、記事内容を読めば、殺人は減少しているなど、正しい記述がしてある。データの出所を明らかにして、その数値を掲載しているだけであるから、報道機関には責任がないと考えているのであろうが、自分の振る舞いの結果を考えて行動するのが責任感とすれば、これこそ典型的に無責任と非難されるべき行為であろう。マスコミ関係者は、記事の文言ひとつで重大な結果を招くことがあることは十分認識しており、慎重に書いていることは読み取れる。しかし、おそらくデスクに責任があるのであろうが、多くの読者は、見出ししか読まず、まして社説など読んでいないことを認識するべきであろう。

いずれにせよ、一般市民が新聞やテレビニュースで犯罪情報に接して抱かされている感覚と、本書でこれまで記述してきた犯罪情勢が、大きくずれている理由は、マスコミ報道のとりわけ新聞の見出しに原因があると考えられる。しかし、マスコミ批判は本書の目的ではないし、犯罪不安の原因を全てマスコミ報道に求めることは誤りであろう。むしろ、マスコミ報道から真実を見抜く力の衰退こそ、それ以上の問題であることを指摘したい。日常経験から、自分の周りで誰も殺されていないし、強盗にもあっていないことが把握されていれば、マスコミ報道に振り回されることはないはずである。自分の住む地域共同体内の状況把握が不十分であるために、マスコミ報道に過度に依存することによって、不安がっていると解釈したい。したがって、このマスコミによる空騒ぎ説もまた単純過ぎる。マスコミは、火に油を注ぐことはできるが、何もないことを捏造することは無理である。犯罪不安が高まっているから報道するのだというのが、マスコミ側の立場であろう。おそらく、犯罪不安の高まりが先なのであろう。空騒ぎで済ませずに、この不安の高まりの原因を探るべきである。それは、まさに、自分を包んでいる地域社会ミニコミの世界の検討である。この視点から見れば、不安を高める現象だけでなく、実は、犯罪自体も変化していないか再検討の必要がある。これまで詳しく検討してきたのは、日本全国の統計によるマクロな変化に過ぎない。今から、健全な住宅街に限定して、その変化を見ておこう。

10　住宅街の犯罪増加

本当は、近所で空き巣、ひったくりなど犯罪は増えているのか。印象論に陥らずに研究することが重要である。地域と犯罪の研究は、海外では、有名なシカゴ学派の実証的研究はじめ、数多くある。しかし、日本においては、ごく最近に至るまで、活発に研究されてきたとは言いがたい。その理由は二つある。第一は、テクニカルな理由である。たとえば、ゴチャゴチャと低層の家屋が建て込んでいる、道幅がせまく曲がりくねって見通しが悪い等、重要と考えられる特徴を、主観的にではなく定量的に計測することは非常に困難であった。指数化を手仕事で行えば、犯罪発生地点を調査して、地域間の差を計測できるが、恐るべき労力が必要であった。第二の理由は、その土地の者や地元警察にとって、どこが犯罪の多い地域であるかは研究するまでもなく自明であった。新宿、渋谷などの繁華街に多く、住宅街では少なかった。そのうえ、地域差に触れると、いわゆる被差別部落問題等のタブーに触れるおそれがあった。そうでなくとも、犯罪が多いとされた地域からクレームがつくおそれがあったので、地元警察はデータを出したがらなかった。

ところが、第一の理由については、電子地図を活用したソフトが開発されており、既に研究成果が出てきている。第二の理由については、差別問題が大幅に解消に向かっており、また、犯罪が多い地域が自明でなくなりつつある。警察庁と建設省は、一九九七年度から、共同事業として「安全で安心なまちづくり手法調査委員会」[74]をつくり、地域の安全問題に力をいれはじめている。なかでも、科学警察研究所は、電子地図をつかった地理情報システム(GIS)を活用して、地域と犯罪に関連する研究に乗り出している。[75]その成果をみてみよう。

科学警察研の原田豊らは、東京二三区におけるひったくりが、どのような地域で、どのような時間帯に、どのような被害者をターゲットに行われているか、一九九六年から二〇〇〇年の五年間の変化を調査している。[76]それによると、第一に、ひったくりのおきる時間帯が大きく変化している。最も増加したのは、昼の一二時から一七時の間で、一九九六年には全体の一六・三%であったのが、二〇〇〇年には二六・一%になっている。最も多い時間帯の一八時から二三時は、半分弱で変化なく、〇時から五時の深夜帯が、一九九六年二五・九%が、二〇〇〇年一八・一%へと、大きく減少している。第二に、ひったくりの地理的分布が、都心部のオフィス街・繁華街周辺(新宿、池袋、渋谷)から、足立区・江戸川区・大田区などの周辺部へと拡散してきている。第三に、この地理的拡散にともなって、午後の時間帯の主婦や無職女性の被害が増加している。なお、ひったくりの総数が増加しているため、深夜や繁華街でひったくりが減少しているのではなく、横ばいである。周辺住宅地域の昼間に普通の人々が襲われる数だけが、大幅に増えているわけである。

この研究は一九九六年までしか遡っていないが、ここで示された変化は、それ以前から進んできたものと推察できる。東京家庭裁判所による一九五三年と五六年の調査は、過去一年間の少年保護事件について、少年の居住地と犯行地点を地図上にマッピングして、地理的な観点から少年非行を研究している。(77) それによると、犯行地点は渋谷、新宿、池袋等の繁華街に集中し、周辺部分は空白地帯となっている。他方、非行少年の居住地はバラバラであり、非行少年達が集まって住んでいる地域はない。欧米と比較した場合、日本の伝統的な地域社会のひとつの特徴は、金持ち有力者の邸宅の隣に、貧困層の小さな借家があることである。犯罪者が多く住む町地域がないという結果は頷ける。また、自分の近所では悪いことができないというのも、伝統的な日本人の特性のひとつである。いわゆる愚連隊も、繁華街では大暴れしていたが、住宅街で活動していたとは聞かない。そうしてみると、戦後の混乱期をようやく脱出しかけていた時代であったにもかかわらず、その当時の住宅街は意外なほど安全であったことになる。実際、安全神話は、日本が経済大国になってから生まれたのではない。ベンダサンが「安全と水はタダ」と表したのは、一九七〇年のことである。(78)

以上の研究をまとめてみると、慎ましく穏やかな生活を送る人々にとっては重大な変化があったことになる。夜中にほっつき歩くことなく住宅地に住む人にとって、かつてはほとんどひったくりに出会う心配はなかった。それが、繁華街に出かけてもいないのに、自宅周辺の住宅地で昼間に、ひったくりに遭うわけである。このような人々にとっては、確かに、犯罪状況は大幅に悪化しているといえる。逆に、繁華街だけに注目すれば、「夜遅くに繁華街に出かけてはいけない」ことが常識であったように、危険がいっぱいの状態から、女子高校生が夜更けに渋谷を闊歩する程に安全になったといえよう。このため、マクロに見れば、犯罪状況はけっして悪くないのであるが、住宅地をミクロな視点で捉えれば、本当に犯罪状況は悪化していることになる。

いわゆる「体感治安」と統計上の治安との差の最も本質的な原因は、ここにあると私は考えている。ここで私が注目するのは、犯罪の増減という視点ではなく、本書の冒頭で述べたように、夜昼や繁華街と住宅街等を仕切ってきた境界が不明瞭になってきていることである。境界が不明瞭になって、仕切られた安全地帯がなくなれば、安全神話は崩壊する。安全神話の崩壊の鍵は、この境界線と共同体の問題であるとして、第Ⅱ部で扱いたい。

犯罪不安の高まりの原因は、住宅街で犯罪が増加したことだけでなく、地域の住民のまとまり、軽微な秩序の乱れの放置、居住環境の整備、公的機関の活動等、多くの要因が関連していると予想される。地域と犯罪不安の関連についても、既に研究がなされてきているが、この問題についても、第Ⅱ部において検討したい。

11　厳罰志向の住民

ここまで、主に犯罪者と統制者の双方について検討してきた。一般住民の犯罪に対する態度についても一言だけ触れておきたい。市民という概念を用いずに住民と呼んだのは、彼らを、欧米の伝統で呼ぶところの責任を持った市民とは呼べないからである。本書では、社会構成員を、犯罪者、統制者、

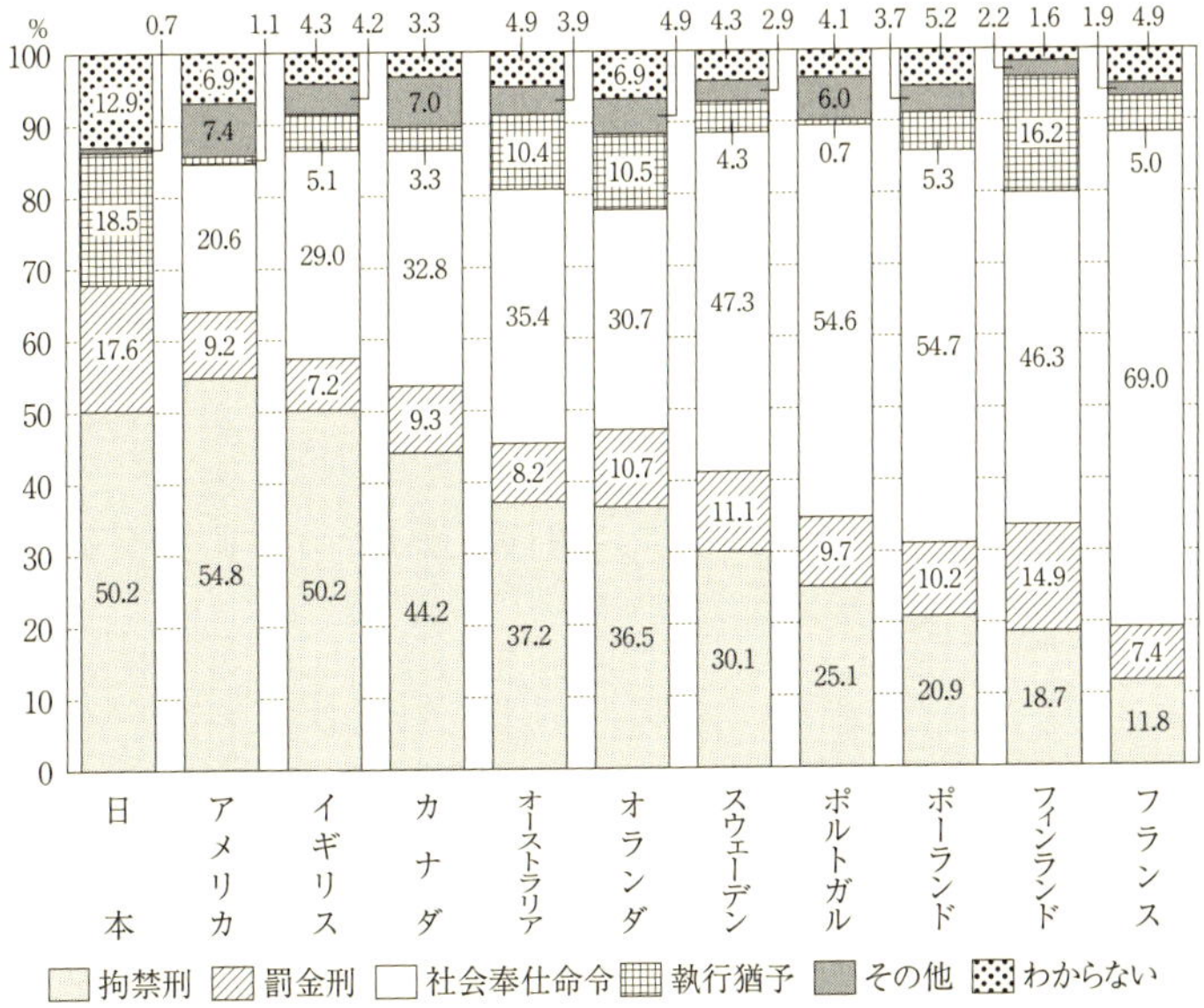

注）①「21歳の男性が2度目の住居侵入・窃盗で有罪になったとします．今回盗んだ物はカラーテレビ1台でした．このような場合，最も適切な刑はこのなかでどれだと思いますか」と質問している．②日本には「社会奉仕命令」の選択肢はない．［法務総合研究所研究部報告18, 2-19図より河合が作成］

図43　窃盗累犯に適当な刑の種類（国別）

一般住民という三者に分類して議論していきたい。一般住民の特徴は、定義上、犯罪者と統制者以外の者であるわけだが、とりわけ大切な留意点は、彼らこそ安全神話の信者であり、その恩恵の享受者であるという側面である。

このように定義された日本住民の犯罪に関連した特徴のうち、最も重要であるのは、その厳罰志向である。二〇〇〇年に実施された国際犯罪被害実態調査[79]（ICVS）によると、諸外国と比較して日本の厳罰志向はいちじるしい[80]（図43参照）。既に述べたように、薬物事犯を除いて、日本の刑罰は軽く、刑務所人口の比率は著しく少ないが、これはあくまで統制側の特徴である。実際、住民の「常識」としては、泥棒は警察に捕まり刑務所に入れられると信じられている。むろん、現実の運用は、初犯の窃盗で実刑はまずありえない。人々の意識と統制側の処置は大きく異なっている。

また、この住民の厳罰志向は、最近生まれたものではないようである。歴史学者の研究によると、日本の中世において、盗みは死刑という過酷な刑罰が村落社会においては存在していた。それに対して、幕府側のほうが、「撫民」の名において寛大な処置をしようとするという構図があったという[81]。村人に殺されかかっていた者を助けて、逆に一生かけて罪をつぐなわせるというパターンが存在したとすれば、それを現代風に読みかえれば、犯罪者を更生させるというパターンになるのではないかと思われる。第Ⅱ部で詳細に検討する。

12　安全神話の崩壊

住民については、その安全神話が崩壊したかどうかを検証しなければならない。そのためには、先に、安全神話の定義を明確化することが必要である。しかし、そのこと自体が、日本の伝統的な統制方法の解明として本書の大きなテーマである。これは第Ⅱ部にまわしたい。ここでは、犯罪状況の変化と照らし合わせるために、定義はさておき、崩壊時期についてのみ検討しておきたい。

安全神話を犯罪不安ととらえるなら、意識調査による実証的研究が最適である。しかし、経年比較ができるような継続的調査はない[82]。それに、犯罪不安と安全神話は、同じものとは言えないであろう。言論や報道に注目するのが、多少とも定量的な検討をするには、最良の方法であると考える。ただし、安全神話が問題になっていないときは語られず、それがいつから語られ出したかとなると、技術的な問題がいくつも生じる。たとえば、「盗っ人急増で、広がる住宅防衛」(『朝日新聞』二〇〇三年三月二二日)のようにストレートに安全神話崩壊についての記事と呼べるものは、そう多くはなく、犯罪関連記事に広げると、際限なく広がる。いつの時代でも防犯自体は大切な機能であり、捜せば関連記事はあり、いかに犯罪が減少していた時期でも、例によってどれも「犯罪状況悪化」に言及して警告する記事がある。定義して数を数える正攻法の定量分析は、むしろあぶなっかしい。強引だが、犯罪関連記事を検索して読み返したうえでの私の総合判断ということで、まとめてみたい。

ここ一〇年を振り返れば、目に付いた報道の潮流は二つあった。第一は、被害者関連である。これは犯罪被害者に限らない。一九九五年の阪神・淡路大震災と地下鉄サリン事件を境にして、被害者に関連する記事が急劇に増加した。さらに、九七年一一月にダンプにひき逃げされた小学校二年生の隼君の両親の活躍があり。朝日新聞は九八年にキャンペーンと呼べる記事を多数掲載した。そして、これらの動きは、二〇〇〇年に被害者関連法の立法として結実した[83]。この被害者関連の動きは、「癒し」というはやり言葉とともに、物から心へという潮流とも合流し、安全一般について、住民に注目を喚起する結果となった。

第二の潮流は、少年犯罪と少年法改正関連の記事である。記憶を辿れば、記事増加の出発点は、いわゆる神戸の少年の事件[84](一九九七年)である。その後、少年法改正を終えるまで、これでもかと少年の事件が報道され、読者は少年の犯罪が実は減少していたとは、夢にも考えなかったろう。やはり立法するとなれば、報道にも力が入るのであろう。ところが、記事を読み返せば、少年の問題については、もっと多種多様の記事があった。ホームレスの襲撃、いじめ、突然型の非行などが、ずっと以前から問題にされていたが、これらは、いつの時代にもある「近頃の若者」談義の域をでていないと解する。私が注目するのは、いわゆる「オヤジ狩り」の報道である。中年サラリーマンが少年グループに襲われるという事件は、安全神話の崩壊という観点からは重要である。これは九六年である。[85]

以上の検討から、一九九五、九六年あたりが分水嶺となって安全神話の崩壊が始まっていると言えそうである。犯罪認知件数が横ばいから微増に転じたのは一九九七年であったことを思い起こすと興味深い。

13　治安向上のパラドックス

ここまで、全国規模では、犯罪はさして増加もしていなければ、凶悪化もしていないにもかかわらず、安全神話が崩壊したことを示してきた。これが安全神話崩壊の第一のパラドックスである。しかし、ローカルな視点からみると、住宅街の住民にとっては、犯罪に遭遇する可能性が近年急増したらしいことも示した。これで、安全神話の崩壊の原因は、住宅街が危険になったからだと結論できれば答えが出たことになる。しかし、住宅街でのひったくりや住居侵入の増加を、治安の悪化と同一視することは乱暴すぎる。換言すれば、もし、住宅街で凶悪犯罪が増加していれば、前記の結論は支持できるのだが、そのようなデータはない。この状況をどう理解すればよいのか。さらなる疑問は、結局、日本社会は、全体として、良い方に向かっているのか、悪い方に向かっているのか、いったいどちらなのであろうか。

最後に、治安の問題は、犯罪防止に限定されず、あくまで身の安全の問題であると捉えて、被害者の立場から治安状況の変化をみておきたい。これは、日本社会の現状を位置付けるうえで示唆的な見取り図を提供してくれる。

当然、凶悪犯罪による死者数、重傷者数の経年変化を見れば良いわけであるが、驚くべきことに、この正確な統計値は、犯罪白書にも警察白書にも掲載されていない[86]。残された方法は、犯罪白書の交通関係業過を除外した犯罪による死亡者数、重傷者数、軽傷者数の統計を使用するか、殺人による死者数を使用するか、あるいは厚生省の人口動態統計にある死亡原因別統計の他殺を見るかである。人口動態統計の他殺は、殺人と強盗殺人の合計と考えられるが、傷害致死のなかには、確かに被害者が転倒したときの頭の打ち所が悪かったという、傷害＋事故的な事件も含まれるが、凶器を使用しなかったとはいえ長時間にわたる暴行の結果の死亡等、実質的には凶悪で他殺とみるべき事件もある。これを数えることができないことは残念である。次善の策をとるほかない。ところで、他殺という項目名は、わかりやすさの点ですばらしいが、数値的には、殺人による死亡者数と変わらない。結論として、後者をもって代用したい。

それでは、まず交通関係業過を除く死亡者数の経年変化を見てみよう（図44参照）。一九七〇年代前半から一九九〇年代半ばまで、見事な急勾配で減少し続けている。例外は一九八五年だが、これは日航機墜落によって五〇〇名余りが死亡、飛行機事故は交通関係業過ではないため、この犠牲者がカウントされていることによる。それを差し引けば、見事に直線的な傾斜となる。肝心のここ数年であるが、一九九六年が最小値であり、横ばいになったことは確かであるが、微増に転じたかどうか微妙な

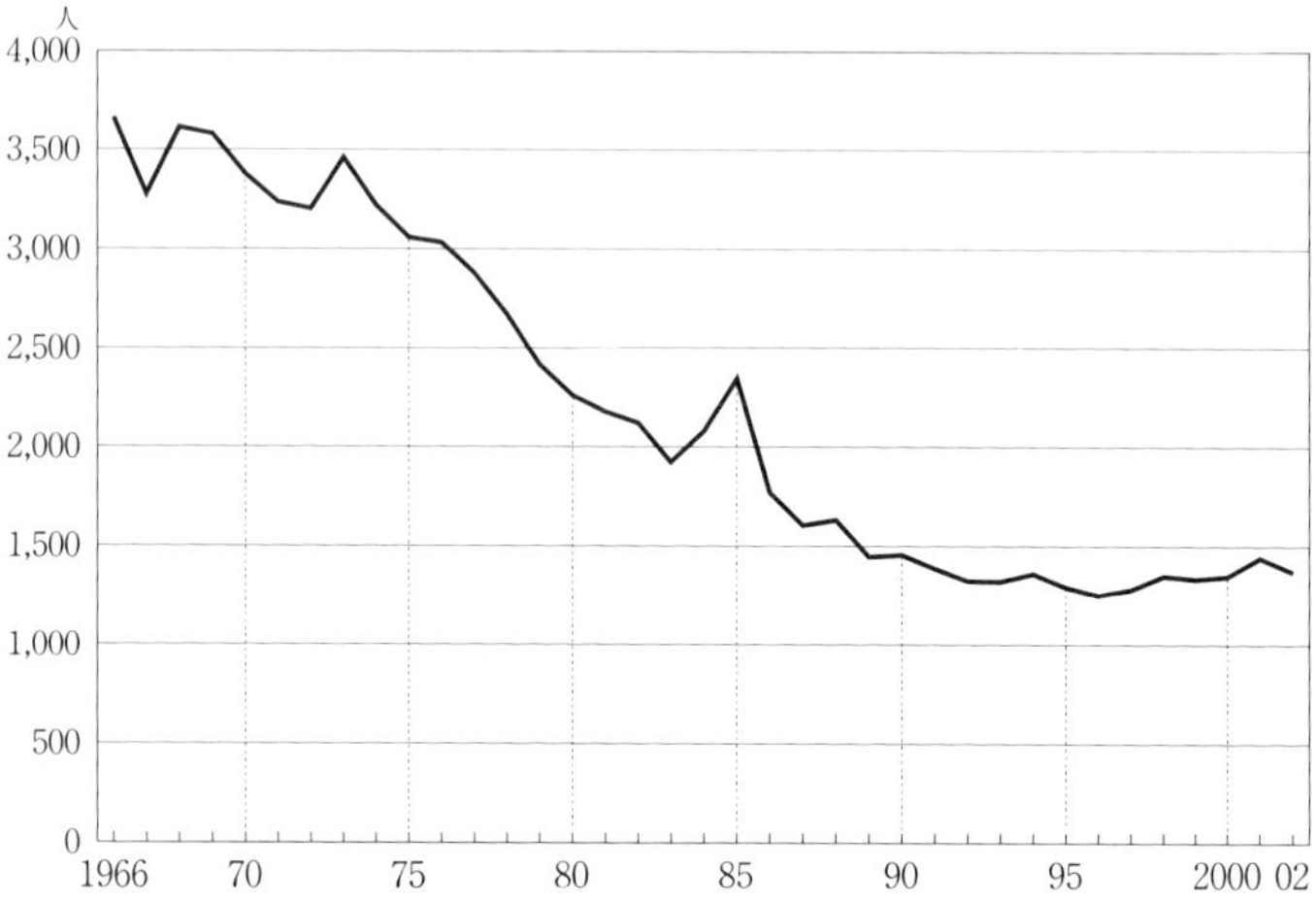

［犯罪白書より河合が作成］

図44　犯罪による死亡者数（交通関係業務上過失を除く）

ところである。

　そこのところを確かめるために、より正確な、殺人罪による死者数の最近の推移を見ておこう（図45参照）。急劇な減少傾向は、遅くとも一九九一年で終わっており、その後、デコボコはあるが、横ばいと言う他ない。むしろ、ここ数年は減少ぎみでさえある。近年の児童虐待の「発見」によって、かつては事故扱いされていた事件が殺人にカウントされる結果、多少の被害者数の増加があったにもかかわらず、この結果である。

　これらのグラフから見る限り、日本は安全でなくなったという主張は、明確に否定される。それどころか、経済大国となりバブルに酔っていた一九八〇年代と比較すれば、二〇〇二年時点は、明確に当時より良い状態である。日本人の自信喪失と安全神話の崩壊を結びつける言説が、いかに客観的な根拠を無視したものである

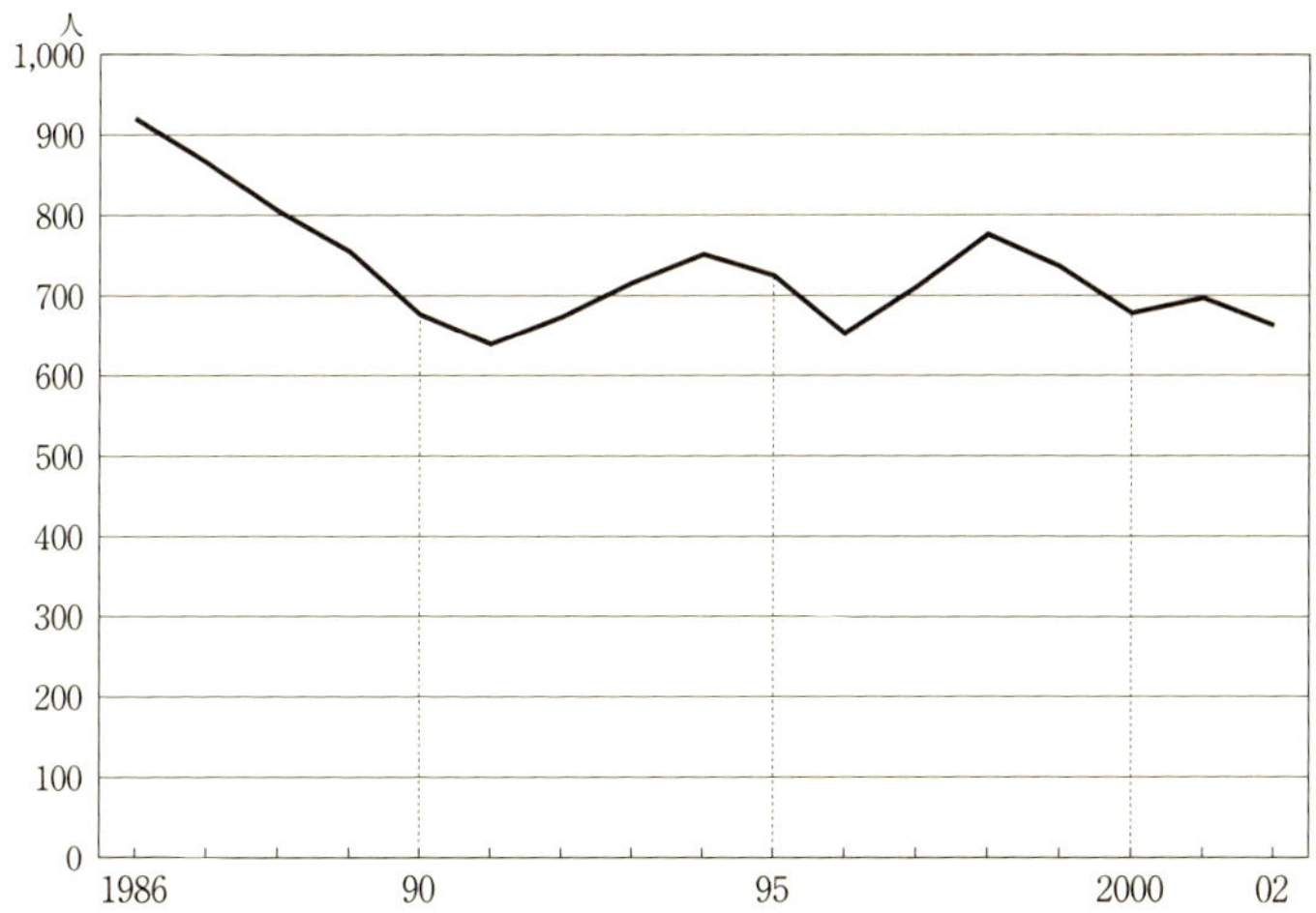

［犯罪白書より河合が作成］

図 45　殺人事件による死亡者数

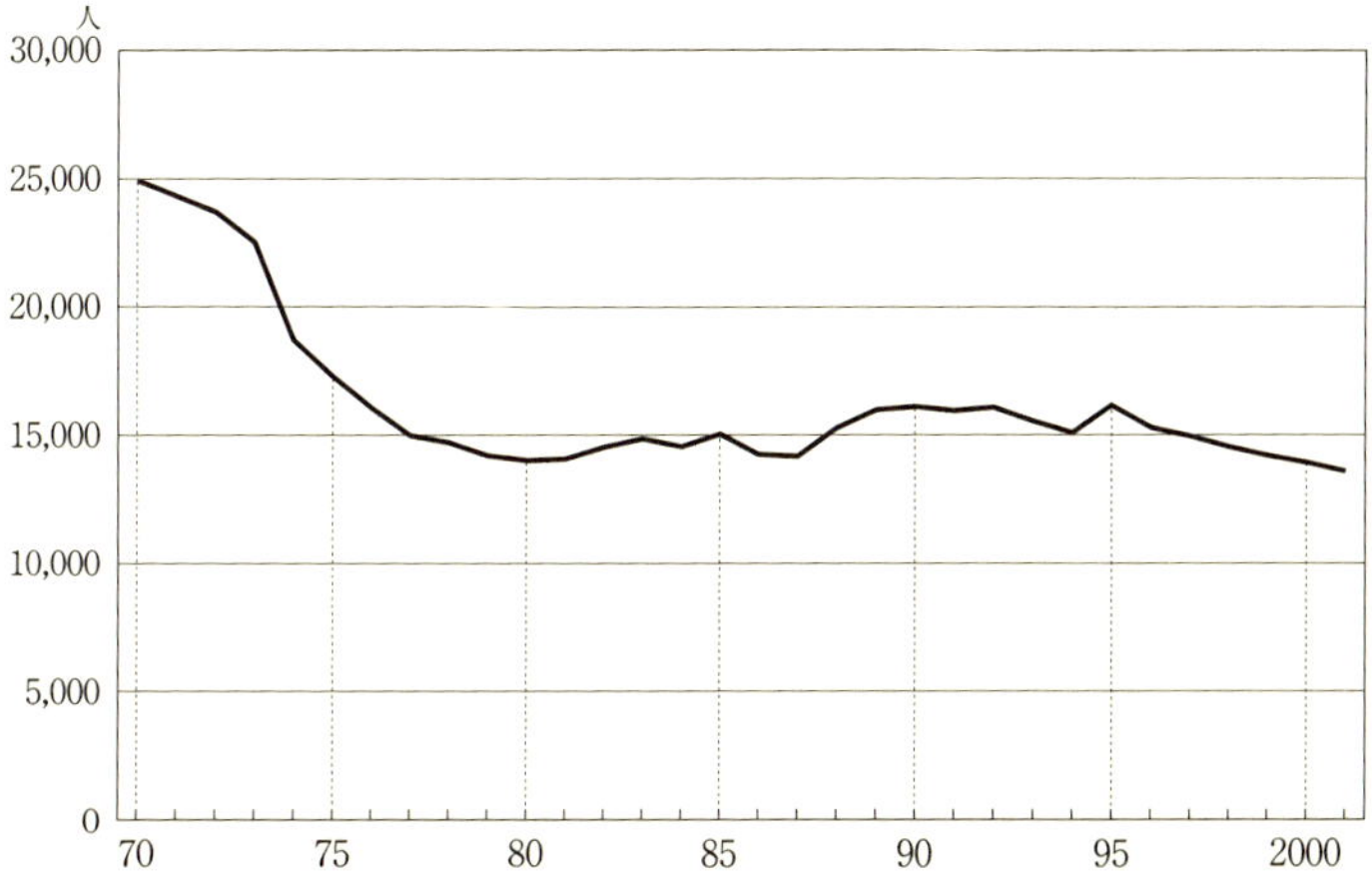

［犯罪白書より河合が作成］

図 46　全刑法犯罪による死亡者数

か確認してほしい。

とどめに、交通関係業過も含めた全刑法犯による死亡者数の推移をあげておく（図46参照）。大雑把に見れば、一九七〇年代に大幅に急減したあと、横ばいである。グラフでは省いたが、一九七〇年以前は、自動車の普及とともに交通事故が増加したため増加傾向であった。より詳細に検討すれば、交通関係業過を除いた場合、ここ数年までは減少していたことを見たが、七〇年代、八〇年代、九〇年代前半と交通関係業過が増加したために、合計は横ばいとなっている。交通関係業過が一九九五年に第二のピークをつけた後、減少に転じ、交通関係業過を除く場合の死亡者数がほぼ横ばいであるため、一九九六年から明確に減少傾向となっている。

ある人の安全が脅かされる確率が安全度とすれば、ここまでの検討は、全て人口比で計算し直す必要がある。人口は、戦後増加の一途を辿っており、図44から図46で示した右下がりの傾向は、実はさらに大きいことになる。人口比にするまでもなく被害者が減少しているということである。

なお、交通関係業過による死亡者数の統計は、厚生省の死亡原因別統計によっている。警察庁の統計は、事故後二四時間以内の死亡数しか数えておらず、交通事故による死亡者数とは呼べない。二〇〇二年についての厚生省統計は、まだ発表されていないが、警察庁統計から予測すると、二〇〇二年は前年よりかなり死亡者数が減少しているようである。

実際、事故が多発する交差点に信号機をつけたり改良したり、右折帯をつくったりといった努力は、近年も継続されている。また、自動車の安全装置も、エアーバッグ、ＡＢＳ、チャイルドシート等、近年、充実してきている(87)。日本社会は安全でなくなってきているという認識は、全くの誤りであり、日本社会は安全にうるさくなってきていると言うべきであろう。

平成一五年版犯罪白書の冒頭の図、本書の図1において、刑法犯は戦後最高の三六九万件であることが示されており、そのことが報道されている。治安が悪化していると誤解させかねないこの記述に対して、この刑法犯には交通事故が含まれており、犯罪の増加というには無理があるというところから出発して、犯罪統計を詳細に検討して反論してきた。ここで別の反論の仕方として、刑法犯による死亡者数は二〇〇一年にここ四〇年来で最小となったと言うことができる。

他の不慮の死についても、労働災害はじめ、あらゆる分野で改善が進んでいるのが現状であろう。そもそも、平均寿命が縮みはじめているわけでもない。戦後直後は、自動車が普及していなかったため、交通事故死亡者数は少なく、刑法犯罪被害者数は人口比でも少ない。しかし、餓死をはじめ他の死亡率を考慮すれば、戦後直後が安全であったというのは大きな誤りであり、逆に、最も危険な時代であったことは言うまでもない。そうだとすれば、二〇〇二年現在は、戦後で最も安全な時代であり、さらに安全性を上げ続けている状況にあることは間違いのない事実である。諸外国と比較しても、日本人は、世界で抜きん出た安全を享受していることに変わりない。それなのに、妙なペシミズムの時流にのって不正確な議論がなされていることは悲しいことである。

なぜ日本中にペシミズムが覆っているのかという問題は、まさに解き明かすべき重要問題である。しかし、冒頭でことわったように、日本の将来についての全体像そのものを、本書で論じつくそうとはしない。あくまで治安関係に議論を限定したい。客観的な治安と犯罪不安のみに還元して、現在の犯罪をめぐる状況は分析できないことは指摘できるであろう。第Ⅱ部で、安全神話の崩壊という視点から検討したい。

第二章　欧米の犯罪状況との比較

日本独自のものとしての安全神話の検討に入る前に、欧米の犯罪状況と日本のそれとの相違点を整理しておく必要がある。

1　犯罪数の比較

他国と犯罪状況を比較することは、案外むずかしい。官庁統計を比較すればよさそうであるが、実は犯罪の定義が一定しない。日本でも、特別法犯を含む広義の刑法犯は駐車違反を含んでしまい、特別法犯を除くと薬物犯罪が落ちてしまう。それに、軽犯罪等の統計など、そもそも治安を論ずるには不適である。そこで、殺人等の重要犯罪に限定して比較してみようということになるが、殺人のカテゴリー自体に、かなりの多様性がある。日本のように、未遂と予備を含む場合と含まない場合の比較は困難である。また、第一級、第二級に殺人が分かれたり、毒殺罪があったり、同じカテゴリーを採用する国が見あたらない。そこへ暗数の問題が入ってくれば、警察力が充実している国とそうでない国を比較することが困難となる、また、殺人はともかく、強盗や窃盗の比較となると、各国で日本同様の統計のマジックを考慮する必要もある。こうしてみると、官庁統計の単純な比較には、意味があるのか問われなければならないほどである。むろん参考にはなる(1)。

それでは、良い代案があるのか。ひとつ考えられるのは、たとえば、銀行強盗等に犯罪カテゴリーを限定して比較調査することである。この案は、犯罪カテゴリーの統一という点では素晴らしい。実際、日本の銀行支店を調査すれば、強盗に入られた経験を持たないのが普通であるのに対して、欧米諸国では、一回ぐらい経験しているのが当たり前である。一対一〇〇〇ぐらいの差がでると予想する。しかし、これでもって日本の治安は千倍良いと結論するのは早計である。日本の銀行の支店は諸外国と比較して多すぎるうえ、郵便局、農協、信用金庫など、銀行より防御が甘い金融機関が多数ある。道具となる銃器も入手困難である。このように、異なった社会の比較は、それぞれの社会について十分な知識が必要である。そして、もしそれがあったとしても数量化することは困難であることに変わりはない。

第二の代替案は、既に紹介した被害者調査である。過去一年間にどのような被害にあったかをアンケート調査して比較するわけであるが、これでも厳密には問題があり得る。匿名アンケートといっても強姦被害を調査者に打ち明けられるかどうかの社会文化的差はある。また、ある種の犯罪が行われやすい社会がある等といったこともあり得る。ただ、暗数が非常に大きいことを考慮すれば、この方法が他のどの方法よりも正確であることは間違いない。二〇〇〇年の犯罪被害実態調査を中心に検討したい。

それでは、参考に過ぎないが、官庁統計の比較から簡単に見ておこう。以下平成一四年版犯罪白書によると、(2) 主要な犯罪認知件数を人口で割り発生件数を比較すると、一〇万人あたりで、日本が断然すくなく一九二五、続いてアメリカ四一二四、フランス六四二一、ドイツ七六二五、イギリス九七六七である。殺人に限定すると、日本一・二、イギリス二・九、ドイツ三・五、フランス二・七、アメリカ五・五である。窃盗のみについては、日本一六七九、アメリカ三六一八、ドイツ三六三一、フランス三七三一、イギリス五五九五であった。既に、日本の犯罪発生率が飛びぬけて少ないことは明白といいたいが、ここに示されるように諸外国は日本の三倍から五倍の発生率ととらえるのは不正確であると考える。実は、日本の殺人は未遂と予備が含まれ、一家心中も多数含まれる。凶悪殺人事件に絞れば差はもっと大きいと私は考える。また、窃盗については、日本で多数を占める自転車盗等は、諸外国とりわけアメリカでは統制機関に相手にされていないとみえる。治安の話なら、強盗を真っ先に比較すべきであろう。犯罪白書の採用した殺人と窃盗は、むしろ日本と諸外国との差が少ない例である。

強盗については、平成八年版犯罪白書によると、一九九四年一年間で、日本の認知件数は二二七七件、同年にアメリカは六一万八八一七件、イギリス六万一六件、ドイツ五万七七五二件、フランス七万三三一〇件である。[3] アメリカの人口は日本の約二倍であるから半分に換算する必要があるが、他のヨーロッパ諸国は日本より人口が半分ぐらいと少ない。それを考慮すれば、文字通り、何十倍もの差があることが確認できる。なお、前章でみたように、日本における強盗認知件数は、その後、統計のトリックによって、見かけ上爆発的に増加しているが、それでも年間六〇〇〇件台に過ぎない。この数値が本当としてさえ、依然として、日本の犯罪の極端な少なさを論ずべき状況にある。

次に、犯罪カテゴリーを絞った比較である。日本における銀行強盗は、一九九〇年代以降、年間三〇件ぐらいで推移している。[4] 金融機関合計は一〇〇件台で推移している。[5] これだけでも驚くべき少なさであるが、さらにその内容をみると、銃器発砲を伴うあらゆる強盗事件総数は、一九九四年から一九九八年の五年間に年平均で一二件足らず、金融機関に対しては、五年で総数八件しかない(6)。一九九六年などは〇件である。諸外国がこの何倍になるかは、そもそも日本の件数が少な過ぎるため、計算すること自体あまり意味を持たない。

強姦して殺すという諸外国に典型的な凶悪犯罪カテゴリーについても、実は、日本では極めて珍しい。強姦目的で結果的に死に至らしめた、強姦致死被害者は、二〇〇二年〇名、二〇〇一年二名、二〇〇〇年〇名である(7)。ただし、実は、犯して殺す「強姦殺人」といっても、罪名別統計上、殺人にカウントされていたり、強盗強姦致死であったりする。これを数えなければならない。しかし、他方で、別れ話のもつれから強姦して殺した事件は、街の治安問題を考察する上では除外したい。そこを確かめるには、前述の平成八年版犯罪白書の死刑または無期となった凶悪犯の詳細な検討が役に立つ。それによると、調査対象期間に殺人事件で被害者が性的暴行を受けていた数は、年平均約三名、強盗致死では約五名であった。さらに、殺人の動機調査により性的目的によるものは年平均約二名と極めて少ない(8)。無垢な被害者が「強姦魔」によって犯され殺される事件は、たいていは新聞に大きく報道されるはずであり、実は、日本全国でほとんどない。欧米諸国が日本の何倍危険か計算不能の差があるということになる。

最後に、犯罪被害実態調査の結果を検討してみよう。これは、既に説明したように、国際犯罪被害実態調査として、世界各国で同じ質問を使用して同じ年に実施されているものである。様々な罪種に対して、過去一年間と五年間の被害経験と警察への申告の有無等を尋ねており、暗数の問題を考慮に入れた比較が可能である。もっとも最近に実施された二〇〇〇年調査には、日本も法務総合研究所が担当して参加している。詳しい報告書が出ているが、[9] 平成一三年版犯罪白書にある説明や図のほうが簡明ではある。[10] 両者を適宜参照してゆくことにする。

全犯罪被害について、日本は、先進一一カ国中、過去一年間と五年間いずれも、ポルトガルについで少ないが、特別に少ないわけではない。罪種別でも、自転車盗の被害率は、日本が一一カ国中最高である。しかし、窃盗については、過去一年間と五年間いずれも、日本の被害率は際立って低い（図47参照）。さらに、強盗についても、日本の被害率の低さは、いっそう際立っている（図48参照）。殺人も比較したいところであるが、過去に殺されたことがある人は死亡しているため質問できない。ただし、殺人については、ある程度の治安状況が維持されている先進国においては、官庁統計がかなりの程度正確であろう。前述のように、日本は際立って殺人事件が少ない。

この被害調査の解釈であるが、被害申告率に注目するとおもしろい。日本の被害申告率は、かなり他諸国より低い（図49参照）。罪種別でも、自動車盗、自動車損壊、車上盗、自転車盗、強盗（図48参照）、暴行、脅迫、性的暴行において、日本の申告率は低い。このうち自動車関連の被害は、理由がはっきりしている。日本は保険が未発達であるのに対して、諸外国は盗難保険加入が当然であるため、保険金請求のために申告率は九割を超える。一般に、申告した理由を比較すれば、諸外国では、保険請求と財産を取り返すが有力であり、日本では、犯罪は届けるべき、犯人を捕まえて欲しいが有力である。また、いずれの国においても、申告しなかった理由では、「それほど重大でない」が圧倒的であった。窃盗の申告率は各国おしなべて低く、日本とも差がない。この最後の部分に注目すれば、日本の申告率の低さは、重大でない犯罪の多さを物語っていると解釈できる。印象としても、自動車盗、自転車

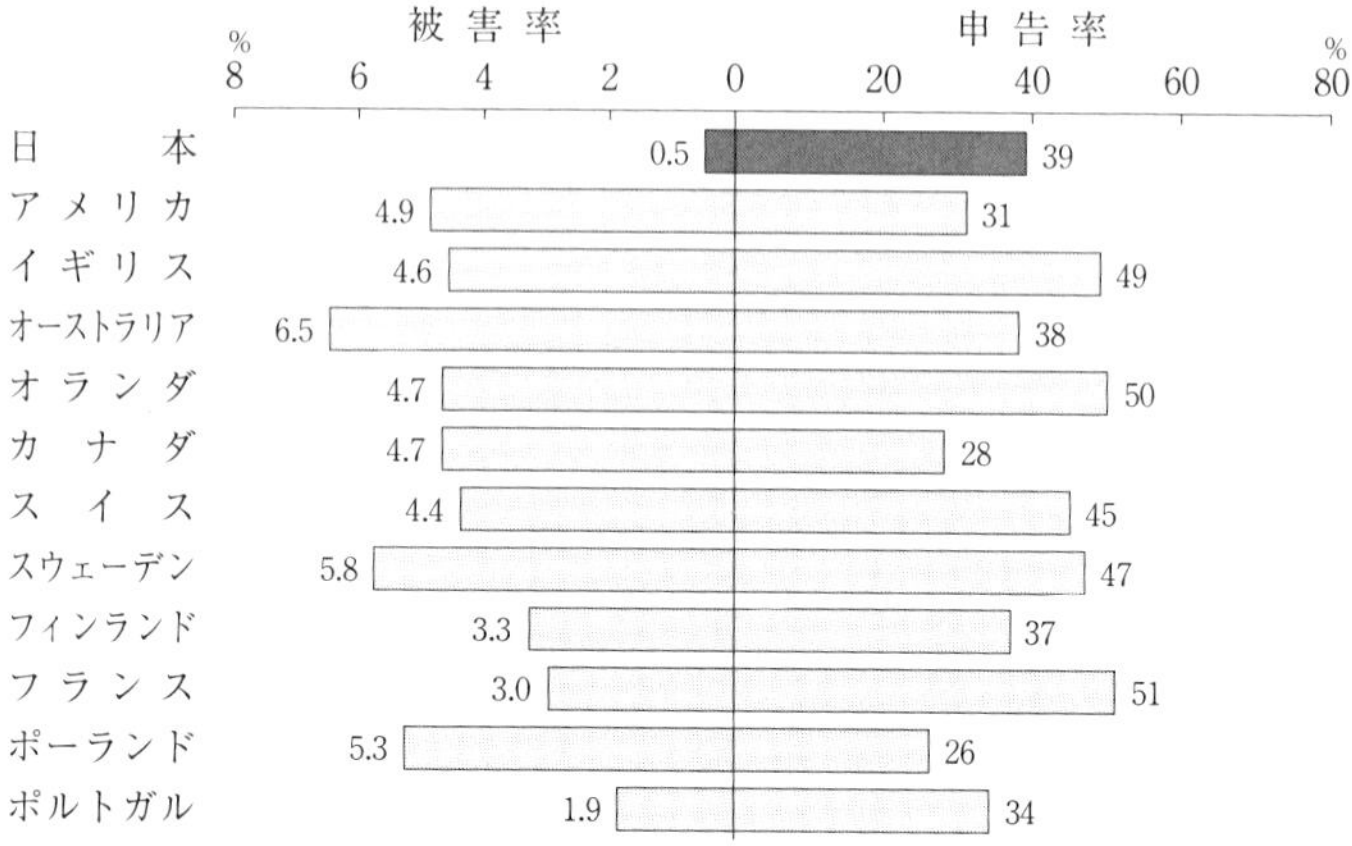

注）個人被害率は1999年の，申告率は1995-99年のデータによる．[平成13年版犯罪白書II-30図(2)②より]

図47　窃盗事件の個人被害率と申告率(国別)

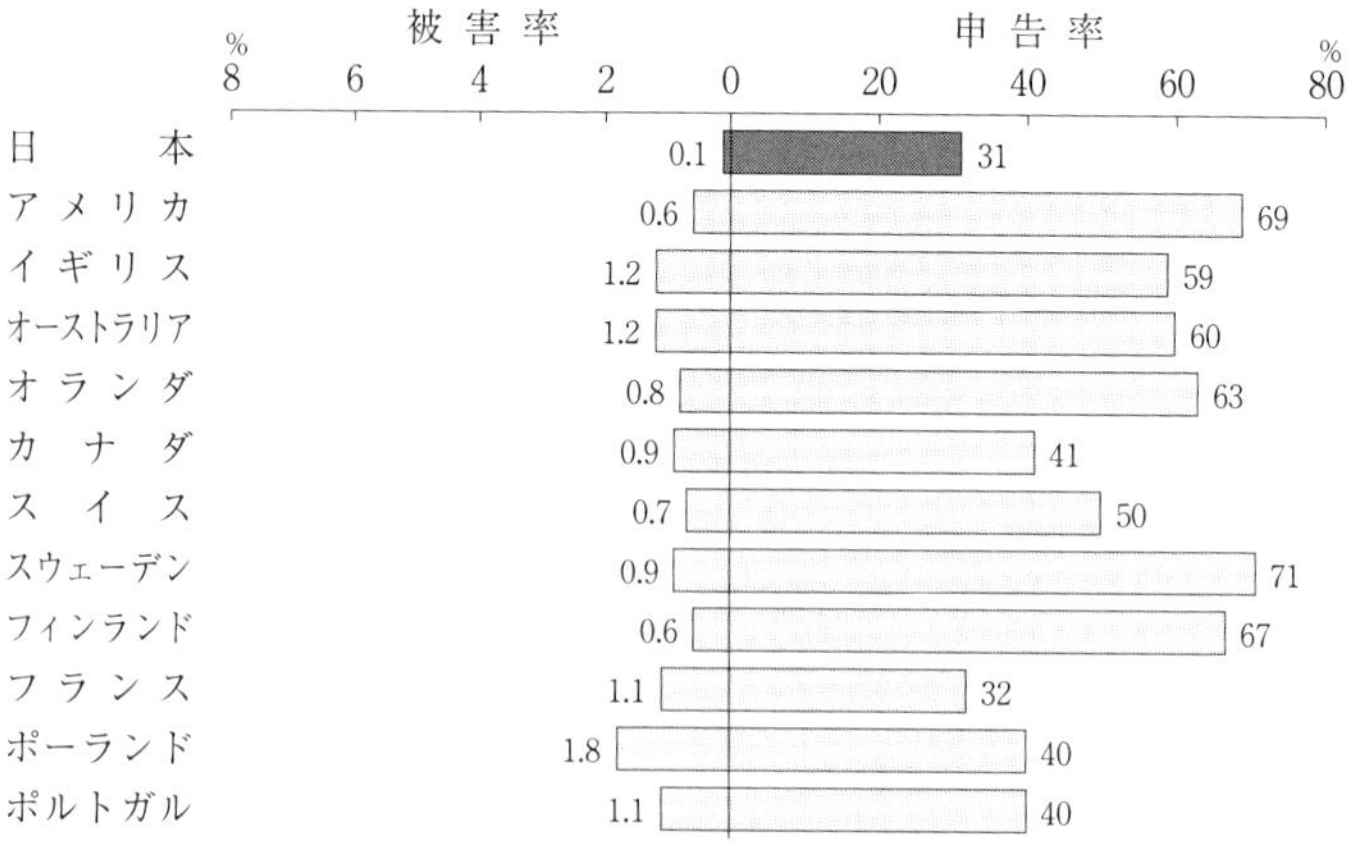

注）個人被害率は1999年の，申告率は1995-99年のデータによる．[平成13年版犯罪白書II-30図(2)①より]

図48　強盗事件の個人被害率と申告率(国別)

I-2　欧米の犯罪状況との比較

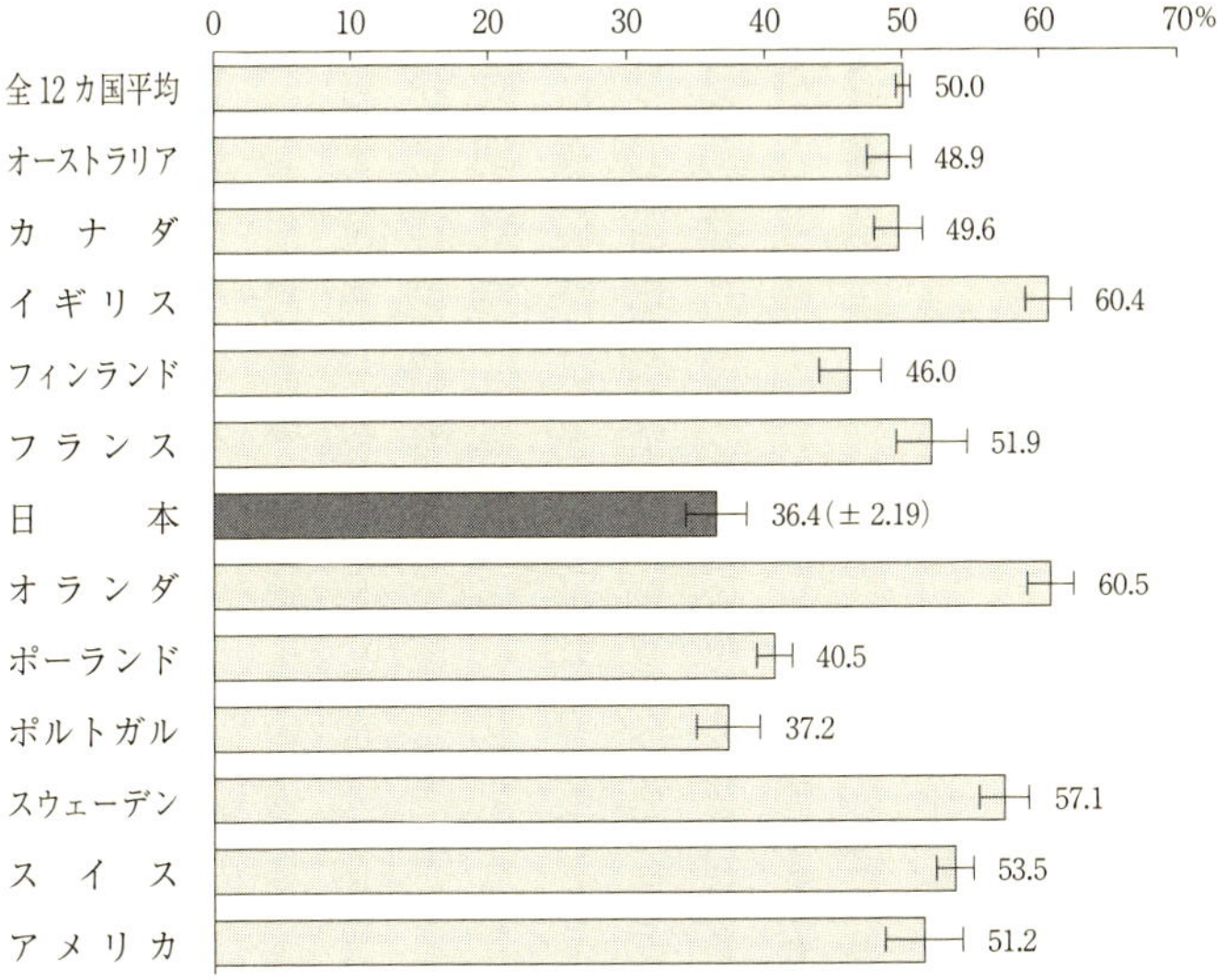

注）①全犯罪被害とは，全調査項目 11 種（自動者盗，車上盗，自動車損壊，バイク盗，不法侵入，不法侵入未遂，の世帯被害，強盗，窃盗，性的暴行，暴行，脅迫，の個人被害）合計の犯罪被害のこと．②1995-99 年のデータによる．③グラフ中の線分および（　）内の数字は，信頼確率 90% における誤差範囲である．［法務総合研究所研究部報告 18，2-6 図(1)より］

図 49　全犯罪被害の申告率（国別）

盗も鍵がついたままであるなど、諸外国では考えられない無防備さのなかで出来心的犯行の被害にあっており、軽微なものが多いと思われる。

以上の分析から、日本において、軽微な犯罪を数えれば、他の諸先進国と比較して、さして犯罪被害が少ないわけではないものの、殺人、強盗はじめ重大な犯罪に限定すれば、極めて犯罪は少ないと結論できる。

2　犯罪の地理的分布

次に、全国平均ではなく、地理的な分布に注目して国際比較をまとめておきたい。ただし、本書は、犯罪実態国際比較を主目的とする研究ではないので、調査結果の比較分析は省略し、第Ⅱ部における議論の前提となる状況を簡潔に整理しておきたい。

日本の特徴は、犯罪ゲットーが存在しないことである。その理由は、「金持ちの大屋敷の隣に貧乏長屋」があることが普通であり、どの地域にも、地域リーダーらしき者が存在することであると述べた。実際、防犯協会のない地域はほとんどなく、どこにも防犯協会長がいる。しかし、詳しく日本社会を知る者ならば、数は少ないが、例外的な地域、たとえば、日雇い労働者ばかりが居住する地域等をあげることができる。日本の特徴はあくまで相対的なものである。ただ、諸外国との差は大きいのも確かである。

やや強引だが、モデル化して対比すれば、アメリカは、郊外に高級住宅地が形成され、その住宅地にもかなり明確なランク付けがある。換言すれば、中流階層、さらには、それよりやや下層の人々までもが、大都市の中心部を抜け出して郊外に住む。その結果、取り残された人々が居住するゲットーとかスラムと呼ばれる、貧困層のみが生活する犯罪多発地帯が中心部に形成されている。とりわけ暴力的な犯罪について、地域ごとの犯罪発生率の差は極めて大きいのが特徴である。ただし、麻薬については、高級住宅街で流行したこともあるし、性犯罪については、社会階層が高く仕事ぶりが尊敬されている人物も関係していることが珍しくない。防犯意識は高いが、自分の家族だけというのではなく、地域単位での防犯意識の高さが特徴的であり、最も極端な場合は、地域を高い塀で囲い、出入り口に門をつけて出入りのチェックを行っている。いわゆるゲイトコミュニティが出現している。なお、アメリカは国土も広く多様性に富んでいる。健全な農村地帯もあれば、のどかな田舎町もあることは承知している。以上の記述は、正確には、主要大都市とその周辺との対比である。

これに対してフランスは、都市の中心部が一等地である。広場に面した建物などが最高級住宅であり、周辺部に行くほどランクが落ちる。ヨーロッパの都市は、同心円状に発展した歴史を持ち、中心部は、文字通りに都市の中心であり、周辺部は、歴史の浅い街である。また、城壁等により、郊外との境界が明確に定められている。低所得層は、当然、郊外のそれも離れた位置に居住することとなる。この地域は、そもそも警察署も整備されず、行政機関が未発達で、捨て置かれた地域となっている。この地域の犯罪発生率は高く、アメリカほどには極端ではないが、「荒れる郊外」の問題とされている。所得階層ごとに居住地域が異なる点ではアメリカと同じであるが、都市の中心部は、地下鉄やバスといった公共交通機関で郊外と連絡されており、誰でもが入り込める地域となっている。鉄道網が未発達で自家用車を所有しない貧困層が高級住宅地に行くことができないアメリカとは、この点では対照的である。なお、パリ郊外にも、郊外地域拡大のせいで呑みこまれた、古くからの町も存在するし、また一部郊外地域は、一戸建ての高級住宅街を形成している地域もある。ここでも、国際比較のために、国内の多様性を無視している。ただ、パリの例は、ヨーロッパ諸都市にある程度一般化できるものと思われる。

以上が、地域差に注目した対比である。日本、アメリカ、ヨーロッパの間には、大きな違いがある。

3　マージナル・マン

真面目に働くことをやめれば自動的に犯罪者になれると思うのは勘違いである。犯罪を既遂させるためには、それなりの能力が必要である。したがって、どこかでその技術を「学習」しなければならず、そのためのリクルートシステムと教育課程が必要である。さらに、技術だけでは「成功」はおぼつかない。悪いことをしていると自覚していては、しくじる可能性が高くなる。犯罪者側にも、モチベーションを高めるために、犯罪行為に対する正統性が、それなりに必要である。このことは、犯罪学においては、犯罪サブカルチャー論として知られる。社会内で周辺に追いやられているグループの存在、つまり差別の存在と、それに対する政策は、犯罪の数や質に顕著な影響を示すであろう。

とりわけ重大犯罪既遂事件に注目するなら、学習の結果よりも、潜在力としての個人の能力があるにもかかわらず、社会内でその潜在力の発揮を不当に阻まれた者が存在するかどうかが、重要なポイントとなるはずである。

この考え方が、まさしく当てはまるケースは、アメリカのケースである。人種差別が厳しく、有色人種それもとりわけ黒人の犯罪率は飛びぬけて高い。ゲリー・ラフリーは、「一九九〇年代半ば、アフリカ系アメリカ人は合衆国人口のわずか一二パーセントを占めるにすぎない。しかし、強盗による逮捕者総数の五九パーセント、殺人による逮捕者総数の五四パーセント、強姦による逮捕者数の四二パーセントがアフリカ系アメリカ人である」と指摘する。[11] 同じくラフリーによれば、一九九〇年代半ばにおいて、二〇歳代の黒人男性の二五パーセントは、合衆国の刑務所か拘置所にいるか、保護観察下に置かれているか、仮釈放中である。[12] むろん、被害者もまた有色人種が圧倒的に多数であるため、人種間戦争のような様相は呈していないことには留意が必要である。とはいうものの、人種問題を検討すること自体が避けられる傾向にあったため、指摘が少なかったが、アメリカの重大犯罪は、大半は人種問題であるといってもよいくらいである。

ヨーロッパにおいても、たとえばフランスなどでも、「外国人」犯罪は、治安悪化問題と絡んで大問題とされている。ただし、フランス国籍を所得したアフリカ出身者は、統計上フランス人であり、人種問題が、実際にどの程度治安悪化と結びついているのかは、明らかにされていない。犯罪不安との結びつきは間違いないと予測するが、どのぐらい重要な要因であるか、こちらも残念ながら示せない。この問題は、やはり一種のタブーであって、正面から取り上げられないのであろう。もっとも、むしろ、最近の移民問題以前からある、伝統的なプロの犯罪者サブカルチャーにこそ注目すべきなのかもしれない。しかし、この場合も、研究の結果、ある社会集団を、さらに社会の周辺部に追いやることになりかねない。ジプシーの窃盗団など、間違いなく実態がともなうと思えるものも、犯罪統計などから検討することは困難である。わずかに、「バスク祖国と自由」をはじめとする、コルシカ人、ブルトン人など少数民族問題[13]と絡んだテロリストグループとイスラム過激派の存在だけが確認できる。したがって、印象論ではあるが、犯罪者を多く生み出す社会グループは少なからず存在していると思われる。

欧米に比較して、日本は、少数民族問題も宗教戦争も無縁で、統一性が強い社会であるというのが一般的な理解であろう。しかし、この認識はむしろ神話の問題として第Ⅱ部以降で扱いたい。実証主義的な見地からは、沖縄出身者、アイヌ、それに、在日韓国・朝鮮人と被差別部落出身者に対する差別と犯罪率(人口あたりの犯罪数)を検討すべきである。ところが、日本もまた、この種の問題はタブーであり、研究は極めて手薄である。公式統計には、外国人犯罪についてと、その内訳としての、

「来日外国人」と「その他の外国人」犯罪の統計があるのみである。「その他の外国人」が、いわゆる在日〇〇人であるわけだが、日本国籍を所得したものは入らない。そのため、在日差別による犯罪者の誕生という観点からの検討は困難である。沖縄出身者、アイヌ、被差別部落出身者といったカテゴリーについては統計がない。

残された方法としては、ひとりひとりの犯罪者の背景を詳しく知る実務家に、経験上、これらの差別対象者がどれくらい含まれるのか聞くしかない。それによると、在日や被差別部落出身者に特に犯罪者が多いということはないようである。在日の場合は、国籍がないため軽微な犯罪でも国外退去というリスクがあることもあってか、むしろ少ないぐらいである。

ただし、日本における犯罪サブカルチャーと言えば、いわゆる暴力団・ヤクザであり、その構成員には、在日と被差別部落出身者の割合は高い(14)。北朝鮮による拉致事件は、ずっと放置させられてきたことなどを考えると、話はそう単純ではなさそうである。日本の治安悪化にまで繋がるほどの影響力がないことは間違いなさそうであるが、これらの集団に所属する者の犯罪が少ない理由の説明は、犯罪学として正面からなされたことはない。第Ⅱ部で、その説明を試みるとともに、実態についての予測も、そこで完結させたい。

4 日米欧の共通点

以上のように、先進国中、日本のみが、極めて重大犯罪が少なく、地理的にも捨て置かれた犯罪多発地帯をほとんどもたず、犯罪者を多数生み出す社会的グループの問題も比較的軽微である。確かに日本は、かなり特殊な国のようである。しかし、今後の日本社会の方向を探っていくためには、日本は欧米と違うということを当然視しないで、むしろ、その共通点を把握しておく必要がある。

共通点といえば、最初に思いつくのは、日本も欧米諸国も、「個人の自由を基本的な価値として、人権擁護をはかる民主主義国家であり、具体的には、警察が犯罪捜査の任務にあたることになっており、裁判制度が整備されている」ことと考えるかもしれない。しかし、後に検討するように、刑事司法制度の運用は、日米欧の間には、意外なほどの違いが存在している。

私が注目したい共通点は、先進国全てで起こっている社会生活の質的な変化である。戦後の生活の変化といえば、家電製品と自家用車の普及によって生活が便利になったことからはじまる。しかし、これは、同時に人間関係の希薄化をもたらした。電気洗濯機は共同の洗濯場を消滅させ、電気冷蔵庫は買物に出かける頻度を著しく減少させ、エアコンは人々を自宅に閉じ込めた。とりわけ自家用車の普及は、他者との出会いと会話を奪った。この傾向は、店自体を変化させ、買物客が自動車で来る大型店が多数できることで完成した。

ミニコミの崩壊によって情報源を失った人々は、マスコミに頼るほかなく、これはマスコミの重要性を高める結果となった。選挙や世論に対するマスコミの影響はよく認識されているところである。ガラポンによると、立法、行政、司法の三権と並んでマスコミは第四の権力であるという。そして、マスコミは、犯罪報道はじめ多くの分野で影響力があるというのにとどまらず、伝統的に尊敬されてきた社会的地位の高い人物達のスキャンダルを報道することによって、ほとんどあらゆる分野における権威の失墜をもたらした。司法もまた、権威ある人々を刑事訴追する、あるいは、民事訴訟に引っ張り出す(医療過誤事件で医者が患者に訴えられる等)ことによって、権威が希薄な、あるいは上下関係の少ない社会を出現させる手伝いをした。[15] 子供の権利の擁護が叫ばれ、体罰が減少したのはよいとして、子供が大人から注意を受ける機会が減少したのも、日本だけではなく、先進国共通の現象である。

最後に指摘できる共通点は、情報過多の一方、体験が欠如する傾向である。一例だけあげておこう。狩猟についての社会学的研究をしたフランスの社会学者パンソン・シャルロットは、一九五〇年代の終わりまでは、子供達は、両親か祖父母の家で、うさぎか鶏が殺されるのを見たことがあった。ところが、今の三〇代、四〇代の人々は、その経験がなく、動物の死はほとんど許容できないことである。さらに若い世代はなおさらそうであると述べている。[16] 戦争体験欠如も含めて、人々とりわけ若い世代が実体験を欠く傾向の原因論も、その影響論も簡単に整理することはできないが、日米欧の若者達の生活環境は、インターネットやケータイ電話の使用だけでなく、深いところに及んで、大きな共通点があるといえるであろう。

生活環境変化の共通点については、第Ⅲ部において、日本の将来像を模索する際に、さらに詳細に論じることにしたい。

第Ⅱ部　統制の理念と実践

第I部で、日本の犯罪状況について実証主義的立場から詳細に検討した。加えて、比較のために欧米との相違点の整理も行った。第II部では、日本と欧米双方における、犯罪統制の理念とその実践について比較検討したい。そして、そのなかで、日本の安全神話の仕組みを明らかにしたい。

第一章　秩序観

まずは理念から検討したい。実践については第三章以降にまわしたい。また、理念についての整理ができている欧米の伝統のほうから始めて、日本の特徴を浮き彫りにしたい。

暴力行為としての犯罪は、有史以来、どこの社会でも存在していたと想像されるが、社会統制(social control)という概念は、実は非常に新しく二〇世紀のものである。(1) 犯罪学自体も一九世紀までしか遡れない。(2) 警察組織も一九世紀からである。(3) ヨーロッパの歴史を考える場合、大雑把に言って中世までは、安全の問題は、なによりも戦争の問題であった。それは、秩序論として論じられてきた。本章では、ヨーロッパ秩序論の伝統と日本の比較を行いたい。

1　力による支配の伝統

ヨーロッパの秩序論は、その思想史においても中心的な問題であり豊富な素材がある。もし、本格的な検討を行おうとするならば、何冊もの著書を書くことになるであろう。しかし、本書の目的は思想史研究ではなく、治安維持の成功例としての日本の特徴を明らかにし、将来の治安政策に貢献しようとするものである。したがって、ヨーロッパの持つ多様性は強調せずに、非ヨーロッパとの対比のうえで重要と思われる特徴を整理するにとどめたい。したがって、ここから簡略にまとめるヨーロッパ秩序論の特徴は、あくまで、日本の特徴を浮かびあがらせるための要約的なものであることをことわっておきたい。

また、本研究は、大思想家の言わんとした内容よりも、欧米人一般が広く抱いている秩序観のほうに、むしろ注目している。したがって、思想家の残した著書よりも、実際に実現された制度の背後にある考え方を検討したい。その意味でも、思想研究とは、大きく異なった視点からのまとめとなる。

歴史上の順序は横に置いて、秩序維持のための、最も単純なモデルから始めたい。それは、政府が、いかなる形であれ、絶対的権力を持つというモデルである。絶対権力を持つということは、政府が全てを決定し、人民にそれに従わせるということである。これは、最悪とも言えるが、おそらく最も効率的な制度でもあろう。このモデルは、軍隊組織から、そのヒントを得ている。したがって、軍隊の論理と全体主義が一緒になった軍国主義モデルと言い直せるであろう。西洋思想家の議論に耳を傾ければ、その伝統は、軍国主義の否定であり、このモデルは、最悪の状態に過ぎず、理想のモデルを語る場合には、考慮に値しないと言われるかもしれない。しかし、今現在の、民主主義を標榜する先進欧米諸国でさえ、その制度に注目するならば、非常事態あるいは戒厳令下においては、軍事優先の独裁体制が採られる。危機の時に一番頼りにされるのは、今もって生《なま》の「力」である。どの国家も、強力な軍隊を維持していることは指摘するまでもないであろう。とりわけ、非ヨーロッパ諸国と対比するならば、欧米諸国とは、軍事力を著しく高める方向に発展した国々である。したがって、欧米諸国の秩序観の第一の特徴は、「力」と「強制」に頼ることであると考える。

しかし、これだけならば、シニカルなパワーポリティックスの見方に過ぎない。ミクロな場面も考慮して、もう一歩突っ込んだ分析をしてみよう。法律の分野において、たとえば民事法の領域でも、他人に力ずくで結ばされた契約は、自由意志に基づかないとして、無効とされる。刑事分野では、正当防衛で他人を殺しても、殺意は認定されず、その責任は問われない。これらの特徴でもって、法は、自由意志というものを最も大切にしていると意識されている。しかし、私がここで注目したいことは、ミクロな場面において想定されている人間観である。これらの例において、人間は、力で強制して自由意志に背いた行動をとらせることができると想定されている。具体的な個人レベルにおいても、力による強制によって、人々の行動を統制できると前提されているわけである。犯罪を刑罰によって抑止できるという考え方は、まさにここから生まれている。治安維持を心配させる事件が起きるたびに、厳罰化が主張されるところをみると、大衆レベルでは、この考え方が基本にあるということであろう。

これと対比できる日本の特徴は、他人を従わせるさいに力による強制を強調しないことである。他人に自分が望む行動をさせようというさいに有効な方法といえば、生の力のほかにも、金による方法と、説得による方法がある。何でも「金で話がつく」は言い過ぎとしても、金が極めて有効な交渉の決め手になることは、日本の常識であろう。また、立てこもり犯罪者に対して、警察官や、犯人の母親等が時間をかけて説得することが正しいとされるのも、日本の特徴である。さらに、興味深いのは、この説得がしばしば成功していることである。説得好きに関しては、日本人は、力による強制はできるだけ避けたいからであると説明されることが多いが、そういうことならヨーロッパだってそうであると反論できる。最も留意すべき日本の特徴は、力による強制が、他に抜きん出て有効的手段なのではなく、金や説得のほうが、しばしば効果的であるとされている点にある。この認識は、日本の秩序観をまとめる上で重要な留意点のひとつである。

さて、欧米の秩序観の特徴として、力による強制が最も効果的な手段であり、基本であると前提されていると述べてきた。しかし、歴史上の多くの酷い虐殺事件は、治安維持や防衛を名目に行われてきたのも確かである。少なくとも近代民主主義国家において、平時において、効果的な治安維持を理由に力による強制を手段にすることは許されない。個人の自由の擁護こそが最高の価値とされるべきであることを確立してきたことこそが、ヨーロッパ文明の特徴であると彼らは言うであろう。刑罰による威嚇によって犯罪を抑止するということで有名な、フォイエルバッハの心理強制説は、ヘーゲルによって「人を犬の如く取り扱う」と非難された。力による強制を重視しすぎたという非難である。しかし、時代的背景を考慮するならば、フォイエルバッハが意図したのは、あまりに物理的強制がひどい状況を改め、心理的強制に置き換えたいということであった。つまり、あくまで市民的自由擁護を目的とした提言であった。(4) ヨーロッパの特徴は、軍事力を向上させて、その生の力によって多くの悲劇を生んできたのと並行して、そのような悲劇を回避するための思想と制度を生み出してきたことであろう。

後者の成果を一瞥しておこう。全体社会にとっての有効性ではなく、個人の自由から出発したとして問題になるのは、誰もが勝手な行動をとっては無秩序状態になってしまい、かえって個人の自由は侵害されることである。そこで、個人の自由の限界を定める必要が生じ、その限界は誰がどうやって決定するのかという問題を生じる。現代民主主義国家においては、国民が選んだ代表が国会で決める(立法する)ということになっている。続いての問題は、それを破った者をどう処置するかである。これが司法の領分である。刑法、刑事訴訟法を中心に、警察官、検察官等の役割と権限を定め、国家の力を制限する形で個人の人権擁護を確保している。以上は、まさに、学校の教科書に書かれている内容の要約である。無秩序状態において、個々人が自己防衛の名において暴力を振るうことの危険性を考慮して、それらを原則禁止し、暴力については国家がこれを独占するということが大きな特徴であろう。そのうえで、国家が人権侵害しないように制限を加えようというわけである。ここでは、治安維持の目的と人権擁護は対立的に捉えられており、治安維持を強調すると人権は侵害されがちであり、人権擁護が過ぎると治安維持できないということが想定されている。そして、両者の間に適度な線引きするものが法であると考えられている。

以上のように、力による強制頼みであることと、それから個人を護るということが、欧米における秩序観の第一の特徴であろう。

2 正統性の要求

前節において要約した、国家と個人の自由についての教科書的理解は、法社会学の立場からはフィクションであると捉えられる。バラバラの個人が自然状態等の概念で表わされる無秩序状態にいるところから話を始めるのは、非現実的である。これは論理の順序としては妥当しても、歴史の順序とは異質のものである。個人の存在が全ての前提となっているが、ヨーロッパにおいても、近代以前に個人は存在せず、非欧米地域においては、いまだに存在せずというべきであろう。むしろ、どのような社会が想定されているのかに注目して、秩序観を比較検討していきたい。

力による支配が原点にあると述べたが、本当に力だけで支配できるわけではない。最初に、戦争に勝つことは必要としても、支配者と被支配者、あるいは、征服民と被征服民を比較した場合、前者のほうが少数者であるにもかかわらず、多数の後者を従属させている。これは、後者が、前者の支配をうけることを当然と認める、すなわち、支配の正統性を認めることによって可能になっている。マックス・ウェーバーは、その正統性のあり方のタイプ論を展開し、合法的支配、伝統的支配、カリスマ的支配の三類型を提示した。[5]将来像を模索するという観点から、合法的支配に絞って検討しよう。

法を発明し最初にそれを用いたのはローマ帝国である。ヨーロッパ法、とりわけ大陸法は、その影響を強く受け継いでいる。ローマ法に焦点を合わせてみよう。ただし、ローマ法が、ローマ軍の規律から誕生し帝国支配の道具となった歴史において、実際にどうであったかよりも、ローマ時代の経験がその後のヨーロッパに与えた影響に注目して、その秩序観を見てみたい。正統性という観点から、私が最も重視するローマの特徴は、万民法の存在である。これは、ローマ市民のみを対象とした市民法だけでなく、被征服民全てに対して法的保護を与えようというものである。ローマ兵が被征服民を殺せば殺人罪を適用するというわけである。これによって、被征服民もローマ人同様、みだりに殺されないという法的保護を得られる。これは、人間に普遍的な権利の誕生であり、基本的人権における生命権につながっている。[6]

3　異質な大社会・普遍的人権

ローマ時代には、「人類に普遍的な」という概念ではなく、「同じものは、同じように」という格言でとらえられていた。ところが、同じ事件は同じように処理するといっても、いったい同じ事件というものが存在するのであろうか。人間個人には個性がある。個人主義が発達しない時代においては属性というほうがよいであろうが、ローマ帝国のように、多民族多宗教を含み、身分差もある社会において、該当人物は多様であり、その行為も、様々な風習が同時に存在する以上、多様なものとならざるをえない。そこから、事件を、長期に及ぶその前後のいきさつを含んだものとして捉えていては、同じ事件ということができないため、極めて限定された行為に絞ることになる。「ひとを殺したる者」のように、殺す行為のみを取り出して殺人と定義するわけである。現代の刑法はまさにこの影響を受けている。第I部において、極めて多様な殺人事件があることを述べたが、全て殺人として扱い有罪とするわけである。むろん、量刑については、誰もが認めることに関しては情状酌量の余地を認める。そのため、法定刑にも幅がある。ただし、何が考慮されるかが問題である。

法が考慮しないことで有名なのが、道徳や内心の問題である。これについては、内心は、外に表れないから、これを考慮しようとすることは危険であるという技術的側面や、法は、内心の問題にまで立ち入るべきではないといった説明がされることが多い。しかし、社会学的観点から、ローマ帝国を念頭に置けば、この理由は、もっと簡単である。宗教や価値観の異なったグループが社会内に共存する状況で、それらを考慮すれば、意見の対立からグループ間の紛争となる。最悪、内戦の勃発ということになる。これを避けたければ、内心には立ち入らず、人を殺してはいけないといった最低限の共通価値を護ることだけに限定すべきである。

以上のように、内面は問わずに、外面に表れた短期間での行為に限定し、誰がいつどこで行ったその行為に対しても同じ処分を科すという、法の前の平等を確保する伝統は、多民族多宗教社会を統治する、とりわけ内戦を避けるという目的から生まれてきたといえるであろう。続いて、これと対比するために、同質小社会においての紛争解決を見ておこう。

4 同質小社会・共同体の未来の平和

同質小社会の紛争解決の特徴は、争う当事者達が、以前から知り合いであり、かつ、紛争解決後も、顔を合わせて付き合っていかねばならないことである。したがって、事件を一回の事件に限定するよりも、全経過を込みで考慮にいれ、さらに、両者が今後付き合っていけるように、「仲直り」を模索する必要がある。過去に何があったかにこだわるのではなく、将来の良好な関係こそが大切である。換言すれば、共同体の未来の平和が最大の関心事である。そのため、敵意や悪意があるかどうかは最も重大な事項であり、これをなくすことが必要である。そのためには、いきおい、内心の問題に立ち入ることになる。おそらく、同質小規模社会においても、内心奥深くについては構成員の価値観の一致があるとは思われないが、少なくとも、表面上同じ価値観を共有しており、価値観の異なるサブグループが存在しない限りにおいて、価値観の対立が内戦につながる心配はない。そのため、道徳的な側面は明確に考慮にいれられることになる。

以上をまとめると、同質小社会においては、過去よりも未来、個別事件ではなく全経過を重視し、道徳的側面も排除しないどころか十分に考慮して紛争解決がはかられるはずである。法人類学は、様々な社会における紛争解決を研究し、既に多くの成果をあげている。それらを詳細に検討することは省略するが、非ヨーロッパ社会には、おおむね実際にこのような傾向が見られることが確認できる。(7)

5 普遍性と個別性

異質大社会と同質小社会の違いを見てきたが、最も注目すべき点は、普遍性志向と個別性志向であると思われる。異質大社会は、異質なグループ間の内部分裂を避けるために、誰がどこでいつ行っても、同じ行為は同じように裁くという普遍性が重視された。これは、法の前の平等として、法の重要な特性というよりも、定義であるといってもよいものである。しかし、他方で、機械的に、ある行為を行った者の処遇を決めるというのは、むしろ行政的措置である。司法の特徴は、ひとりひとり厳密に検討するところにある。法学においては、これは、裁判を受ける権利という形で、正当な手続保障という文脈で説明されることが多い。しかし、複数の刑事事件を起こした同一犯人が、一つの法廷で裁かれることをみれば、やはり、裁判は人を裁いているという側面を否定できないであろう。

ヨーロッパ文明を最も進んだ文明と考えることに慣れてしまっている者にとっては、法の前の平等や普遍性を持つ欧米の法システムのほうが当然に発展していると思われるであろう。しかし、確かに、ある意味では発展しているとしても、それを理想に近いと置き換えるならば、これは大きな間違いをおかすことになる。内戦を防ぐという目標は、考えてみれば、実に低い目標である。人を正しく裁くためには、個別事情を丁寧に斟酌するほうがよいと考えるのが当然ではないのか。ここで、本書の冒頭で述べた小話を思い出してみよう。「ある所に、少しのことでもカッとなって暴力を振るう乱暴者がいました。欧米流社会だと、この男は、早晩、暴力事件を起こして逮捕、同様の行為を繰り返して、犯罪者と烙印を押され、本当に犯罪者となるであろう。ところが、理想の日本社会においては、このような男にチョッカイを出して怒らせる方が悪いと考えられ、誰もが、この男を怒らせないように気を使って接した結果、皆が平穏に暮らすことができました」。どう考えても後者の社会のほうが理想に近いのではなかろうか。欧米社会と日本社会が、この小話の対比のとおりなのか、さらに、両社会は、異質大社会と同質小社会と対応しているかどうか検討してみよう(8)。

6 他者を知っているか否か

ヨーロッパについては、田舎に行けば、凶悪犯罪などほとんど起きない小規模で平和な共同体もある。しかし、近時の旧ユーゴスラビアでの紛争はもちろん、国家統一に最も成功したといわれるフランスでさえ、国内の少数民族と宗教に絡んだ紛争は、一筋縄では解決できずに苦労している。また、ヨーロッパ内の地域差があるといっても、普遍的な人権擁護の観念は共通文化として明確に根付いているとみえる。むろん、移民問題等で、現実には差別問題は存在するし偏狭なナショナリズムも存在するとしても、主流の考え方として、理想として、普遍的人権擁護を唱える伝統は確立している。そうしてみると、ヨーロッパ全体を、ひとつの多民族多宗教の大共同体と見ることができるかどうかはともかく、各国レベルでみて、国民の多様性を前提にした法による統治がなされていることは間違いない。小話の内容は、ヨーロッパ社会に一致しているし、ヨーロッパ諸国は、異質大社会の特性を持つといえるであろう。

これに対して、日本の検討は簡単にはいかない。まず、日本は、かなり以前から何千万の人口を擁しており、少なくとも小規模社会とはいえないとみえる。ところが、それにもかかわらず、小話の内容を、これぞ日本社会であると感じてしまう。なぜであろうか。これについては、二つの方向から説明できる。

第一は、日本人の人間関係の狭さの問題である。紛争相手と、以後ずっと付き合っていかねばならないという前提が、小規模社会の特徴であると述べたが、日本社会がたとえ全体としては大きかったとしても、その中で自由に移動できなければ、小規模社会と同じである。たとえば、終身雇用が前提で、会社を飛び出して新天地を得ることができなければ、社内の人間との付き合いは、長期的関係となる。生れ落ちた地域社会、選んだ業界や会社から自由に出ることができなければ、小社会に住んでいるのに等しい。そして、その小社会内における紛争解決は裁判ではなく「話し合い」によって行われてきた。さらに、日本においては、そもそも法律自体が、縦割りされた行政組織が、業界団体と「相談」の上で立法することによってできている。このため、そのような法律は、国民全員のための法律というよりも業界のための法律という性格を持っていることが多い[9]。乱暴にいえば、日本社会は、いわゆる小ボスによって仕切られている集団も、そうでない集団も含めて、自治権をもった無数の小社会の集積体のようなものである。このような側面が、日本における紛争解決の仕方を、同質小社会モデルに極めて近いものにしていると考えられる。

なお、ここでいう同質は、小社会内のみにおける同質性が重要なのであって、日本社会全体が同質である必要は全くない。この点は重要である。理論的には、日本社会全体が同質であっても、無数の小社会内でのみ同質であって、小社会間には大きな違いがあってもかまわない。実態は、実は後者ではないかということについては後述する。

なぜ日本は同質小社会モデルの紛争解決をするのか、第二の説明を試みたい。法の前の平等の要請に従い万人を等しく扱うか、個別事情を考慮するかが最大のポイントであると述べた。そこにおいては、あたかも二つの原理が真っ向から対立するかのように述べてきた。ところが、具体的な事件を考えてみると、実は、単純に対立してはいない。たとえば、「あるところに頭蓋骨の軟らかい男がいた。ある者が、冗談で彼の頭を軽く叩いたところ、頭蓋骨が割れて彼は死亡した」という事件を考察してみよう。この場合、頭を叩いた人の責任はどうなるであろうか。不法行為法において、加害者側には「善良な普通の市民」の判断力が要求され、被害者側も「普通のそこらへんにいる人」が前提されている。[10] そのうえで故意または過失がなければ、行為者に民事責任はない。このケースでは、軽く叩いたぐらいで相手の頭蓋骨が割れて死亡するという予測可能性がない以上、民事責任は問えない。ましてや、刑事責任は問えない。このような結果を認識することができない以上、故意がなく犯罪とはならない。

ところが、実は、今紹介した法の解釈は、あくまで、加害者と被害者が知り合いでないことを前提にしている。もし、両者が知り合いで、頭蓋骨が壊れやすいことを知っていたなら、話は別である。法的に考えても、頭蓋骨が壊れやすいことを知って軽く叩いて死亡させれば、当然これは殺人事件である。結果を予測できた以上、民事的にも賠償責任がある。

話を整理してみよう。もし、社会構成員が全員互いに知り合いならば、頭を叩く側が常に責任を問われることを意味する。小規模社会の特徴は、社会構成員が全員互いに知り合いなことであるから、皆が、頭蓋骨の軟らかい男に気を使うことによって事故を回避することができる。これは、小話の理想の日本社会と同じである。しかし、個別事情を原則考慮しない法による判断においても、両当事者が知り合いであり、相手の頭蓋骨が軟らかいという個別事情を知っている場合、つまり法解釈でいう悪意の場合は、当然、その事情に配慮する義務がある。その意味では、実は結論になんら違いはない。換言すれば、このような事件を例外的に扱い悪意の場合に責任を問うことは、全く法の前の平等に反するものではない。普遍性の要求を、個別性を無視した杓子定規の法適用と勘違いしてはいけない。法解釈上の焦点は、善意か悪意か、つまり問題の個別事情が知られているか否かである。そうしてみると、結局、両当事者が知り合いでないことを前提あるいは原則とするか、両当事者は知り合いであることを前提あるいは原則とするかの違いがあるだけであって、事件ごとの判断は一致している。

以上の考察に基づけば、社会が小規模であるかどうかよりも、社会構成員が互いによく知り合っているかどうかが重要になる。日本社会において、互いによく知り合っていることが前提あるいは原則とされているなら、日本社会における紛争解決は同質小社会モデルに合致しても不思議はないことになる。頭蓋骨が軟らかいという病的体質が、知られているのかどうかは、プライバシーが護られている社会かどうかとかかわってくる。日本社会の伝統的な秩序観としては、プライバシーのない社会、互いに良く知っている社会が前提されていると考えてよいと思う。現実には、もう少し複雑になっていると考えるが、これについては、実践を検討する部分でプライバシーの仕組みとして言及したい。

さて、結論として、日本社会は、全体の規模は大きいが、移動の自由が限定されており、小規模社会に近い。また、全体はともかく、小集団内は確かに概ね同質社会らしい。また、構成員が互いにプライベートな部分まで知り合っていることが前提とされている社会でもある。そのため、日本社会は、典型的な同質小社会モデルに近い紛争解決方法をとるといえそうである。

欧米社会のほうは、異質大社会モデルに近く、内戦を避けるために、法による正統性を獲得しようとするのが基本になっていると述べた。日本との対比から、法による統治は、社会構成員が互いに知り合いでない、とりわけプライベートな情報は持っていないことが前提であることが指摘できる。正統性のためには、ローマ兵士と被征服民との出会いが最も大切であったとすれば、当然のことと考えられる。

最後に、欧米社会と日本社会を、異質大社会と同質小社会の対比で捉えることは、本章の最初に述べた、力による強制の重視の問題も、ある程度解き明かしてくれる。短期的な危機を乗りきる時は、生の力に頼らざるを得ず、長期的なつきあいを想定すれば、腕力にまかせるよりも、円満な解決を図ったほうがしばしば有効的である。両社会の秩序観を思想的に比較するよりも、このように、その根底にある社会状態の認識の違いに注目することが大切であると思う。

第二章　犯罪観

1　戦争から犯罪へ・近代化と犯罪

既に指摘したように、ヨーロッパにおいて、犯罪学の歴史も警察の歴史も一九世紀からである。現在、犯罪といえば思いつくのは、内乱・騒乱罪のような国家転覆にかかわる犯罪ではない。近代になって、外敵と戦う軍と、内なる敵と戦う警察に分かれた。戦争が目前に迫っていると、犯罪者を処罰するどころか、一緒に戦ってもらって代わりに刑罰を免除するといったようなことになる。犯罪が大きな問題になるためには、何よりも他の危険が少なくなることが必要であった。このことは、現在、先進国のどこでも犯罪がさらに大きな問題となっている理由の説明のヒントになるであろう。

ただし、戦争は一九世紀になくなったわけではない。犠牲者の数を数えれば、二〇世紀ほど酷い戦争をした世紀はない。一九世紀に、犯罪対策がなされ始めたのにはもうひとつ大きな理由がある。ローマを引き合いに、異質な大社会を強調したが、帝国の治安のためではなく、身近な犯罪を念頭におくならば、同一地域に共存している者達のことを念頭に置かねばならない。ヨーロッパ中世の特徴のひとつは、「田んぼの中の一軒家」とまさに反対に、城壁で囲まれた都市や村に居住していたことである。これは、むろん安全のためであり、外敵に対しての防御が念頭に置かれていた。フランス語のモラールという語は、語源的には戦意を意味していたように、外敵に対して勇敢に戦う者こそ最も良き隣人であった。したがって、住民同士は同盟関係にあり、それを裏切った犯罪者などという人々を、自分達の共同体内で生かしておくこと自体ありえないことであった。この状況を崩したのは、戦争が減少して安全になったという以上に、近代化による大都市の出現のためである。

鉄道や道路ができ移動性が高まり、産業革命によって工場労働者が必要になり、田舎や地方都市から大都市への人口移動が起きた。人口自体も増殖した。ゲマインシャフトからゲゼルシャフトへに代表される初期の社会学が指摘したように、社会内の人間関係が変容した。この結果、同じ都市に住みながら、何者かよく知らない住民がいることが当然であることとなった。異質な人間の共存が、よりミクロなところで始まった。よそからきた者の多くは若い男性であり、労働を終えた彼らのために、酒場、ダンスホール、賭博場、売春といった、いわゆる「呑む、打つ、買う」産業が芽生え、そこを仕切るギャング団が発生した。このような大都市においてこそ、治安を専門とする警察が必要となったというわけである。

まとめれば、都市間の戦争を念頭に、住民が安全のために集結していた状況から、戦争は国家レベルとなったこと、さらに、移動と居住の自由が増大した結果、大都市が誕生したことにより、犯罪者かもしれない者達が、同一都市内に住んでいる状況が生まれた。これが犯罪学を誕生させる背景となった。

2 犯罪学の特徴・原因論と対策論

上記のような社会状況において犯罪学は誕生した。犯罪学自体の歴史については、既にハイレベルの業績が豊富にある。[1] 詳細はそちらに委ねるとして、欧米の犯罪観という観点から、その特徴を指摘しておきたい。

一九世紀は、科学技術が進歩した、発明と発見の時代であった。物理学で威力を発揮した因果関係の解明から、人間にとって操作可能な状態にもっていくという、いわゆる科学的研究を理想とする機運があった。犯罪学は、その例にもれずというより、その代表格であり、原因を究明し対策に役立てる研究をするということが当然とされた。遺伝子も含めた生物的原因をはじめとした犯罪者本人に原因を求めて、応報刑(懲らしめ)や一般予防(見せしめによる抑止)を主張する右派の理論と、貧困、教育制度の問題、サブカルチャー論など社会的原因論を主要因とし、社会政策の充実と特別予防(犯罪者の社会復帰)を主張する左派の理論まで、原因と対策という思考方法は共有されていた。ラベリング論や構築主義のように、統制する側に注目する場合も、一種の原因論であるし、政策の提言にも連なっている点で、その例外にはならないと思われる。日本の犯罪学は、他分野同様、欧米犯罪学の強い影響下にある。東京大学出版会のシリーズ「日本の犯罪学」は、日本における犯罪学の重要な研究全てを網羅して要約しようというものであるが、その最新版一九七八―一九九五年を対象とする七、八巻は、それぞれI原因、II対策となっている。[2] この傾向は不変であると思われる。

ただし、私は、原因と対策をいうスタンス自体には異議を唱えるつもりは全くない。問題は、科学的研究を装うがための弊害である。ケトレー以来、犯罪学と統計は切っても切れない関係にあり、私自身も統計を用いて研究している。しかし、その使い方に問題があると思われる。自然科学の法則のようなものを社会科学においても発見するという意気込みのために、犯罪学の命題は、人間一般に対する法則発見のような調子で語られている。法則を発見して、それを使って人間(犯罪者およびその予備軍としても)を操作しようというのであろうか。ここでは倫理的なこと、つまり、他者に操作されることこそ、誰もがして欲しくないことで、してはならないことという問題はおいておく。むしろ、それは不可能に近いのではないかということを指摘したい。

たとえば、精神疾患を持つ者は犯罪しやすい、ある被差別集団に生まれたから犯罪者になりやすい、両親がそろっていない、貧困のどん底である等、犯罪者となるには重要と思われる属性は多数あるが、そのような要因を持つにもかかわらず犯罪者とならないものが、どの要因についても九割以上であろう。この時点で、自然科学よろしい単純な原因究明と対策などできるわけがないと直感すべきである。実際の受刑者をみると、身体的健康障害、精神疾患、性格上の問題、経済的問題、家族の問題、知的水準、監督者がいない等の内、三つ、四つ重なっている者が多い。これは、金さえあれば、家族さえいれば、監督者さえいれば防止できたという可能性の欠如と解釈すべきであろう。犯罪の根本原因が、病原菌のような形で特定できるとは、私には考えられない。

また、犯罪者を罰するのか治療するのかというモデルの争いがあるが、いずれにしても犯罪は根絶しなければならないという発想がある。社会内に犯罪者は当然生きていてそれと共存するという考え方がない。ラベリング論は、道徳が絡んだ犯罪カテゴリーに対して、非犯罪化あるいは脱犯罪化を主張したが、これとて、何が犯罪かを問題としているだけで、犯罪者と共存しないことが前提となっている。犯罪は撲滅すべきという枠組み自体は従来の犯罪学と共有している。現実化不能と思われる、犯罪の撲滅を目的として当然視してきたことは、日本の犯罪観と比較する時、重要な特徴である。安全神話は、犯罪の不存在を意味し、犯罪の撲滅キャンペーンと相容れない。これについては後に、日本の安全神話のところで検討したい。

3 個人責任・罪の意識

欧米の犯罪観を非欧米と比較して語るとき、大きなテーマになってきたのは、宗教的禁忌の扱いである。普通、宗教的罪と犯罪を峻別し、政教分離する伝統は、欧米の特徴であると言われてきた。実際、人類学が調査した多くの非欧米社会では、その区別がしばしばあいまいであった。また、日本については、互いに介入しないという意味での、独特の政教分離が実現されていると考えられてきた。表面的な制度比較においては、そのとおりであろう。しかし、深い部分で宗教の影響を避けることは困難である。

阿部謹也が指摘するように、ヨーロッパの特徴は、個人に人格を認めるかわり、個人が罪の意識を持たされていることである。宗教的には原罪に発するが、歴史的には、ラテラノの公会議において、年一回の告解が義務づけられたことに発する。[3] キリスト教が、個人主義の成立に大きな影響を与えたことは、多くの者が認めるところであろう。[4] その個人主義のおかげで、刑法も、刑罰の個人化を進めてきた。以上のことに、そう異論はないと考えている。ここでは、この問題自体を掘り下げるよりも、この伝統の中で、日本との対比をするうえで、重要と思われる問題を一点だけあげておきたい。

それは、赦しの問題である。個人が、その現世での一生を全て吟味され、ただひとり神の前で審判を受けるとは、なんと厳しいことであろうか。「見逃されないという意味で厳しいほど正義がなされる」という意味で、厳しいほど理想に近いという考え方がここにはある。この厳しさに、私自身、個人的にキリスト教の魅力を大いに感じる。しかし、実は、現実的には、この厳しさには大きな問題がある。それは、一生の途中で一度罪を犯した者は、地獄行きが決定してしまい、その後、ますます悪事を重ねることになってしまうことをいかに防ぐかである。これを防ぐには、悔い改めて善行をなせば赦される、ということにするほかない。実際、告解のシステムは、罪を告白したうえで、その後に善行を積んで赦されることである。ここで重要なのは、その赦しは、被害者に赦されるのでも共同体に赦されるのでもなく、個人的な贖罪であることである。あくまで、個人が神の前に立つわけであって、共同体の出る幕はない。個人の人格が認められる以上、責任を免れないと言い直してもよいであろう。日本における赦しについては後に検討する。

以上のことを社会学的に言い直してみると次のようになる。この仕組みは、個人を外部からの力で統制するのではなく、個人に自分自身を統制させるものである。むろん、理念上は、自律的な個人が自分の意志のみに従って行動するとされる。しかし、個人が完全に自律的に行動する仕組みを、秩序維持の仕組みとは呼べない。あるべき行動を定めた規範を個人に内面化させることによって秩序が成り立っているとみるほかない。ここで、内面化される規範が、理性によって個人に獲得できる唯一の正しい規範であるなら、秩序は強く維持される。個人主義にもさまざまな形態があり得るが、これが、個人主義の基本形であったと私は考えている。(5) 内面化された規範の存在を前提としないで、罪の意識を語ることはできない。この唯一の規範の正しさを信じることが次第に困難になってきたのが、現在の社会状況であると思われる。内面化される規範の多元性を認めた場合、規範を内面化させて個人に個人を統制させる仕組みが、うまく機能しないのは当然であろう。多元性を認めつつ、どう統制するのかについては、整合性のある考え方は未だ生まれていないと思われる。

4　日本の犯罪学

欧米の犯罪観はこれぐらいにとどめ、いよいよ日本の犯罪観にせまりたい。それには、まず、日本の犯罪学を、歴史に沿ってではなく、特徴を幾つか挙げる形で整理しておきたい。[6] 犯罪学は、理論研究と実証的に実態調査するものの二つに分けられる。実態調査は、欧米それもとりわけアメリカの調査方法に学んで行われたものである。実証的研究は、渡邊洋二、岩井弘融、所一彦、宮澤節生、村山眞継ら大学の学者の研究と、政府機関である、警察庁に属する科学警察研究所と法務省に属する法務総合研究所が行ってきたものとがある。[7] 学者の先輩達の研究レベルは、極めて高かったが、残念ながら、戦後全てを集めても数える程の業績しかないのが特徴である。科学警察研究所と法務総合研究所の研究は、犯罪カテゴリーを絞った極めて緻密な研究が行われた反面、マクロな状況を描き出すような研究はほとんどなされてこなかったのが特徴である。[8] どちらの特徴も理由は簡単かつ共通である。それは、研究者側の理由ではない。多くの研究者が実証研究を多く手がけたいと願っていたと私は確信している。にもかかわらずデータが提供されなかったことが主要因である。科学警察研究所や法務総合研究所は、政府機関であるにもかかわらず、そこに所属する研究者にさえ、十分なデータ収集は不可能であった。とりわけマクロな問題は政治とかかわるおそれがあり、より研究困難であったと想像する。本書は街頭犯罪に対象を絞っているが、日本の犯罪学の実証研究において、汚職などのホワイトカラー犯罪はほとんど手がけられなかったこともひとつの特徴である。

理論研究に関しては、その他の社会科学の例にもれず、欧米の輸入学問を主流としてきたと言っても言い過ぎではないであろう。実際、欧米の社会科学には大いなる蓄積があり、それらの名著をじっくり研究する必要はあった。その研究のレベルは高く、その点に関しては批判するつもりはない。しかしながら、そこで紹介され検討された理論と、日本の実態とが、はたして十分に結び付けられたであろうか。たとえば、欧米に比較して著しく日本の犯罪発生率が低いことを説明するという、基本的な課題すら果たされていない。奇妙なことに、外国人研究家のほうが、その説明を試みている。交番の機能に注目し、警察と市民の関係の近さを指摘するベイリーの研究、[9]犯罪者の再統合機能の高さに注目するブレスウエイトの研究、[10]独特のやさしいパターナリズム(benevolent paternalism)に注目するフットの研究[11]などである。各々なるほどという指摘ではあるが、日本の特徴を説明しきったとは評価できない。その理由は、被差別部落と在日と治安の問題に言及していないからである。この問題があればこそ、日本人研究者も、マクロな議論には取り組めなかったのであろうと予想する。その結果、欧米理論を日本のある部分と照らし合わせる研究ばかりという状況に陥ったのであろう。

幸い、冷戦終結後、日本でも自民党対社会党のいわゆる五五年体制は終わりをつげ、タブーは次第になくなりつつある。また、民主主義の変容による透明性の要求が高まり、様々な公的機関は情報開示を求められている。村山眞継が主張するように、[12]日本を対象とした研究が必要であり、今後盛んになる方向と思われる。

5　日本人の犯罪観

日本人が持つ犯罪観について、ベネディクトの「罪の文化」対「恥の文化」[13]以来の論争がある。作田啓一がほとんど言い尽くしたと考えるが、[14]ブレスウエイト、[15]速水洋[16]の議論が継続している。罪の文化は個人主義に基づくのに対して、恥の文化は共同体主義的で劣るのかというところが最大の論争点となっている。しかし、阿部謹也が、日本には、西洋的文脈における「社会」はなく「世間」があるだけであると述べているように、[17]日本には個人主義がないだけでなく、欧米流の共同体も存在しないことに留意が必要である。個人主義と対比して、日本は集団主義という場合、欧米の集団主義とはやはり異なることを忘れてはならない。これらの議論より、さらに根源的な枠組みが異なっているというところから話をはじめる必要があると考える。

日本の犯罪に対するリアクションを考察すれば、最も根底にあるのは、やはり、穢れの問題である。そもそも、日本の古語には、刑罰にあたる言葉はなく、「原始の日本法では、「罪と罰」ではなくて、「つみとはらえ」だった」[18]。もちろん社会科学的な意味で「実証」のしようはないが、ハレとケつまり非日常と日常の二分法があり、犯罪は非日常なものとして捉えられてきたことはアンケート意識調査の必要もないと考える。さて、私が注目するのは、この二つの世界の分離状態である。実際に保護司として活躍した人物でさえ、保護司としての回想録のなかで、勧められて保護司になったとき「自分とはまったく別世界のことと思っていた」[19]と書いている。犯罪＝非日常の世界が穢れているとすれば、日常世界に住む者はそれに触れてはならない。したがって、別世界のこととなるわけである。これは、犯罪に関係する人々と、関係しない人々が分離されてしまっていることを意味する。安全神話についてて検討する場合、犯罪は別世界の出来事と感じる人々と、犯罪に係る人々のうち、どのような人々にとっての安全神話であるのか留意しなければならない。現実に犯罪の統制に関係する人々にとっては、現実の犯罪が目の前にあるわけであるから、安全神話など持ちようもない。安全神話の第一の特徴は、犯罪を別世界の出来事と思っている人々のみが抱いている、あるいは抱かされているということである。したがって、安全神話の崩壊とは、犯罪は別世界の出来事と思っていたのが、もはや別世界の出来事ではなくなったということにほかならない。安全神話維持の具体的な仕組みについては後に検討したい。

世界各国と比較して、日本の犯罪についてもうひとつの特徴といえるのは、刑罰がかなりの程度、軽いことである。ところが、既に第I部で指摘したように、意識調査によれば、日本人一般の処罰意識はかなりの厳罰傾向である[20]。日本人庶民の厳罰傾向は、最近の傾向ではなく、中世まで遡れる。そして、興味深いことに、統制機関側は、「撫民」の名の下にきわめて寛大であったという[21]。一見矛盾にみえるが、前述の、犯罪=穢れの世界と、日常世界に住む人々の境界が厳密にあるとすれば、説明は簡単である。一方で、犯罪は別世界の出来事という人々は、あるはずのない犯罪が起きたと言うことで怒りが強く厳罰傾向を示し、これが意識調査の結果として表れている。他方で、犯罪に係るプロ達は、刑罰を軽減しようとしてきた。このように説明できるであろう。

日本の特徴として、最後に、一般庶民の防犯意識の希薄さをあげておきたい。まず、村や町が城壁で囲まれていない。ここでも、統治する側(武士)は、城を造る伝統があり、別世界を構成している。

次に、最近変化しつつあるが、庶民の家屋の鍵はひとつで極めて単純である。また、クーラーの普及前は、夏には窓を開けて寝ていた。ただし、この防犯意識の希薄さは、全く犯罪は存在しないという意味で安全だと考えていたからではない。戦後から少なくとも七〇年代までは、繁華街は危険に満ちており、子供が渋谷などに出かけると「人さらい」にさらわれるというほうが「常識」であった。また、深夜は本当に暗く、外出は危険なイメージであった。したがって、あくまで、自分が住む生活世界、換言すれば、身の回りの安全を感じていたにすぎない。この点は重要である。

以上をまとめれば、日本社会は、穢れ＝犯罪に係る世界と、犯罪のない日常世界に分離している。そして、一般的な日本人は、犯罪は別世界の出来事と感じて、防犯意識が薄く、事件があれば厳罰を求める。しかし、犯罪に係る統治する側に属する人々は、寛大な処置を伝統としており、刑罰は軽い。

6 警戒心と安心感

今度は、ミクロな観点から日本の犯罪観を検討しよう。犯罪を身近に感じないため、防犯意識が薄いと述べた。これは、十分に護られているから安全だということではなく、危険がない、つまり、自分の周りには「犯罪者＝悪人」はいないと感じていることを意味する。同質小集団の紛争解決のところで述べたように、未来の平和共存が大切であるから、何かで揉めても、当事者双方いずれも悪ではなかったかたちで収めることが多い。つまり、その小集団内には悪人はいないというわけである。むろん、この「自分達の内には悪人はいない」という認識は、悪人とされた人物に対する強い排外性となって表れることもある。現実の仕組みの検討は次章で行う。ここでは、身近な世界での悪人の不在から安心感を得るというパターンの存在を、まず指摘しておきたい。

このパターンは、取引行為においても応用されている。欧米社会では、よく知らない相手と取引する場合、相手の意志を確認する、つまり契約を締結するというのが伝統である。これは民法にそのまま持ちこまれている。これに対して、日本の商社等の商談の仕方として、私が注目する特徴は、お酒が入ることである。当然だが、最初は素面で会談するが、それだけでは終わらないで、場を変えて酒の席をともにする。酒の席では、商談は控えて、むしろプライベートな話をして個人的な親交を深める。契約締結する場合、最も警戒すべきは騙されることであり、できれば相手の真意を知りたい。この点は、洋の東西を問わない。日本のおもしろいところは、酒をともに飲み相手をよく知るという方向を採ることである。酔いながら相手を騙し続けることは、誰にも困難である。しかも日本人は酒に弱い。大袈裟に言えば、「理想的」には酔い潰して酔い潰れて、相手と「一体化」するのがよいとされる。中国や韓国と比較すればわかることであるが、意識を失うほどにアルコールを飲んでも社会的に許容され武勇伝などと言っていられるのは、おそらく世界で日本だけであろう。酒の誘いを断ることは、ほぼ商談の拒否であることに鑑みれば、これは、ほとんど制度である。制度となれば、当然ながら、お金の計算等できない振りを装いながら、実はしっかり計算しているのが商人という現実もあろう。私は、ここで、日本人が本当に意識喪失しているとは考えていない。欧米の個人主義に従えば、意識が明晰でなければ真実は見破れないわけであるが、日本には、逆に、酒酌み交わすことによって意識が弛緩することによってこそ真実(本心)が表れるという考え方がある。[22] このような人間関係の理想像があることを指摘したい。裏がないという意味において、計算ができない、隠し事などできない、

「人のよい」人物が日本社会において評価されるというのも同様の発想であろう。

以上をまとめれば、日本社会には、小集団であれ、二者関係であれ、互いにプライバシーに入り込んだ関係になることによって、相手に対して安心したいというモデルがあるということができる。欧米における個人主義が、自己の意識を明晰に保ち他者に対して警戒を怠ってはならないことを要求するとすれば、見事に対極をなしている。個人主義者は、常に警戒心を解くことができないのに対して、日本社会においては、前記のパターンを使えば安心感が得られるというわけである。[23]

第三章　安全神話の構造

欧米と比較しつつ、日本の秩序観と犯罪観を見てきた。いよいよ、そこでも触れた安全神話の構造について、制度と実践から解き明かしたい。むろん安全神話という制度があるわけではない。まず、刑事司法制度を中心に、その外延部分も含めて実態を検討し、それから、これまで隠蔽されてきた仕組みを明らかにしたい。

1　謝　罪

日本の刑事司法制度は、刑法、裁判所刑事部、検察組織、警察組織、刑務所等、表面上の骨格に注目すれば、ドイツ、フランス、アメリカの刑事司法制度の組み合わさったものである。刑務所を例外として、ほとんどの組織は明治維新期に不連続に導入されたもので、憲法の規定にも縛られた全く欧米的な制度である。

ところが、その運用や組織体質を観察すれば、欧米とはかけ離れている。最もショッキングな特徴は、第一審刑事裁判の判決のうち、なんと九九・九％以上有罪に決まっていることである[1]。これは、裁判で白黒つけていないということである。実際の裁判を見学すれば、被告側は無罪を主張しないどころか、全て検察官のおっしゃるとおりですと認めて、保釈後真面目に働いているとか、反省していることを証人に述べてもらうぐらいで、情状酌量から執行猶予狙いというのが大多数である。部分的にさえ否認しない事件は、否認事件が増加中と言われながらも七割を超える。(2)これはどう見ても、「神妙にお縄につけ」という伝統が守られていると見える。被告人は闘うのではなく、反省の弁を述べることが当然とされていると言ってよいであろう。取調べにおいても、自供とは、「私がやりました」という以上に「申し訳ありませんでした」と言わせるのが伝統である。これらのことから、日本の刑事司法においては、謝罪させて赦すということがパターン化しているのではないかと考えられる。

我妻洋とロセットは、日米比較を行いながら、この謝罪の機能を研究している。それを簡潔にまとめると、日本の謝罪とは、自分がその行為をやったことを認め、それが悪いことであることを認め、反省し、そのような行為が二度とおきないことを約束し、相手との関係を修復することである。その他の特徴として、日本人は、互いにスミマセンと謝り人間関係をスムーズにする、責任を持って賠償することは比較的重要でない、謝罪によって「ヒトデナシ」から「真人間」に変わる、つまり人間社会に復帰する等があげられている。そして、結論として、赦されるためには、社会秩序に服することの表明が重視されることも指摘している。(3)いずれの指摘も、一応は賛同できるものである。

しかしながら、西村春夫と細井洋子が指摘するように、この謝罪には奇妙なところがある。加害者は被害者に謝罪せず、刑事や検事に謝罪している。(4)これは、むしろ、社会的権威に服すことの表明である。最もしてはならないことは、「反抗的態度」というわけである。その意味で、ここでの謝罪と赦しは、そういうことになっている儀式にすぎない。そのうえ、後に検討するように、有罪となった者は、赦されて元のまま共同体に帰れるわけではない。確かに、謝罪と赦しがあったことになっていることから、共同体の未来の平和は回復された印象を残す。それ自体が目的なのであろう。そのことの指摘は正しい。しかし、これはむしろ安全神話そのものに属すると思われる。事実として、日本は犯罪者の更生に成功していると言うことはできるが、これはあくまで他国との比較であって、再犯を繰り返す失敗例も存在する。全ての者が謝罪から赦しのパターンにはまっているわけではない。これらの問題については、後に、他の矛盾点と合わせて分析したい。

謝罪と赦しのパターンの存在は、この他に、日本の刑罰が比較的軽いことを、赦すことの結果であるということで説明できる。つまり、一般に妥当と感じられる刑罰から、赦すことによって、実際に科される刑罰はかなり軽くなるということである。注目すべきは、一般人は、実際の量刑基準も、この赦す仕組みも知らないということである。「泥棒は警察に捕まって牢屋に入れられる」という世間常識があるが、これは全く実態に即さない。窃盗初犯で実刑はまずない。一度執行猶予判決をもらってその間にまだ繰り返すぐらいでないと、軽微な窃盗では刑務所入りにはならない。犯罪は別世界の出来事という人々と、犯罪に関わる人々の行う実際の刑事司法の運用とのギャップに驚かねばならない。これは、両者の間に、ほとんどコミュニケーションがないことを示している。被害者当人に対してさえも、最近になって被害者対策がなされるまでは、自分の事件の加害者がどう裁かれたか知らされていなかったぐらいである。彼らは、厳罰が下されていると信じていたわけである。

2　身元引受人

次に、この赦す処分についてさらに詳しく検討して、従来から指摘されている、もうひとつの特徴を整理しておきたい。たとえば、少年が万引き等で店員に捕まった場合、親が呼ばれて、その場で謝って赦してもらうことがある。店の方針次第であるが、悪質であったり二回目だと警察が呼ばれる。その場合も警察による微罪処分で始末書を書かされるだけで放免されることがある。このときも親が呼ばれる。さらに、検察に送致された後も、起訴猶予処分により放免することができる。何度も赦されるチャンスがあるわけであるが、どの過程においても、少年でなくとも、身元引受人が重要である。犯人（被疑者ではない、否認しているなら話にならない）が、職があり監督者がいて、その監督者が「今後このようなことがないように、よく言い聞かせます」となれば、帰してもらえる可能性がある。さらに、起訴されて有罪となる場合に執行猶予が付くかどうか、その執行猶予に保護観察が付くのか、少年の場合は保護観察処分となるかどうか、いずれも、本人の反省度に加えて、監督者がいるかどうかが焦点となる。実刑となった場合においても、仮釈放の認定時に同様のことがある。適当な身元引受人がいない場合で、釈放の必要があったり実刑が不用の場合には、保護司をつけるところからして、個人が自分で自分を統制して立ち直ることはイメージされていない。そもそも、事件が発覚する前に、問題児を誰かが世話監督して抑えているということも、調査することは困難であるが、日本全国至るところで発見できるパターンであろう。

このように、防犯と更生の両面において、誰かしっかりした者が、対象人物の世話をすることが重視されていることが第二の特徴である。これも広く認識されていることと考える。なお、欧米にも保護観察制度は存在するし、日常において他者を援助することもあるが、あくまで個人による個人の統制が基本であり補完的な性格を持たされている。また、日本とは世話の程度も違う。

3　インフォーマルで濃密な人間関係

第三の特徴として、身柄拘束された犯罪者と担当官の関係の濃密さを指摘しておきたい。半ば伝説であって、定量的な研究資料があるわけではないが、担当刑事あるいは検事の取調べにおける「熱心さ」には驚くべきものがある。自白させるためにどうしたかという話が、しばしば話題となるが、私が注目するのは更生の観点である。犯人の一生を聞いて数センチに及ぶ分厚い調書をとったという類の話である。警察官、検事、刑務官いずれも人間関係を構築することが重視されており、制度上の役割を超えた援助を行うことがある。たとえば、取調べをした警察官が、ムショを出てからの就職の世話をする。(5) あるいは、覚醒剤が尿検査で出ており、公判において有罪を立証するには十分な状況であるのに、検事が両親を呼び出して「息子さんが覚醒剤を打っていた、その日のその時刻に、ご両親はどこで何をなさっていましたか」などと追及し、反省を促して今後しっかり監督させようとする。刑務官の「工場担当」が受刑者と擬似家族的付き合いをすることも、よく知られている。

興味深いのは、誰がどこまで世話するかは確定されていないことである。当然だが、誰にも、そこまでトコトン手助けする義務はない。そもそも、人間関係には相性の問題が付きものであり、犯罪者から見て、誰と信頼関係ができるかは不明である。できない場合は、担当官は最低限の義務を形式的に果たすことになる。更生を目指す側からすれば、誰かひとりに心開くことができれば十分である。ここに挙げた以外にも、家裁調査官、弁護士は当然、裁判官が司法手続が全て終わった後も個人的にかかわることさえある。(6)

これはシステムとしては、構造がなく、砂粒でろ過する装置のように、途中のどこかで浄化されるという仕組みである。フォーマルな部分は欧米式なわけであるが、インフォーマルな部分が重要な働きをし、その結果、運用は日本的となるという仕掛けである。

4　矛盾に満ちた特色

ここまで、日本の刑事司法プロセスの特徴として、謝罪させて赦すパターン、身元引受人の重視、インフォーマルな濃い人間関係を使うことの三点をあげた。これらは、多くの関係者に自覚されている特徴であろう。これを出発点に、マクロな仕組みを解明したい。そのために、まず、これらの特徴は、多くの人々の賛同を得られながらも、矛盾点があることの指摘から出発したい。

第一の矛盾は、赦すパターンによって罪が軽くなると述べたが、死刑、無期のような厳罰が実際に適用されていることをどう説明するのかである。刑罰が軽いことと、死刑の存置のアンバランスとして認識されることも多いが、ここでは、パターンの不完全さとして指摘しておきたい。また、謝罪させようとしても反抗的態度を変えない者には、このパターンは適用できず、全てのケースに謝罪させて赦すパターンは使われるはずがない。反抗的だと厳罰で、従順だと赦してもらえるというイメージがあるが、態度が悪いだけで死刑にできないことは言うまでもない。犯罪の重大さを無視することはできない。

第二の矛盾点は、共同体の未来の平和を第一の観点として、赦されて身元引受人が監督するにせよ、あるいは、元担当官の助けを借りてにせよ、更生して元の生活に戻っていると思うと、とんでもない思い違いをすることになることである。実は、一般住民は、前科者に対しては極めて排外的態度を取ることがあたりまえである。元殺人犯の隣に住むなどまっぴらごめんというのが普通であろう。刑務所を出所した人々は、いったいどこにいれば、安全神話が維持できるのであろうか。

5 穢れと共同体・起訴猶予が分水嶺

これらの矛盾を説明できる仮説を提示したい。まず、未来永劫仲良く暮す設定の同質小共同体の内と外の二分法が存在する。内側は、犯罪は別世界の出来事と感じる住民であり、外側は、犯罪者だけでなく、それに係る統制側とその協力者をも含めた、穢れた非日常世界がある。日本の統制側は、もともと武士、つまり刀を所持した、いわば「殺し屋」である。死刑執行人に依頼して斬殺刑のときに本当に人を切って試した日本刀こそ刀としての価値があるなどというのは、支配者側文化でありながらサブ・カルチャーである。刀狩された被支配層の一般住民文化が、多数派文化となっている。この一般住民だけで構成される共同体の境界を厳重に維持しなければ、内部の者達にとっての安全神話の維持ができない。この境界があるというのが仮説の第一点である。

次に、外部の構造である。まず、必ずしも地理的に排外されるわけではない。同質小集団のところで述べたように、小集団内が同質であっても、集団間は異質でよい。芸能界、プロスポーツの世界、興行界のように、他集団と異なっているが、内部は同質という集団である。旅することが多く、地域共同体に属さないとしても、地理的境界まではない。社会内の地位を定めるさいに、何して食うか、つまり、職業は大きな要素である。日本においては、しばしば、同職業集団が〇〇界というように生活世界をなしている。そして、法律以上に、業界の掟によって秩序が保たれている。これらのなかで非日常に属する職業は、一般住民にとっては外部世界を構成している。内部に戻せない者、つまり境界を越えた者は、ここに隔離される。この仕組みによって、犯罪者は、社会の外部に排除されず再統合されるが、犯罪のない日常世界からは排除されることになる。これが仮説の第二点である。

さて、実態と一致しているか見ていこう。刑事司法の実務の性格づけをするさいに、方法として二点留意すべきことがあると考える。第一点は、犯罪の内容が殺人のような重大犯罪であるのか、軽い窃盗等であるのかを分けて論じなければならないことである。第二点は、犯罪者が、常習の犯罪者なのか、正業についている初犯の人間なのかを明確に分類しなければならないことである。これらの分類を無視して、特徴を述べても、それらは大味にならざるをえず、先に挙げたような矛盾点がでてくる。

謝罪させて赦すパターンを、まず検討してみよう。犯罪が重大あるいは、常習犯の場合、基本的には赦してもらえない。非行歴、犯罪歴がなく、犯罪が軽微な場合のみ、このパターンがありうる。ここで、その線引きが、安全神話を信じている共同体に戻せるかどうかをめぐって行われていることを見てみよう。殺人のように犯罪が重大な場合には、共同体復帰は無理であり、そうとなれば死刑を含めた厳罰となる。反抗的態度をとり続けた場合も、当然、未来の平和を保証しないため、元の共同体には戻せず、実刑となる。ただし、これには留意点が一点ある。ある犯罪の取調べ中に、反抗的態度をとったからといって、特別に刑を加算することはできない。むしろ反抗的態度の最悪の形態は、犯罪の繰り返しと考えられている。多数の犯歴を持つ者に対して、日本の量刑が極めてきついことは有

名である。たとえば、コンビニでおにぎり二個盗んだだけで、多くの犯歴を理由に一年六カ月の懲役になり得る。(7)

犯罪をして捕らえられた後の過程で、民間人、警察、検察、公判、各段階で赦してもらえるわけだが、安全神話を信じる共同体に戻すには、できるだけ早い段階で赦したほうがよい。何しろ何事もなかったことにしたいわけであるから、事件が表に出てはいけない。そうとすると、起訴されてしまっては遅いことになる。したがって、分水嶺は、起訴猶予処分である。

刑事訴訟法二四八条は「犯人の性格、年齢及び境遇、犯罪の軽重及び情状並びに犯罪後の情況により訴追を必要としないときは、公訴を提起しないことができる」とする。不起訴処分には、嫌疑不十分、嫌疑なし、心神喪失、罪とならず等もあるが、起訴猶予は、起訴すれば有罪となり科刑できるが、その必要がない場合にとられる処分である。吉岡は「一般に起訴猶予処分は、犯人の改善更生つまり特別予防効果が明白である場合に、起訴・処罰からもたらされる一般予防機能をある程度犠牲にしても、全体としての犯罪予防という見地や訴訟経済・国費の負担の軽減といった観点から、彼の処罰を断念するものといえよう」と解釈している。(8) やはり再犯の可能性が低いことが前提とされている。フットはもう一歩踏み込んで、起訴猶予処分は、スティグマを貼らないことによって社会復帰を容易ならしめる機能を持つと指摘する。(9) 不起訴処分のうち、圧倒的多数は起訴猶予であり、平成一三年における刑法犯で起訴猶予人員は四万八四七六名、起訴人員は九万三二八六名であった。送検された重要事件でも、かなりの数が起訴猶予処分となって表に出ずに赦されていることがわかる。(10) なお、この起訴便宜主義は、検察が、事件処理を自分達だけで完結させてしまうものであり、政界汚職事件等を念頭に、日本検察の権力の強さの源泉として語られる権限でもある。[11] 有罪率九九・九％から、日本において刑事事件は裁判ではなく、検事によって取調べ室で決められていると結論されがちである。しかし、検察は、刑事裁判官をコントロールする手段は持っていない。むしろ、起訴猶予により赦してしまえる部分にこそ、本当に検察の実力が発揮できる。

最後に、起訴猶予だけが分水嶺でないケースについて補足しておこう。起訴されなくとも逮捕が報道されてしまえば同様の効果、つまり人々に知られてしまう。これは、元の共同体に帰れないという意味で決定的なダメージを伴う。犯罪報道を巡って、とりわけ実名報道を巡って、大きな議論があるのはこのためである。[12] 松本サリン事件の河野さんのように完全に冤罪が晴れても、犯罪者扱いされた時に壊れてしまった人間関係は元に戻らなくなる。犯罪報道問題は、実は排他的な日本の共同体（世間）の性格をよく表わしている。

以上のことから、安全神話を信じる共同体に「真人間」として戻せるかどうかの境界を巡っての攻防が、刑事事件の処理の大きなポイントであることが理解できるであろう。

6　隔離され差別される集団

続いて、元の共同体に戻れない者の行方を検討しよう。前科のある者達、あるいは出所した者達は、どこに行くのか。まず、出所者のうち四十数パーセントは、五年以内に刑務所に再入している。[13] しかも、再入者は、さらに二度三度どころか一〇回でも二〇回でも繰り返し入所するものがいる。彼らは、刑務所にしか住むところがないというほかかない。これに長期入所者を加えると、かなりの人数が刑務所の住民である。そもそも、更生の見こみがあり、行き先があるなら、「赦されて」娑婆にいるはずであり、実刑となっていること自体が相当「エリート」である。彼らは極めて少数である。年間三万人ぐらいしか入所できず、人口一億二〇〇〇万として、四〇〇〇人に一人の難関である。その意味で、相当にむずかしい人達に絞られていることを認識しておかねばならない。

出所者の行き先は、家族の元が最も多い。しかし、これは、統計上、そこを目指して出て行ったことを意味するのみである。一般論として、家族は、世間の白い目に極めて弱く、異端児を匿うことはなかなかむずかしい。それは犯罪者でなくても同じである。たとえば、精神病者や知的障害者も施設に隔離されることが多いのが日本社会の特徴である。なかでも興味深いのは、ハンセン病者である。他の例にもれず、彼らハンセン病者には何ら責任がないにもかかわらず、家族は、世間の圧力に負けて、彼らを守るよりも施設に追いやることになる。そして、彼らは、ハンセン病者だけの共同体で暮すことになる。[14] まさに内部は同質の他集団とは異質の共同体への隔離である。前科者に限らないが、住むところがなければ就職できず、職がなければ住居は借りられない。保護行政は、一つのあり方として、そのような人々に住む施設を提供し、そこで仕事を探すことの手助けをしている。[15] このとき、やはり、いわゆる「まともな」仕事につくことはむずかしい。どうしても、報酬は高くても大多数の者は選択したがらない職種につくことになる。そのため、職業差別問題との関連が生じてくる。これは次節で検討する。

この他、先に挙げたように、警察官、検事、刑務官などの個人的なつてで就職する、あるいは、保護観察官が保護司に預けて就職の手助けするなどの例がある。これらの場合、保護司自体がそうであるように、地域の名士が世話することが多い。少なくとも、名士までいかなくとも、中小企業あるいは自営業のボスであることが多い。これはやはり、職を世話することができる人々ということで、こうなっていると考えられる。興味深いのは、鉄工所に代表されるように、工業に携わる人々は、中世からの伝統として、一般住民つまり農民とは付き合いがなく、別世界の住民であることである。地域の名士は、支配層に近く、これも一般住民ではない。特別な協力者が、他の住民から隔離して、あるいは少なくとも秘密にして預かるという社会復帰の形がとられているといえよう。この場合は、世話してくれる人や業界次第であって、職業差別まで言うのは言い過ぎであろう。理髪業界のように、犯罪者更生に伝統的に力を貸してきた業界もあるが、これは、技術修得が比較的短期間でできること、職につくための設備等が軽量で、技能も資金もゼロから始めるに適しているといった理由もあると考えられる。また、自衛隊なども、上官が公私にわたって監督することができるという特性の他に、乱暴者であっても問題が少ない、人を殺したことがあっても職業柄、比較的気にならない等の特性もあって、受け皿となっている。ただ、いずれにせよ、普通のサラリーマンや農民からは隔離されているといえよう。宗教界に入るのも、隔離と言う意味では同様である。歴史的には、海上運送、港湾荷役、鉄道建設、鉱山労働が、刑務所の代わりに使われていたことを考えると、実刑を受けた者は、施設外処遇される一種の「無期刑」として、「普通」の共同体からは隔離されると解釈することさえ可能であろう。

最後に、世話してくれる人がどこにもいないし、施設に入ることも拒否される人々は、どこに行くのかという問題がある。前科どころか、どんな人物であっても受け入れてくれるところといえば、それはいわゆるヤクザのところである。行き場をなくし、所持金が尽きて、再び犯行に及ぶことを避けるためには、最後の受け皿としてのヤクザ組織の機能は、評価せざるを得ないというのが、保護の現場を知るものの共通認識であると思う。ヤクザは、運送業や土建業をはじめとした職業を持っているのが普通であり、単なる犯罪組織と考えるのは間違いである。このヤクザと差別される職業とを次に詳しく論じておきたい。

7 被差別部落と在日

日本で職業差別といえば、いわゆる被差別部落と在日韓国・朝鮮人のことを避けて通れない。まず、被差別部落については、結婚と就職の際に強い差別があったことは、証明の必要もあるまい。部落地名総鑑やその他の身元調査というものの存在自体が、差別の存在証明であろう。彼らの職は、歴史的に皮革産業、精肉業、葬儀屋等が主であった。地理的にも他の集落と分けられた地域に住んでいたことはもちろんである。また、生活レベルも、一九六九年にできた同和対策事業特別措置法の効果が現れるまで、文字通り最低水準であった[16]。同特法のおかげか、実は、少なくとも一九九〇年代最後頃には、生活水準の差も、結婚差別も、はっきりと解消しつつある[17]。しかし、職業選択に限定するならば、屎尿汲取、清掃業、土建業など、特定の職種に限定されてきた。なお、行政側の対応については後述する。

ここで指摘しておきたいのは、犯罪者との関係である。中世には、犯罪者は非人に貶められた。それも、鼻そぎなどの刑により異形の者とされた。身体障害者やハンセン病(癩病)者もまた、非人であった。現代もこの名残はあり、犯罪者は「ヒトデナシ」であり、「真人間」にかえれと言われるように、人間扱いされない強烈な差別がある。犯罪者は生活を共にする相手ではなく、穢れたものとして隔離されるべきであると考えられているわけである。[18] むろん、現代に、犯罪者を非人に落とす制度はないといえばないが、被差別部落の人々と同じ職業につかされるとすれば、同じようなことであるといえるであろう。

次に在日について見ておこう。やはり、結婚と就職の差別が厳しく、彼らがつける職種は、パチンコ、ラブホテル、焼肉店などに限定されてきた。住むところは、直接的な民族差別よりも家賃の問題で、同和地区等、都市貧困街に集中していた。[19] 幸い、こちらも「在日の結婚相手の八割以上は日本人[20]」となり、経済格差も減少している。犯罪については、客観的には、在日の犯罪は少ないし著しい減少傾向にある。しかし、関東大震災時の虐殺や、指紋押捺制度に見られるように、犯罪不安の対象ではある。犯罪者にとっては、彼らの特殊な業界の従業員となるという可能性がある。その意味では、前科者の隔離場所となりうると考えられる。

さて、被差別部落民も在日も差別され隔離された世界に生きてきたことは、よく知られているが、彼らとヤクザの関係は、近年まであまり言及されることがなかったと思う。ヤクザについては、岩井弘融の秀逸な研究[21]をはじめ、研究の蓄積も書籍も多いが、記述不足はタブーのせいであろう。実は、ヤクザ構成員には、被差別部落出身者や、在日、沖縄出身者などが高い比率で含まれている。[22] この理由を考察する必要がある。

ヤクザは、もうこれ以上落ちるところがない最低の者と自称される。ヤクザを語る上で留意すべきは、本当にどうしようもない人々も確かに多数含んではいるが、それらを統率する幹部には、知的にも極めて能力が高い者がいることである。職業差別を受けた側で個人能力が高い者は、当然、実力でのし上がろうとする。それは、プロスポーツ選手や芸能人であることも多いが、[23]そのひとつがヤクザの道であると思われる。[24]ヤクザといえば、博徒と的屋の歴史が云々されるが、何よりも実力の世界であり、力さえあれば、乱入して由緒ある組の親分になれることが特徴である。そして、当然、仲間がそこに入ってきて多数を占めるのであろう。差別された者の行きつくところは、限られているということである。

これらの隔離された世界の重要な特徴は、彼らの中に連帯がないことである。むろん、身の安全を図るための合従連衡はあるが、ここで言っているのは、下層社会の同朋として、被差別部落民、在日、ヤクザの間の連帯のことである。関西では、不熟練労働市場で在日と被差別部落民は共に働きながら、へたすれば互いに差別しあってきた。[25]同和対策事業により造られた住宅から在日が締め出されたことは有名である。[26]労働運動にはもちろん、全国水平社運動に対しても、右翼・ヤクザはスト破りなど、運動つぶしを行ってきた。日常世界を穢れから守る発想からすれば、彼ら同士が入り交じるのは問題ないが、結束して、仕組みを壊しに来るのだけは阻止しなければならない。「内輪もめ」させることは、支配側の常套手段である。確かに、ヤクザといえば、ヤクザと抗争ばかりさせられてきた。

8　アメ作戦

厳しい差別について語ってきた。被差別部落と在日については、このことは既に散々指摘されてきている。それ以上に、私が注目するのは、私がアメ作戦と呼ぶ別の側面が、行政側によってとられてきたことである。そもそも、職業差別とは、他の一般の人々は参入自由ではなく、差別されてもいるが、一種独占産業を与えられており、食うには困らない形で保護されていると見ることもできる。確かに経営者として成功している者はいるし、ヤクザも貧乏というより羽振りはよい。能力があって不遇な者にしか、大きな犯罪は既遂できないと、繰り返し述べてきた。このように、別世界に封じ込まれているとはいえ、ある種の成功が可能であることは、大きな防犯機能を果たしていると考えることができる。

同和対策事業特別措置法により、一九六九年から二〇〇二年まで三三年間で、同和対策事業費、総額一五兆円が投下されたという。これは、住環境と生活水準の改良が目的であり、その効果をあげた。しかし、他方で、この事業を請け負う業者となることで、同和関連企業が大もうけしたことも、また事実である。様々な対策は、八〇年代以降からはいわゆる「エセ同和」行為ともあいまって、行きすぎとの批難を受けているほどである。[27] なお、筆者は、部分的な行きすぎの指摘はそのとおりであるが、全体としての同和対策は肯定的に見ている。他に実現可能なよりよい方法を提示しないかぎり非難は無理である。むろん、必要性がなくなった時点で、二〇〇二年よりももう少し早く打ちきれたら良かったとは考えている。

次に、個人能力が欠落して自力で這い上がれない人々の対策について見ておこう。まず、タダメシを食わせるわけにいかないので、何か職が必要である。しかし雇ってくれる者がいない。最後の解決策は、自治体が公務員として職を提供することである。この意味では、どのような職種でもよい。ところが、自治体、というより地域共同体というべきであるが、そこには、生活のために必要だが、人々が一般にやりたがらない仕事というものがいくつか存在する。嫌でも誰かに引き受けてもらうしかないこれらの仕事を、差別されている人々に押し付ければ、一石二鳥というわけである。たとえば、屎尿汲取りや、ゴミ回収がそれである[28]。直接市の職員にすることもあれば、民間会社にして発注することもできる。この方法が、いくつもの市町村で採択されてきたと思う。

興味深いのは、彼らの報酬がかなり高額であることである。労働の質と量からいえば、この報酬は明らかに高額すぎるため、不当だという見方も可能である。しかし、個人主義的発想はやめて、共同体のために誰かがやらなければならない、嫌な仕事を引き受けていると考えれば、この仕事には極めて高い価値がある。共同体的観点からは、全く正当な報酬ともいえる。ただし、かれらの報酬については、特別手当の形等で給料に上乗せされているため、安全神話を信じる一般人に対しては、やはり周到に隠蔽されてきた。

もう一例あげよう。土建業とヤクザは歴史的にも強いつながりがある。また、土建業は、苦役として刑罰として強制されたこともある。「問題児」の行き先の問題との関係は深い。それは、業界の特徴のせいであろう。身寄りがなく家庭を持ちにくいが体力はある者を、うまく活用するには最適である。工事現場を渡り歩き、そこに住み、一般よりも多めの日給をいただき、夜は、酒を呑み、博打を打つライフスタイルがある。女も買うであろう。雇われる側としては、住むところがあり、給料は多く、呑む打つ買うができて、考えようによっては悪くない生活である。雇用主は、仕事がきついため高い給料を仕方なく払うが、実は、博打場と酒場のオーナーを兼ねており、そこで給料を取り戻すことができる。結果的に、安い賃金できつい仕事をしてもらったことになり、経済的に成功できる。一般住民とはケンカしないように指導して遊び場を与えておけば、一般住民(堅気の衆)からすれば、なんら迷惑しないで暮すことができる。排除されていることに目をつぶれば、なんと完璧なシステムではないか。きっちり働いているのだからアメ作戦とは言い過ぎであろうが、公共工事を発注して、この業界を支え続けてきたことは今や有名である。前科者が生きられる場の提供だけでなく、防犯にも役立ち、また、失業対策でもある。小さい政府が自由競争に任せる政策と対極の仕組みがここにある。

さらに補足しておこう。アメ作戦といえば、駄々っ子にアメをしゃぶらせて、その間おとなしくさせると思いがちである。しかし、実は、そう単純ではなかったわけである。たとえば天皇の神格性を維持するために、一般人に天皇の葬送をさせるわけにいかず、特別に選ばれた一般人と交わらない人に執り行ってもらう仕組みがある。一般に人の目に触れてはならない仕事は、社会内にいくつも存在し、その仕事は隔離された所でするしかない。刑務所内の作業にも、そうした側面が見られる。(29) ハレとケの二分法は、日本社会と文化を語る上で、最も重要な軸をなしてきたわけである。日本社会は、資本主義社会であると普通信じられているが、それは、日常世界だけに浸透しているにすぎない。国際比較を意識したマクロな社会理論を構築する場合、このことに強く留意する必要がある。穢れの世界に属する犯罪に対して、西洋理論がそのまま通用するはずもないわけである。

9　特別扱いと安全神話

ハレとケの二分法の起源については検討を控えたいが、安全神話を信じ、日常に浸っている人々の世界と、犯罪に係る人々の世界の二分法が、再生され維持されるメカニズムについては検討しておきたい。

「泥棒にも三分の理」という言葉があるが、犯罪を犯す者にも、それなりの理由があることが多いと考えられる。その理由が法的に認められる場合は、そもそも犯罪とならないわけだが、法的には認められないが、「かわいそうな」個別事情があることがしばしばある。前述したように、同質小共同体では、この個別事情を考慮するのが当然であるとすれば、何らかの裁量により対処されるのが普通であろう。そして、この対処とは、赦す、見逃すといったことしか考えられない。なぜなら、情状酌量により大幅減刑しても、事が表に出れば元の共同体に帰れない。ところが、単純に赦していては、今度は、秩序が保てない。ここに独特の仕掛が必要になる。

大学内秩序でも同じことで、一例あげてみよう。学生に不利益な処分がなされた時、泣きついてくる学生がいたとしよう。彼は、正当事由にはならないけれども何か個別事情をかかえていたとしよう。この場合、処分を撤回できる裁量権限を持つ者の所に学生を向かわせるほかない。権限者は、学生と一対一で面接する。この一対一は非常に大切である。これは、個別事情を話させやすくするためであると同時に、その会談内容は、第三者がいないため闇に葬れる性質のものである。権限者は、まず学生の話を聞く。学生にとっては、そこで、正直に個別事情を話すことが大切であるし、聞く側は、本当のことをいっているかどうかの判断が大切である。事情を聞いた上で、権限者は、一般論として、それは正当事由までいかないことを説示し、学生にも非があることを認めさせ、反省を促す。そして、そういった会話の中で人間関係が構築できたとの手応えがあれば、今回に限りとか言って、特別に赦してあげるわけである。そのさいに重要になってくるのは、その学生が、その権限者に頼めば簡単になんとかなると他の学生にふれまわって、規則がガタガタになることを阻止することである。したがって、その学生に対して、赦してやるが、赦してもらったことを口外しないことを、条件に出すことになる。学生は条件をのむしかなく、話し合い成立となる。これがおおかたのパターンであろう。本当に興味深いのは、その後である。その権限者が、学生達に何らかの協力をしてほしい事案ができたとしよう。そのとき、彼は、既に人間関係が構築されている先ほどの学生を思い出すであろう。そして、彼に協力を依頼することになる。問題児がいつのまにか統制側の協力者と化してしまう構図がここにある。ここに、問題を起こした者達と統制側のグループと、何事が起きているのかいっさいを知らない真面目な学生のグループとに、二分される事態が発生する。秘密を守り続けなければならない以上、統制側を含んだ事件関係者と、事実を知らされず何事もなかった(安全神話)と信じる者との境界が維持されることになる。

実際、右翼や暴力団と政治家の間は、兼ねている者もいるほどで、極めて緊密な関係があることは、少し調べればわかることである[30]。犯罪者として捉えた者を非人に貶め、そのうち「使える者」は治安維持する側の要員として使ってきたことなども、典型的にこのパターンである。むろん、個々の経緯まで確かめられないが、江戸時代に警察機能を末端で負っていた、与力などの下級武士の手下、木戸番など、ほとんどが非人であった[31]。

結論として、ハレとケの二分法の維持も、赦すパターンの存在も、統制側と犯罪者側の不思議な繋がりも、いずれも一対一の人間関係を作って個別事情を斟酌しようというところから発生していることが見て取れる。また、この特別事情斟酌は、小集団特有の長期的関係のなかでこそ、貸し借りとして重要な意味を持つことも確認できる。こういった貸し借りは、恩とか義理とかいう表現で語られることもあるのであろう。

10　祭りの秩序とアウトローの機能

二分法を強調してきたが、二つの世界が無関係で全く切れているはずはない。共同体の全構成員が参加して何かすることは、共同体の統合のために重要である。日本において、それは何よりも祭りであったと思われる。祭りの参加形態を分析すると、オーガナイズする側に皆が入るのが本来の形であると思われるが、実際は、いくつかに分化している。簡単に分類すれば、行事の中心部分を司る者、屋台を出す者、見るだけの参加者に分かれている。安全神話の信者は、さしずめ見るだけの人々で、ハレの世界の者が、残りの二つを行う。日本の祭りの一般的な特徴は、その間、誰でもが家に出入り自由に近くなり、無防備になるにもかかわらず泥棒が横行せず、大勢の人が集まるにもかかわらずスリも少ない。泥棒になるかもしれない者を、前もって屋台で働くようにアレンジしておき、本当に全員が祭りに参加しておれば、泥棒はなくなるし、乱暴者は、祭りであるため乱暴は儀式的に許されていることを使って、祭りの行事に取り込めばよい。実際、統計上、祭りの間、犯罪数は激減する。計算してみれば、綿菓子売りなど、原価の何十倍の価格で売っており、いわゆるテラ銭(一日五万円程度の機械レンタル料)を差し引いても、一日で軽く何十万円も儲かる。皆に交じって祭りを楽しむ側にはまわれないが、これだけ稼げれば満足であろう。

むろん、以上の記述は一種の理念型である。現実には、物がなくなっても、祭りだから仕方ないということで被害届を出さないし、警察は祭りに動員されて交番にいないしという部分もあるであろう。しかし、的屋が屋台をしきり、多くの祭りでヤクザが活躍していることは間違いのない事実である。興味深いのは、彼等が、秩序を維持する側にまわっていることである。

既に、他論文で指摘したことであるが、日本の秩序維持にヤクザの占める役割は大きい。権利意識が低いという言い方をされることが多いが、一般人は、おとなしくて悪徳商法等の被害にあったとしてもクレームをつけたりしないことが多い。それにもかかわらず、日本の店の消費者への対応は正直そのものである。それは、「御宅は、あくどいことをして儲けとるそうやな」と少しのことでもヤクザに食いつかれることを怖れてのことである。一般人が権利主張しなくとも権利が守られているのは、ヤクザのおかげなのである。(32) また、公共の場での道徳などでも、他人に迷惑がかかることはやめておくというよりも、もし「怖い兄さん」に迷惑をかけたらどうなるということで守られてきた部分がある。公衆浴場に、イレズミの人がひとりでも来ていればどうであろうか。他の入浴者は、お湯や石鹸水をはね飛ばしたり、風呂桶を片付けずに転がしたりすることは考えられない。ハネがヤクザにかかったり、ヤクザが桶につまずいたらどうなるのか考えてのことであろう。日本におけるしつけについて考察しても、家庭でも、学校でも、それが行われてきた伝統はない。むしろ、若者集団における厳しい先輩が、その機能を果たしてきたと考えられる。(33) 二つの世界は、実に見事に呼応しあってきたのである。

11　安全神話の崩壊

安全神話の構造について示してきた。最後に、安全神話の崩壊とは、何であるかを示しておきたい。そのために、安全神話の構造についてまとめておこう。まず、犯罪は別世界の出来事と感じる、安全神話を信じる人々と、犯罪に係る人々の間に境界があり、厳密に分け隔てられている。そして、犯罪を一度犯した者は、できるだけ赦して元の安心感に満ちた世界に帰すが、それができない者は、一般人が日常出会うことがない所に隔離して「社会復帰」してもらう。以上のようになる。

第I部で示したように客観的な犯罪増加はたいしたことがなく、命を落とすという観点からの安全性はむしろ向上しているとすれば、いわゆる「体感治安」の悪化は、心理的作用やマスコミの影響であるとの仮説がありえる。しかし、私の仮説として、安全神話の崩壊とは、この境界の崩壊にほかならないと考えている。以下、その説を展開してみたい。

職業差別のことを述べてきたが、境界の基本は、地理的境界と、時間的境界である。まず、地理的境界について。かつては、繁華街と住宅街の区別は明確であり、小さい女の子が渋谷などに行くと「人さらいに連れて行かれる」と言われたものである。愚連隊などは、毎日のように暴力を振るっていた。この非日常世界での暴力は、警察は、程度によるとしても、関与せず、犯罪統計にカウントされてこなかったと思われる。最近になって、女子高生どころか小学生まで繁華街を歩けるということは、繁華街については、大幅に治安が良くなったことを示している。他方で、第I部で示したように、郊外住宅街における犯罪は、増加傾向にある。かつて、ワル達は、皆、繁華街にくりだしたが、今、都心から遠くはなれて住む、それほど裕福でない家庭の若者達は、新宿、渋谷、池袋など、遠くてでかけられない。郊外にできつつある小規模の繁華街や、それがなければ、駅周辺あるいは、夜中に唯一開いているコンビニにたむろしている。

　夜と昼の境界も、ますます消滅しつつある。かつて、「中世の夜には昼とは違うルールが存在していた[34]」といわれる。現在でも、お酒を昼間から飲むことと夜飲むことの違いをみてわかるように、夜と昼は、掟が違う程、重要な境界であった。ところが、今は、二四時間営業のコンビニはもちろん、ごく普通のスーパーマーケットですら夜九時まで開いているのは珍しくない。街灯も充実し、テレビ・ラジオは深夜まで番組が途切れない。静まり返った闇夜は、もはやないに等しい。それも都会というより、郊外住宅街においてそうである。第Ⅰ部で示したように、一般の主婦が、夜遅くにひったくりに出会う件数が増加しているが、これは治安の悪化を言うまえに、そもそも、一般の主婦が夜遅くに外出するようになったことが第一の原因であろう。住宅街で昼間からひったくりにあう機会が増加したというが、真昼間の古い商店街を私は歩いてみたが、人通りがまばらで、廃業してシャッターが下りている店がたくさんある。これではまるで、かつての夜の商店街ではないか。この他にも、たくさんの例があげられるであろう。

　ここで注目したいのは、単に夜昼混合というよりも、照明や開店時間に象徴されるように、どちらかといえば、夜をなくして、全て昼にしようという方向性があることである。しかし、その結果、夜がなくなるわけではない。たとえば、テレビ番組の場合、子供が深夜まで起きている結果、かつてなら夜の番組であるべき内容のものが昼に流されるようなこともおきている。実は、怖い夜があってこそ、昼には安心できたのではないか。境界をなくし、いつも明るい昼の世界を中途半端に実現したからこそ、二四時間安心できない状況に陥ってしまったのではないか。これは、客観的には安全になり、社会は良い方に進んでいるにもかかわらず、誰もが満足しないし安心できないという時代状況を見事に映し出している。

まとめると、かつては、夜には出歩かないし、繁華街にも行かない、おとなしい生活をおくることによって、安全で安心できる生活がありえた。裏社会では、当然、暴力が横行していたが、これは警察がかなりの部分見逃してきた。堅気に手を出さないという規範が有名であるように、境界が生きていた社会においてこそ、安全神話が成り立ちえた。ところが、もちろん良いことであるが、差別が大幅に解消し、地域や時間帯を使った境界も緩むことによって、総数としては増加しなくとも、至る所、いつでも、薄く広く危険がある、安心できない状況が生まれた。これが安全神話の崩壊であると考える。客観的に全国の状況を捉えると治安の悪化はないにもかかわらず、安全神話は崩壊したというパラドックスは、このように理解されるべきであろう。また、差別解消など、社会は良い方向に向かっているにもかかわらず、身近な世界だけみれば、まさに治安は悪化したというパラドックスも指摘できる。

12　オオカミとウサギの共同体

序論で述べたように、犯罪は別世界の出来事というウサギ達と、犯罪のプロであるオオカミ達が、境界によって分けられて、出会うことなく共存するという形の共同体が、日本社会であるということになる。欧米から見て、日本人には、ハラキリや特攻隊など暴力的イメージと、いつもにこやかで無防備なソフトなイメージとがあるが、これは、オオカミの側面とウサギの側面の二面あるということにほかならない。

ただし、ここで留意すべきは、このことは、二種類の日本人がいるということは意味しないことである。軍国主義時代には、一般人が特攻隊も含めた日本軍の構成メンバーであった。岩井弘融は、ヤクザや右翼集団などの病理集団の研究を、親分乾分集団というキーワードでくくったうえで、それらの集団特性が、日本社会の普通の集団原理とほとんど等しいことを強調している。[35] ヤクザ映画を一般人が見て感動できる素地があるというわけである。ヤクザを内側から観察した文化人類学者のラズも、「日本のヤクザの逸脱的行為や集団の掟は、すべて日本のシステムの内部にある」と述べている。[36] 境界はあっても、見事に、ひとつの社会なのである。穢れに対するルールを皆が守ってきたと言い直してもよいであろう。

また、欧米社会に対して、日本の裏返しであると勘違いしないことも重要である。欧米は個人主義で、警戒心を持った確立された個人が集まって共同体を構成していると見るのは、無理である。そもそも、日本の戦後、いわゆる逆コースに転換したさいに、児玉誉士夫や右翼を使ったのはGHQすなわちアメリカである。アメリカにおける政界とマフィアの深い関係、強力な組織であるCIAの存在、いずれをとっても、日本だけが病理的ということはできない。情報機関はどのヨーロッパ諸国にも存在する。フランスにおいても、ド・ゴールは秘密警察組織を保持していると、多くの市民が信じていたときく。特別な集団を作って仕事をさせ、一般市民に良い夢を見させておきたいのは、どの国においても同じであると思われる。ただ、違いは、欧米においては、そのような活動は、本当に秘密裏に行われる必要があり、表にでればおしまいである。それに対して、日本においては、穢れは、悪そのものではなく、完全に隠す必要はない。暴力団が堂々と事務所を開設し、見ればヤクザとわかる風体でのしあるいて、右翼は宣伝カーで目立っている。さらに一般住民の違いは、憲法その他の規定にもかかわらず、日本では、市民としての義務意識を持っていないのが当然になってしまっていることである。これらの部分が敢えて言えば対照的である。

第四章　個別主義と人権

前章では、日本の安全神話の構造ということで、社会レベルの議論を中心としてきた。議論の中で、ひとつの非欧米モデルの積極的提示という目的ゆえに、批判的な視点を割愛してきた。その部分を以下で取り扱いたい。批判的な視点は、ほとんどは、日本の伝統的な刑事司法の運用は憲法や法的規定どおりになっていない、ということであると一般的に考えられてきたと思う。いわゆる進歩的知識人による批判というわけである。これをもう一歩ほりさげる必要がある。そのために、以下では、刑事司法制度の実践を中心に検討する。そのなかで、伝統的方法の真髄がどこにあるかも明らかにされるであろう。

1　日本の刑事司法への批判

諸外国と比較すれば、日本の警察、検察は、捜査能力は高く、賄賂も受け取らない。矯正と保護も、刑務所脱走者はしばしばゼロで、犯罪者の更生には極めて成功している。それにもかかわらず、誉めるのはせいぜい外国人であり、批判ばかりがなされる奇妙な状況が続いてきた。それは、前述のとおり、いわゆる市民派からみれば、憲法と法的規定に運用が一致していないということがあったと思われる。しかし、もう一点大きな原因がある。それは、現実に刑事司法制度内において、ひどい人権侵害が存在したことである。横浜事件等、日本の捜査当局が拷問を行っていたのは、そう遠い昔のことではない。裁判を経た冤罪事件というものも現実にあった。さらに、神奈川県警不祥事以来の警察不祥事事件をみても、問題事件を、全て隠蔽していわゆる「組織防衛」をはかる体質から、現在に至るまで抜けきれていないとみえる。刑事裁判記録は検察がなかなか見せようとしないし[1]、刑務所内の情報は、最近まで、被害者にさえ何も答えないのが原則であった。冤罪事件の直接原因である、留置場での取調べをやめる(代用監獄問題)、起訴前の弁護士による接見交通を充実させるなどの運動があったが、大きな進展はなかった[2]。確かに、人権擁護の観点からの批判を浴びても不思議はない。

しかしながら、日本の刑事司法の実践において、人権侵害の事実があることは認めても、欧米に追い着き追い越せという文脈で語ることは誤りであると考える。

2　欧米の実態のひどさ

欧米は人権擁護の先進国というイメージがあるが、実態として、欧米のほうが被疑者や被告人の人権が守られている事実はない。既に指摘したように、フランスでは、死刑廃止したが正当防衛による「殺し」が増えている[3]。さらに、一般市民までが、警察官による誤認で射殺されて問題化しているほど現場はひどい。アメリカの警察官が「危険」であることも良く知られている。また、フランスでもベルギーでも、取調べ中に殴る蹴るの暴行が珍しくなく、自白偏重である点において日本に勝るとも劣らない。新聞記事を調べると、この自白偏重をなんとかしなければならないという論調の記事が山のように見つかる。まるで日本と同じではないか。法解釈の書籍を読めば、逮捕時に原則は手錠をかけないとし、逃走のおそれや乱暴を働く危険があるときに、例外的に手錠をかけることができると書いてある。しかして実態は、フランスの警察官は、犯人を捕まえて手錠をかけることが自分達の仕事であると心得ている。法が規定していることと実践がずれていることについて、日本と同様である。

日本の研究者は、海外の専門書を一生懸命解読することには成果をあげ、それを日本の制度づくりに生かして来たが、実態の研究はほとんど紹介されていると思えない。紹介どころか、フランスやドイツで現地の人々は良く知っている冤罪事件等も、日本の研究者は知らないことさえ多いと感じる。フランスの一部有名事件については、私自身が紹介したが[4]、今後、日本が輸入学問に閉じこもらないつもりなら、そうしたことはますます必要になってくると考えている。

なぜ、欧米の実態がひどいのかについては、本書の目的からはずれるので深く検討することは控えたい。きわめて簡潔に記せば次のようになるであろう。そもそも、大量に殺しあった結果、人権擁護の重要性がどこよりも認識されたが、その仕組みが機能するところまでいっていない。多様性を含んだ社会で内戦を防ぐために、短期的な視野で同じ事件は同じように裁くということでは、犯罪者の社会復帰などおぼつかない。人々が共存するためには、人を赦すことが肝要であるが、悪いことをした者をきっちり罰するとか、きっちり防御しようと考えるほど、赦しから遠ざかるジレンマに陥る。そして、根本的な社会の体質を変えずに、短期で出所させれば、再犯の機会が増えるだけとなる。こういったところであろう。

3 犯罪者に人権はない

欧米の実情批判をいくらしても、追い着き追い越せの議論は否定できても、日本の状況の正当化はできない。日本の人権侵害の問題に戻ろう。人権侵害を言う前に、安全神話の構造のところで示したように、制度運用は、法の規定と大きくずれている。謝らせて赦すわけであるから、極端に言えば弁護人は不用どころか邪魔でさえある。むろん、弁護士が元検事で、謝らせて赦すパターンに荷担するなら別である。隠蔽体質は、安全神話を維持しようと思えば当然というより、犯罪は別世界の出来事と考える者と、犯罪に係る人々のコミュニケーションがないということそのものである。後者が前者に説明することは、原則としてないのである。

しかし、独特の体質について細かく検討するよりも、よりストレートに、日本では伝統的に、犯罪者は人間扱いされてこなかったということを言うべきである。身柄拘束されて拘置所に送られると、まずは身体検査で、素っ裸にされて肛門にガラス棒を突っ込まれる。(5) もちろん性器も調べられる。また、トイレが個室になっていないため、人前で用を足すことができるようになることが、これらの施設での生活への適応であるといわれている。人間扱いされない屈辱感を与えて、ヒトデナシから真人間にかえれと責めるのが、ひとつの基本パターンとなっていると、私は解釈する。

この他にも、犯罪者を人間扱いしない伝統があることを示す事実は幾つもある。たとえば、中世以来、犯罪者の身体の一部を切除して異形の者とし、非人に貶める仕組みがあった。そもそも、非人やヒトデナシという言葉自体が、人はどんな状態になっても人間としての尊厳を奪われないという西洋人権思想を明確に裏切っている。現代においても、オウム信者を排斥する住民運動において、「悪魔のお前たちに人権はない」というシュプレヒコールがなされたことも、日本の人権感覚を見事に表している。(6)

よく考えてみれば、人権思想を生み出した歴史を共有していないにもかかわらず、西洋式の人権の考え方が日本にもあるというのは、土台無理な話であろう。刑事司法においては、日本には欧米と同様の人権感覚はありませんとは、諸外国の手前言えなかったということであろう。もしそれを言うなら、人権思想は共有しないが、日本にはそれに代替しうる独自のものがあると、欧米諸国に説明するしかない。それができなかったから、人権問題に対するスッキリした対応がなかったのであろう。そして、本当の仕組みを説明できなかった理由は、安全神話の構造で述べたように、犯罪統制側の方法を一般住民に説明しないことを原則にしてきたから、さらに言えば、説明してしまえばその方法はもう使えないからに他ならない。

4　手加減する文化

日本の「人権擁護」について説明を試みてみよう。ただし、欧米の人権概念によると、まず自由権がきて生命権となるが、ここでは、治安問題を考察してきた関係で生命権に話を限定したい。そのうえで、国家当局の人権侵害を防ぐ仕組みが、いったい日本にあるのか問いたい。実は、率直に言って、歴史的にみて、日本においてそのような発想からくる仕組みはないと考える。国家の暴力ということではなく、全く別の枠組みから考察する必要があると考える。

一つのヒントは、国家に限定せずに、ヤクザ同士の抗争であれ、国内での他の争い事であれ、殺しは極めて少ないことである。国家が係るかどうかに関係なく、殺生は強く控えられている。それを支える何かがあるはずである。このように問い直したい。殺生と聞けば、仏教を思い出す。日常生活において思いを馳せることは少ないといえども、宗教の影響はあるのかと考えさせられる。ところが、それをいうなら、キリスト教も厳しく殺しを禁じているわけで、日本では殺してはいけないという規範が強く内面化されているなどと説明しようものなら、欧米人から強く反発されるであろう。彼らは、自分達こそ、そうであると言って引かないと思われる。どこが異なるのであろうか。

それは、殺しへの反発が、報復となってエスカレートするのか、互いに控えましょうとなるかの違いであると思われる。欧米では、同朋が殺されたことに対する悲しみと怒りは、二度とそのようなことをさせないということで、防衛力強化から相手への攻撃へと至ることがしばしばである。このような文脈でも、殺人に対する強い禁止があると言えるわけである。日本の違いは、このエスカレートの方向に進まずに、むしろ反対に、「馴れ合い」の方向に行くことである。

では、日本はなぜ、エスカレートしないで「馴れ合い」のようなことになるのか。ここでも、同質小共同体における長期的視点の重視が理由であると思われる。馴れ合いのほうが、長期的には損害が少ないというわけである。ただし、敵対者を殲滅してしまえば、長期的にも最も有効的であるという理屈がある。欧米には、この発想があると思われる。日本の場合に、この殲滅作戦がなぜとられないかには、別の説明が必要である。殺人犯をなぜ殺してしまわないのか。それは、殺人犯といえども、同一共同体内に親兄弟や友人がおり、殺してしまうことは、その者達との関係上できないということであろう。このことを、別の形で表現すれば、誰か第三者が命乞いしてくれた者は、殺されないで赦されるということである。身元引受人と赦しがここでも登場する。

この説明を念頭に置けば、長期的視点からひどい仕打ちを控え合うという言葉から受け取られる理性的判断の雰囲気は、日本の実態の表現として高尚に過ぎることがわかる。誰かをひどい目にあわせたら、その親族なり友人なりから仕返しされるから手加減しておくという次元の歯止めが「本能的」に働くという側面があるにちがいない。さらに、相手方も自分と同じ感覚を共有しているとすれば、手加減しておけば、赦してもらえるという甘い期待を持つことができる。しかも、この甘い期待は完全にではないが、ある程度は実現することも多い。しっかりした意識をもって相互に控えるというよりも、長期にわたる無意識的な「馴れ合い」という表現のほうが実態に即していると思われる。

これらの議論には、ひとつ大切な前提があることを指摘しておきたい。日本の場合、誰が何をしたかが皆に知られるということが前提になっている。暴力行為の下手人が誰であるのか発覚しないなら、上記の仕組みは成り立たない。プライバシーが守られにくいという特性は、日本の治安維持について、この他にも大きな役割を演じていることは、後に言及したい。

最後に、欧米では、なぜエスカレートするのかを論じることによって、日本にそれが少ない理由を明らかにしたい。鍵は、正当防衛の考え方にある。欧米の正当防衛の考え方ほど、厳密に短期的な視野を持つものはない。正当防衛は、まさにその瞬間に身に迫った明確な危険がある場合にのみ認められる。(7) これは、一見、正当防衛の濫用を防ぐ立派な法理にみえる。しかし、たとえば、常に夫の暴力にさらされている女性が、ひどい暴力を振るった後に眠ってしまった夫を、もう耐えられないということでついに殺してしまった場合、これは正当防衛が成立しない。夫の暴力が毎日行われていても、まさに夫が殴りかかってきたときにこれを倒さねば、正当防衛は成立しない[8]。これは、非力な者には不可能である。この正当防衛の法理に対応するためには、何よりも力が必要である。夫の暴力に対しても、妻は拳銃で武装せよというのが、現在の正当防衛の仕組みの要請である。西部劇で、銃を抜こうとした「悪漢」を、「ヒーロー」が後から素早く抜いて撃ち殺すことに拍手喝采する文化は、双方が武装しないことによって死者を出さない解決を考えていない。さらに言うと、この正当防衛の仕組みは悪用あるいは濫用されるおそれがある。腕の立つほうが挑発して、先に手を出させてから、相手を葬り去るということがおきてしまう。どのような考察によっても、原爆投下は正当化できないと考えるが、日本が真珠湾を先に攻撃したではないかという言いぐさがまかり通る土壌がここにある。人類史上に残る大虐殺が、正当な行為として実行されてしまって、その反省さえない。欧米の法システムは、緻密に作られているようで実は大きな欠点をもっているわけである。

なお、欧米の批判によって、日本の行為の正当化はできないことは再確認しておきたい。同一共同体での未来の共存のための手加減という仕組みは、海外での行動の歯止めとならない欠点を持つ。そもそも、外国に対しては、日本も重武装している。

日本国内での正当防衛と武装についてまとめておこう。日本では、伝統的に、正当防衛が認められることが少ないことは証明の必要もないであろう[9]。個々の事例として検討すれば、禁欲的に過ぎると感じるほどであるが、長期的には、このほうが人命尊重となることは間違いない。日常の規範意識としては、むしろ、正当防衛は認められないと認識されていると思う。関連は意識されていないが、正当防衛が認められない場合は無意味となってしまう武装は、堅く禁じられてきた。刀狩が有名だが、これは住民側だけの非武装化であり、文脈はちがう。むしろ、日本の刑務官は、拳銃を支給されているが、常に丸腰で囚人と相対してきたこと等に注目すべきである。力で強制するのではない象徴という意義もあるが、刑務官が受刑者に本当にひどいことをしない歯止めとなっていると考えられる⑩。刑務所内での暴力事件は当然あるが死者は少ない。日本において、素手の格闘技は発達したが、柔道の技で投げ飛ばしても、死亡どころか大怪我さえ稀であろう。

5　ハンセン病と人道的活動

人権侵害を防ぐ仕組みについて検討した。続いて、人道的活動という視点から、日本における人権について考察してみたい。素材として、ハンセン病者を再び取り上げたい。犯罪者同様に異形の者として非人扱いされたということ以外、犯罪と直接関係はないが、日本の人権について考察する場合、次にあげるような理由で最適の例であると考える。

欧米の人権擁護について、最も大切な特徴は、普遍性の要求であると考える。時間軸を貫いて生きるわけにはいかないため、空間的地理的な普遍性が、なかでも重要である。様々な種類の様々な程度の人権侵害が世界中に存在するとして、真っ先に駆けつけなければならないのは、最もひどい人権侵害に対してである。事実、欧米の人権活動家は、身近な問題というより、世界で最も不幸な人々を対象にしようという傾向がある。後で述べるように、遠くの人々には関心を示さない日本人の傾向とは対照的である。そして、キリスト自身の活動の出発点は、ハンセン病者であった。史実であったかどうかについて議論の余地があることは承知している。しかし、キリスト教の人道活動においてハンセン病の占める重要性は明確である。欧米の人道活動を語る場合、ハンセン病こそ、最大のテーマとまでいかずとも、その原点であったといえるであろう。[11]

日本の場合は、ハンセン病治療方法が確立され、伝染のおそれも少ないことが明らかになって何年も経つにもかかわらず、ハンセン病者は、既に治癒している者まで含めて隔離されたままであった。その人権回復の動きは、二〇〇一年五月の熊本地裁判決において、「らい予防法」の隔離政策が違憲とされ、国家の不作為が認められて損害賠償が命じられ、国家の控訴断念をもってようやく実現するはこびとなった。まず、指摘しておきたいのは、日本にも自称人権運動家は多数いたにもかかわらず、一生療養所に閉じ込めておくようなひどい人権侵害を見過ごしてきたことである。ただし、私は、ここで個人批判をするつもりは全くない。「一般国民に患者の存在を忘れさせてしまう政策」[12]がとられ、マスコミはそれに責任があると言われる。しかし、それ以上に注目すべきことは、真面目な人権活動家が日本にいたにもかかわらず、それぞれの分野で、自分の関係する分野に限定された活動を行うことになっており、なぜこんなにもハンセン病者の問題が捨て置かれたのか、後で驚くようなことになってしまったことである。たとえば、刑事司法関係者は、そこにおける人権侵害のみについて活動してしまい、世界といわずとも、せめて日本国内で最も困っている人々から救済するという基本的な発想すら保持しえなかった。欧米流人権思想の一番の基本である普遍性の要請、「なに人も」の発想がなく、特定の人々から出発している。「らい予防法」の問題は、厳密な欧米式人権思想が、日本では人権運動家の中にさえ根付いていないことの動かぬ証拠であるといえよう。

それでは、日本人はハンセン病者達に、なにもしてやれなかったのであろうか。医者であった光田健輔（一八七六―一九六四年）は、ハンセン病医療活動によって文化勲章を授与されている。特効薬がなかった時代、家や故郷で暮せないハンセン病者が、浮浪者となったり、病人用の養育院に収容されていた。これを見かねた光田は、国を動かし、療養所を建設した。彼の方針は、ひとりのハンセン病者も故郷に残さず療養所に入れることであった。「無癩県運動」を展開し、断種術と人口妊娠中絶により、ハンセン病者を日本から撲滅することを考えた。確かに、国家の利益という考え方や、家族を救うために強制隔離するというパターナリズムなど、批判されるべき点は多い。しかし、捨て置かれていたハンセン病者に注目し、住むところを提供し、少なくとも療養所内では世間からの直接の差別にもあわずに、物理的には比較的快適に暮せる環境を提供したことも事実である。徳永進が、ある種のヒューマニズムを感じると述べているように、現代の目で見れば批判するところが多いとはいえ、時代の制約を考慮すれば、単純な悪者扱いは不当であろう[13]。

判断の境目は、世間の差別を強固で動かせない前提とするかどうかであると考える。光田は、この前提のもとに、本人と家族を救うには隔離しかないということになったのではないかと考える。国家にとっての利益云々は、時代が時代だけに、本気であったのか予算獲得のための方便であったのかはわからないと思う。療養所の精神科医として有名な神谷美恵子（一九一四―一九七九）も、療養所から出られないことを前提にし、そのような状況においてなお生き甲斐の追求ができるという方向で活動した。見ようによっては感動的ですらある、これらの人々を、療養所政策加担者として非難するのはあたらない。むしろ、そこで動かしがたいとされた、冷たい世間のほうこそ問題にするべきであろう。

現在は、療養所の人々が故郷に帰ることを国家は禁止しない。それにもかかわらず、多くの人々が療養所を出ることができない。光田等の前提は正しかったと言われたら反論不能ではないか。この国民の無関心こそ、本当に人権無視の問題ではないか。

ハンセン病者は故郷では死んだことになっていたり、存在しないことになっているというような、共同体からの排除構造は、穢れを避けて、何も問題がないかのように安心しようという構造そのものである。いわゆる進歩的知識人からみれば、無関心を通した国民は、市民としての意識が足りないことが問題であり、それを前提とした国家の政策は人権侵害であるということになる。穢れを隠して、偽の安心ができる社会を維持するパターン、つまり隔離をやめないかぎり、何らの進歩もないという指摘はやはり正しいであろう。この点については、多くの人々の指摘に賛成する。確かに、ハンセン病者の隔離はひどい人権侵害であったし、光田等の活動は、その根本解決を目指してはいなかった。

しかし、追い着け追い越せ図式を持ってきて、遅れている日本の進歩を唱導することは、事実認識において、重大な見落としがあると考える。今回は、欧米の批判ではなく、日本側に別に仕組みがあったことを示したい。

6 現場の鬼

一九〇七年法律「癩予防ニ関スル件」が成立、隔離施設が完成された一九〇九年から隔離が開始され、一九三一年法改正により「癩予防法」が成立、全ハンセン病者の隔離＝絶対隔離が始められた。一九三六年から「無癩県運動」がはじめられ、戦後も、厚生省によって隔離強化がなされた。一九五三年「らい予防法」ができたが、監禁規定をはずしただけのものであった。この状態は、一九八〇年代から、ようやく人権回復運動が動き出し、一九九六年の法廃止となった。[14]ひどい弾圧史といえば、全くそのとおりであるが、この間、ハンセン病者は、全員ひどい目にあってきたとだけ考えるのは、事実ではない。

法律ができて全員の隔離が義務づけられたからといって、それが実現されたことにはならない。小笠原登(一八八八―一九七〇)は、療養所派の光田健輔に対して、隔離不要を説いた。そして、京大の皮膚科外来で一五〇〇人ものハンセン病者を診ていたという。病名欄を空欄にして、警察や保健所が隔離に乗り出すことを防止していたという。彼等に大学派という名がついていたということは、小笠原ひとりの行動ではないであろう。[15]実際、ある医者が、ハンセン病でないと診断して治療を続けた場合、これを覆す方法はないであろう。また、犀川一夫は、沖縄で在宅・外来医療を行っていた。[16]

このように、ある程度の権限を持った現場に身を置く個人が、国家の決定をものともせずに、独自の判断で動くことがありえた。これらの人々の活動は、例外として黙認されるという形式でしかありえなかったため、公式の名称はあるはずもない。私は、便宜的に、ここでは彼等を「現場の鬼」と呼んでおきたい。日本国民全員を率いるリーダーの不在ということは、よく指摘されているとおりであると考えるが、身近な小集団を率いるリーダーについては人材が豊富にいるというのが私の印象である。NHKで放送された「プロジェクトX」のように、国家規模ではなく、ずっと小さい規模のことを行う人材にはことかかないように思う。日本社会は、同質小集団の集積体であると述べてきた。これは別の見方をすれば国家統合ができていないということであろう。業界団体などの力は、国家に対して実に強い。日本社会には、ドンなどと呼ばれる、小集団の強いリーダーが存在することの原因については、本書の目的からして深入りしない。ただ、おそらくは、国家による日本統合が力による完全な屈服の形を取らなかったからであると思われる。いずれにせよ、この「現場の鬼」について、ハンセン病だけでなく、刑事司法関係者を素材に詳しく見ておきたい。

典型的な現場の鬼は、自分が現場を仕切っており、最終判断は自分がするという認識を持っている。上司と正面からぶつかりたくはないが、言われたとおりにする気持はない。そして、当然、仕事にプライドをもっていて自分に厳しい。このように、ひとつのパーソナリティーとして捉えるとわかりやすい。当然ながら、このパーソナリティーは、組織の一員として、あるいは刑事司法システム内での役割といった観点から作られている法や規則と、衝突してしまう。この部分に注目したい。欧米法治国家に対するモデルとして、偉大な徳を備えた者による人治が対峙されることがよく行われてきたが、国家レベルではなく、ミクロな現場において、自在に判断行動する「現場の鬼」こそ、それに対峙すべき日本のモデルであると考える。例をあげて論じたい。

覚醒剤所持で、ある青年が父親によって告訴され、自白もあるのに無罪となった事件をみてみよう。父親は、公判で、覚醒剤の発見場所の説明がコロコロ変わり、検察は覚醒剤が青年の所有するものとの証明ができなかった。実は、父親は、覚醒剤を使用して荒れる青年について警察に相談していたが、覚醒剤の現物がでないと動けないといわれていた。どうやら、父親が微量の使い残しを集めて、息子の所持物として告訴したらしいという。無罪判決を下すしかないが、青年にとっても家族にとっても、それは何らの解決でもない。「無罪判決を受けて悄然とした表情の被告人を見たのは、後にも先にもこのときだけである」と判事は記している。[17] 親に告訴されて自白までしたにもかかわらず、無罪と言われた青年は、家に帰ってどうすればいいのであろうか。これはやはり失敗である。

刑事司法における正義とは、被告人の有罪無罪を正しく判断し、有罪の場合に妥当な刑罰を科すことである。しかし、その過程において適正手続が取られることもまた、正義の要請である。裁判官が無罪判決を出したことは何ら非難されるべきことではない。事件全体の解決を考えるなら、むしろ、警察、検察段階で何らかの処置が必要なのであって、判決ではどうしようもない。日本の刑事司法は、公判での有罪率九九・九％であり、実際は取調室で決着していると紹介した。確かに、事件の本当の解決を望むなら、取調べの現場こそが焦点となる。

日本の取調べの大きな特徴は、一対一であることである。一対一は、本当のこと、深い問題について話させるために有効である。突っ込んだ解決を目指すために採用されていると解釈できるであろう。調書は詳しく取るが、本当の会話が録音のように記録されているわけではない。むしろ調書は、二人の合意のうえでの作文と考えたほうがよい。真摯な反省を示している様子が報告されている場合でも、当初から反省していたとは考えにくい。あくまで後からの作文であり、検察やその監督者に対する説明のためのものである。二人にとっては外部への説明であり、検察・警察側としては内部の説明資料となる。現在では、警察調書は、法廷に全面開示されず、裁判記録の閲覧を請求しても、許可は簡単にはおりない。理由は、プライバシーの尊重となっている。[18] 踏み込んだ話をして、それが調書に記されているということであろう。

このように、一対一を使って、個別事例に即した解決をはかるとは何を意味するであろうか。先ほどの例に戻って考えてみよう。父親がしっかりして青年の指導ができ今後覚醒剤の使用はしそうもなければ、事件化の必要はない。家族がダメなら、それ以外の「後見人」をみつけることもあり得る解決であろう。どのようなアプローチにも青年が心を閉ざしたなら、父親と十分連携のうえ、逮捕もあるであろう。逮捕後も、青年がなぜ覚醒剤をやめられないのか根本問題解決がはかられるであろう。逮捕をきっかけに改善の見こみがなければ起訴して、執行猶予なら保護司をつけて、実刑なら刑務所で指導することになろう。いずれの場合においても、一対一の深い人間関係が必要であり、指導が成功するかどうかは、それが築けるかどうかにほとんど依存する。一対一で話すことしかないのであるが、まさにそのためのきっかけとして事件化が必要である。そして、信頼関係の完成は、おそらく大抵の場合、その事件について、事情はわかったとして、担当者が自分の権限で赦してしまうことで成し遂げられる。ある構成要件を満たす行為について、確実に罰することが、法の規定であるとすれば、これは非常に矛盾する解決である。ただし、検察官の起訴猶予処分や、警察官の微罪処分等、裁量権が法的に与えられている場合は、単純には、法に従っていることになるとの反論があろう。実際の現場では、この裁量権を超えて赦していることもあるかもしれないと、私はみている。それでこそ鬼と呼べるであろう。しかし、法規と正面衝突はできないため、工夫がされている。たとえば、保護司が、保護観察中の者の違反行為を、叱りつけるだけで保護監察官に報告しないで目をつぶることなど、いくらでもあると思われる。これは発覚しないため、表面上は法に抵触しない。そのためにこそ一対一なのであろう。

法との関係で、まとめてみると、制度実践の現場には、三通りの運用がありえる。第一は、犯罪者を全て単純な意味で公平に扱い、同じ行為を働いたものは確実に罰するというものである。第二は、法的に与えられた裁量権の範囲内で、裁量権者が良かれと判断したように裁く。第三は、法的な裁量権は存在しないが、見逃す形で、法との抵触を表面化させずに、実質的には裁量権を行使する。日本の実態は、第一の運用は、事件が公になったさいのタテマエであり、裁量権が最大限生かされている。第三の運用である見逃しが、どの程度あるのかは、これは検証が困難である。いずれにせよ、法治国家の形式を取りながら、伝統的な、個別事案に突っ込んだ解決をするために、裁量権を大幅に認めることが行われてきたと思われる。

人道的という観点に戻れば、介入がうまくいけば、当事者の個別事情を考慮して、根本的までいかずとも、包括的な解決がはかれて、大いに当事者のためになるということである。最低限の人格を認めてといった文脈とはまるで異なるものである。むろん、介入が失敗することもある。人間関係構築に失敗すれば、第一の運用でルーティン的に裁かれるが、時には、担当者の勘違いで、当事者が極めて悪い扱いを受けて、人権侵害問題に至る可能性があることも事実である。

7　近くの強者の義務

ミクロな観点から、日本の伝統的な刑事司法制度の運用の理想像をまとめれば、担当者が深い人間関係を構築して、包括的解決をはかるといえるであろう。この仕組みを、マクロな観点から見たとき、どのように表現できるか、最後に検討しておきたい。

包括的解決を目指すための深い人間関係構築は、一対一でしかできない。しかし、完全にひとりにまかせきるわけではない。一対一で会っても、上司等への報告が必要である。これは暴走を防ぐために必須である。だが、もうひとつ大切な、上司の仕事は、誰が誰を担当するかの配置である。人には相性があるし、力量の差もある。実際、どの担当官に当たるかによって当時者の運命は左右されるであろう。普遍主義的人権擁護は、「世界で最もひどい状態の者から」が原則である。現実的には、国内制度において管轄地内で最も優先すべき対象からとなる。さらに、人権擁護のために介入すべきかどうかは、絶対評価でもある。助けるべきことが、はっきりした人間を前に、問わねばならない大問題は、誰がかけつけるのか、なぜ他ならぬ自分が助けねばならないのかである。

日本の伝統的パターンを見てみよう。重い石の下敷きになった人を助ける、あるいは井戸に落ちかかっている赤ん坊を助けるといった基本的な例で考えてみよう。自分が行くべきかは、井戸の場合は、なんといっても自分が一番近くにいるからであろう。誰でも赤ん坊の転落を防ぐ力量はあり、急ぐ以上、最も近い者であることは合理的にも説明できる。ところが、重い石の場合は、持ち上げる力量が必要となる。しかし、この場合でも世界で一番力持ちを連れてくるわけではない。その場にいた者の内で、自分が一番の力持ちだから助けるのである。これも合理的である。合理的ということは、世界に普遍的にあてはまるということである。日本の特徴が出てくるのは、自分が一番力持ちであると判断できるだけの全メンバーの情報を保持しているために、この判断がスムーズにいくというところからである。ここで近くにいる者達の共同体ということが登場する。互いによく知り合った者の共同体は強力である。職場の話に戻すと、どの部下の力量も得意種目も把握しつくした上司が、担当を割り振るということになる。一般企業も含めて、これができることが、日本の職場集団の強味である。割り振られた側からすれば、「自分の部署で頑張る」ということにつきる。その結果、遠いところで助けを求めている者のことは、意識されなくなる。近くの者が助けるということが原則となり、個別性が強く重視されている。

マクロにみた場合、警察はじめ刑事司法制度には管轄があり、全国くまなくカバーされている。そこにおいて責任者が、的確な割り振りをすれば、各人が身近なことしか見ていなくても、全国完全にカバーできるシステムとなる。しかし、これだけでは、むしろ欧米が生んだ官僚制である。職場に加えて、細かな情報を共有する身近な共同体の存在なくして、日本の仕組みの強みはなくなる。つまり、管轄地域における協力者なしに、非行少年の監督を誰かにまかせることができるから赦してやるようなことはできない。したがって、職場内の繋がりよりも、注目すべきは防犯協会のような組織である。町内会組織は、戦後、自治体としての法的資格を失ったが、現実には存在し続けている。防犯協会は、元々から存在した狭い範囲での地域リーダーを中心に組織されており、自分達の地域の安全だけを念頭に活動している。興味深いのは、日本中で、この防犯協会が存在しない地域はほぼなく、全地域が網羅されていることである。各協会が自分達の地域しか考えていなくても、もれなく協会が存在するなら、マクロな視点からすれば、それぞれの地域がそれぞれに自分達の地域を守ることによって、全域カバーするシステムであると言える。欧米と比較して、日本には捨て置かれた地域がほとんどなく、犯罪者が多数集まって居住している地域もないことを、犯罪実態の比較のさいに述べた。各地域に、地域リーダーがいてこそ、その地域の問題児を赦してそのリーダーに預けるパターンが成り立つ。このような地域共同体が生きていて、それと警察、矯正、保護等とが連携する。そして、その現場ごとに個別性を斟酌した解決がはかられる仕組みである。

この仕組みが機能するためには、なによりも、その現場で、個別的判断をする人材が必要である。それも単に現代的な意味で個人能力が高いというだけではない。地域リーダーと司法関係職員の関係は、個人的なものである。警察に情報提供する市民も、更生のために職を提供する者も、担当職員が○○さんだから協力しているのであって、担当者が替わったときに引き継がれるわけではない。そのうえ、個別事情を斟酌した判断をするためには、その地域住民についてのプライバシーに踏み込んだ情報が必要である。このような人材は、学校で育つのではなく、実務の中で先輩から伝わることによって生まれてくる。制度を発展させる発想よりも、人材育成こそ最も重要とする日本の伝統が、ここで生きてくる。そして、ある程度以上、上に立つ者は人事以外「何もしない」で現場のリーダーが活躍するにまかせる。これが、伝統的理想モデルである。

8　普遍性の要請

人権については、この現場リーダーの資質の統制によって保障するしかない。

最後に、一点留意しておかねばならないことがある。個別事情まで考慮して根本解決をはかることは、普遍性の要請と本来的に衝突するわけではない。単純に杓子定規に、事件をカテゴリー化して同じように処理することが普遍性ではない。現実的には、市民への説明要求など満たすために、あるいは別の言い方をすれば、政治的正統性を守るために、どうしても単純な法の前の平等が要求されがちである。しかし、個別事情の考慮には他者を納得させる理由があるはずであり、それには普遍性があるはずである。全く同じ事件などあるはずがなく、全ての事件の解決方法は異なって良いはずなのである。実際、各々の刑事事件に対して、全ての被告人のために裁判を開くことの意味は、できるだけ正義にかなうために個別事情を吟味していることに等しい。フランスでも、結局、直接取調べをする人物の質が大切ということで、予審判事がこれにあたる。予審判事に与えられている裁量権は大きい。なぜ、日本のように赦すわけにいかないかは、被疑者を誰かに監督させようにも、荒れきった環境にいるためにどうしようもないことが最大の原因であろう。人を取り巻く地域社会の環境こそ、刑事司法制度以上に大切であることを肝に銘じねばならない。

日本の仕組みが、普遍性要求を満たしていないと批判できるとすれば、それは、一般住民に知らせずに内密に行われているという部分であろう。この部分が普遍性の要請に入るかどうかは、立場の違いがあるかもしれない。しかし、欧米の法システムは体系性を持つことが大きな特徴である。そして、各々の事件解決が相互に矛盾しないように努力することは、法学そのものである。日本においては、関係者を含めた広義の当事者が納得すれば、その解決が、他の事件解決と整合性があるかどうかは問われない。事件ごとに解決されて、それは公表されない。公開性がないからこそ、矛盾をなくす努力は不要となるわけである。

しかも、ここで問題になっている矛盾は、単なる理論の整合性ではない。欧米における法の体系性の重要性は、個人に権利を認めたところにはじまる。各個人に対する裁きに矛盾がないとは、まさに公平性のことであって、普遍性の要請そのものである。公開性を欠くと、個別事情を考慮した裁きの実質的正当性の吟味がおろそかになりがちとなる。当事者の納得だけでは、共同体の未来の平和のためにはなっても、個別的扱いが差別的扱いに陥ることを防ぐ手立てにはならない。ハンセン病者の隔離は、まさにそのような例であろう。日本の伝統的仕組みには、ここに欠点がある。したがって、日本の伝統的仕組みを、最良のものとして世界モデルとして提唱するつもりはない。あくまで、将来像の構築のための検討である。単純に全てを暴露するのでもなく、完全秘密主義でもない、第三者によるチェックが可能な仕組みを構築しなければならないと考える。

第Ⅲ部　将来像と処方箋

第Ⅱ部において、安全神話とは何であったか、欧米モデルと対比しながら整理してきた。そして、その安全神話が崩壊しつつあることも示してきた。第Ⅲ部では、いよいよ、日本の将来像を求めたい。そのためには、第Ⅱ部よりも、現実的な分析が必要である。安全神話と関係しそれを支えてきた多くの伝統は、今や崩壊過程にある。この伝統を守るべきか、捨てるべきか、そして、捨てた場合の代替案はあるのか。まず、第一章で、日本社会の中で、何が揺らいでいるのか検討することからはじめたい。それから、第二章で、あるべき日本社会像を追求したい。

安全神話の崩壊は、何よりも境界の崩壊であり、治安自体の悪化ではないことを述べてきた。しかし、私は、日本社会について、心配無用であるという立場ではない。むしろ、単に犯罪が増加しているなどということ以上に、社会の根本的な仕組みが揺らいでおり、危機であると考えている。その点を掘り下げたい。また、安全神話を取り戻すということは考えていない。そもそも、その定義上も神話は一度崩壊すれば回復はできないものである。治安の維持と、それに見合った安心感を取り戻すという方向で検討していきたい。

第一章　人間関係の変容と防犯

何が崩壊し、どこに向かうのかという問いに対する、よくある解答は、「古い共同体が崩壊し、日本社会も、個人中心の西洋型社会になるしかない」というものである。私は、この言説を全くの誤りとは考えないが、極めてアバウトな議論であり、多くの誤解を生むものであると考えている。治安問題に即して、より厳密に検討したい。

1　近代化

西洋化と近代化は、議論のなかでしばしば混同されてきたように思う。これは、おそらく、追い着け追い越せ論の文脈においては、その区別をする必要性が感じられなかったからであろう。既に何度も指摘したように、刑事司法においては、むしろ失敗例でさえある欧米のモデルを追うことは考えられない。しかし、近代化を中止することができるであろうか。欧米モデルの特徴については、第Ⅱ部でも、かなり詳しく述べた。今後の方向を探るためには、ここで近代化について整理しておきたい。近代化については、科学技術の進歩、産業革命という繋がりから経済発展を中心に見ることも、政治形態の中世に対する近代を強調することもできようが、ここでは、近代化全体について包括的に検討することは控えて、社会関係を中心に考えていきたい。

重い石の下敷きになった人を救出する例を再びとりあげたい。近くにいる者のうち一番力持ちが救出するというのが、顔見知り共同体の仕組みであった。しかし、たまたま救出適格者が近くにいればこれでよいが、そうでないと不幸な結果となる。近代とは、これに対して、救出適格者を養成し、移動性を高めて、各地に合理的に配置する。折角の適任者を狭い地域共同体に閉じ込めずにフルに活用しようというわけである。これは、専門化と、グローバル化そのものである。医者がこの良い例であろう。抽象化すれば、より安全にするための合理的仕組みを追求すれば、専門化とグローバル化が必然的に起きるということである。思想史を整理することは省略するが、これは社会学の創始者達が、注目してきたことそのものである。(1) 本書でいう近代化は、合理性追求と、そのための専門化とグローバル化と定義しておきたい。経済合理性ではなく、安全を求めた場合においてもまた、専門化とグローバル化が起きることに留意してほしい。

日本の刑事司法制度に話を戻そう。警察、検察、裁判、矯正、保護、どれをとっても、全ての職務は高度に専門化されており、合理的に配置されている。その点、近代そのものである。安全神話の崩壊と対応する日本の伝統の衰退は、ごく最近の現象であり、近代以前と近代の境界でおきている現象ではない。この点をまず確認しておきたい。しかし、近代化というものは長期にわたって継続しており、さまざまな影響を派生している。本書にかかわる重要な影響は、人間関係の変容である。社会学は、全人格的関係から限定された関係への変化こそ、ゲマインシャフトからゲゼルシャフトへの変化のテーゼのように最重要視してきた。最近の病理現象として指摘される人間関係の希薄化なるものは、この文脈で検討する必要がある。

2　人間関係の希薄化

一般に社会学が指摘してきたのによると、官僚制化、専門化、グローバル化等によって、ある一定の役割を通してしか他者と関わらない傾向があたりまえになり、私的な交わりがないドライな人間関係が見られるようになった。これが、人間関係の変容である。しかし、共同体と個人主義のような、単純な二項対立論は、極めて不十分である。より詳しく人間関係について論じたい。

まず、前述したように、西洋の共同体と同一視できるものは日本にはなく、「世間」と呼ばれるものがあるだけである。これを、「互いによく知り合い、将来も関係が継続する、小集団内のつきあい」

と定義して、日本の伝統的共同体的関係としておこう。この関係の特徴は、けっして本当に打ち解けてはいない、意外に浅い関係であることである。運動部の仲間等でさえ、恐るべき長時間を共に過ごし、トコトン知り合っていることになっているが、例外的な場合を除いて、多くのメンバーとは、深い個人的な事柄は話したことがなく、本当に困った時の協力関係も当てにできない。古い共同体を美化し過ぎないように注意が必要である。したがって、伝統的共同体的関係とは、集団構成員が互いに、一応良く知っている関係のことである。擬似家族的集団は、これに典型的に該当する。

これに対して、本当に全人格的人間関係と呼べるものは、一対一の関係を基礎としていると考えている。本当の対話は一対一でしかできないということから、このように考えている。むろん、両当事者が、共にある集団のメンバーということはあってよく、第三者から見れば単なる仲良しに見えてもよい[(2)]。全人格的とは、人生全般に関するという意味で使用している。例をあげれば、医者が、患者のある特定部位の疾患を治療することに限定せずに、人生全般に関わって接することである。患者は、病気の医学的説明には興味はなく、自分が、今晩から酒を飲んでも大丈夫か、仕事で無理は一切だめなのか、といったことこそ知りたい。患者のライフスタイル、年齢、人生の目的を考察してはじめて、どれくらいの「不養生」が可能なのかの結論は出せるはずである。訴訟逃れのためのインフォームド・コンセントではなく、患者と深く関わったアドバイスができる関係を、全人格的関係と呼んでいる。これは、医療現場では、欠如しがちな傾向が指摘されているが、モデルとしてはあり得るであろう。

このように分類してみれば、伝統的共同体的関係が、互いによく知らないドライな関係になったという従来の議論には、一対一の濃い人間関係の考察が抜け落ちている。社会学内には、一対一の人間関係の集積体として社会を考えるのか、社会は集団であり、一対一関係に還元できないと考えるのかで、根本的な立場の違いがある。確かに、極めて私的な二者関係は、社会との接点は小さく、心理学の領域に近い。しかし、自殺にせよ、非行にせよ、誰かひとりに「わかってもらう」ことは大きな意味をもつ。犯罪をテーマとする本書の考察において、この親密な一対一関係を抜かすことはできない。伝統的共同体的関係、親密な一対一関係、ドライな関係の三類型を元に検討を進めていきたい(3)。

近代化について再整理しておこう。前述したように、近代化は、単純には、全人格的関係を基礎とした共同体からドライな個人間の関係へと論じられがちであった。しかし、これは、伝統的共同体を美化し過ぎており、かつ、ドライな関係と並行して、深い親密な一対一関係を形成する自由があることを見逃している。換言すれば、近代化によって、ドライな人間関係が生まれたのは必然の結果であるが、それによって、人間関係全般が希薄化することは必然ではない。その意味で、人間関係の希薄化を近代化の定義に入れることは誤りであると考える。一対一関係が、時代を越えて普遍的に、人間にとって必要であるかといった問いは、本書ではひとまずおいておく。この人間関係の三類型が、治安、それもとりわけ防犯機能に対して、どのように絡み合っているか検討していきたい。

3　刑事司法制度と人間関係

取調べにおいて、刑事または検事が、一対一で被疑者と対決する伝統について指摘した。確かに、ドライな関係から更生のドラマが始まりやすいとはいえず、犯罪者の更生という観点からは、この一対一関係がその端緒となることを期待されているとみえる。犯罪者を取り巻く共同体的関係のほうは、犯罪発生を阻止できなかったわけであるから、十分に機能していないとすれば、この一対一関係の重要性を強調したくなる。しかし、事態は、そう単純ではなく、いくつもの重要な留保が必要と考える。

まず、取調べは、その名のとおり、更生のためにあるのではなく、事実関係の究明のためにあることを忘れてはならない。更生の前に、正しく裁くことが要請されているわけである。三〇分で終わるとさえ言われる英米の取調べと比較すれば、取調べに長大な時間とエネルギーを注ぐことが日本の特徴である。英米では、証拠収集に、オトリ捜査や、通信傍受、情報屋の利用、免責と引き換えの証言等、捜査機関に強力な手段が認められており、そこで得られた物証がものを言う仕組みであり、そもそも取調べで長々と話を聞く必要がない。それに対して、日本は、決定的な物証を得ることがむずかしく、そこを埋めるために、どうしても取調べによってオトスしかないという側面がある。現場の刑事や検事は、なによりも自分が担当した事件の解決を目指しており、そのために被疑者に口を割らせるために、人間関係を築くというのが普通であろう。(4) 前述のように、自白が「申し訳ありませんでした」という謝罪の形をとり、更生に繋がっているがゆえに、結果として更生に役立つということであろう。したがって、取調べに、更生の目的が与えられているわけではない。「劇的な出会いがあるかもしれない」ということに過ぎない。実際、深い人間関係の構築は困難な作業であり、熱心な刑事や検事が、一生のキャリアを振り返っても、指折り数えるぐらいであろう。

次に、深い一対一関係は、それだけで成り立つわけではないことを指摘しておかねばならない。現場の鬼と呼んだタイプの者が、「コイツのことは自分が引き受けた」という具合に一対一関係を築く場合、そのような行動が、周りから許されている必要がある。現場の鬼が、鬼と認められるためには、職場の人間関係が緊密であり、規則や数字による統制ではなく、人物を評価して任される環境がなければならない。したがって、職場に伝統的共同体的関係があってはじめて、その中で鬼が活躍できる仕組みとなっている。いわば、現場の鬼は共同体内存在としての鬼なのである。最近のマスコミなどでは、枠からはみ出た傑出した人物は、共同体から抜け出した個性ある個人としてもてはやされることが多い。しかし、実は、一匹オオカミなどと言われる人物は、集団内で自由に振舞うことが例外的に許されるように、周りとの関係を調整することができる能力が高いのが実情であろう。周囲が許容する、つまり任されることなくして活躍できることなどあり得ないであろう。このように、日本社会の基本はやはり伝統的共同体的関係である。なお、職場など集団を離れたところで、純粋な一対一関係は、日本社会においても不可能ではないであろう。しかし、これは極めてプライベートな領域のことであり、今回の検討には関係しない。結論として、刑事司法制度のような近代的組織内で、一対一関係が、現場の鬼等によって活用されるには、逆説的だが、伝統的共同体的関係が組織内にあることが必要であるといえるであろう。現場の鬼は駆逐されつつあるのも、このような関係が組織内に維持できなくなってきていることから、規則や数字による統制がなされるせいであると解釈できるように思われる。

伝統的共同体的関係と一対一関係のセットの重要性は、刑事司法関係の組織にとどまらない。それどころか、それ以上に大切なのは、地域共同体である。それを以下に示したい。刑事司法職員と犯罪者のドラマチックな出会いによる更生がそうあるものではないとしても、日本の犯罪者の更生は全体として成功している。この理由を問わねばならない。その典型的なパターンは、次のようになっていると予想される。万引きで少年が警察に身柄拘束されたとき、警察官が少年と深い人間関係を構築するのではなく、親かそれに代わる身元引受人を呼び出して、その者が少年を指導するようにもっていっている。つまり、伝統的共同体に委ねている。元の共同体に単純に戻せない場合は起訴され、執行猶予や仮釈放で社会に戻るさいに、特別な人々が世話している。後者の場合、広義の共同体復帰ではあるが、世間には赦されない。したがって、これは伝統的共同体への復帰ではない。軽微な犯罪であるため等の理由で起訴されない場合のみ、世間に復帰できるわけである。数の上で多数をしめ、更生の成功、つまり再犯阻止の成功の最大要因であるのはこのパターンである。このパターンをさらに検討しよう。

伝統的共同体に帰すのだから、共同体的関係が中心に相違ないのであるが、それだけではない。必ず誰かしっかりした人物に委ねるため、その人物と非行者との一対一関係がここにも存在する。この一対一関係は、厳密な意味で全人格的な深い関係である必然性はない。少年が、本当に自分のことを思ってくれていると感じるレベルで十分である。むろん、優しいだけでは十分ではない。従わなければ共同体から放逐されるぞという圧力によって、非行者を拘束することに成功している部分がある。保護観察の場合はもっと明確である。被監督者と監督者との関係は、一対一でありながら、監督者は、あくまで共同体の代表のような形で被監督者を縛り付ける。この方法は、まず地域に分けて、そのゾーン内では、マンツーマンに対応する仕組みである。したがって監督者は、代表者というより担当者というイメージであろう。このように、伝統的共同体的関係に根ざした地域共同体と一対一関係が組み合わさった形で、更生はおこなわれている。犯罪とは無縁の日常的共同体に復帰するにせよ、特別な職業等を介して広義の共同体に復帰するにせよ、この点は同じである。

4　伝統的共同体的関係の衰退

一対一関係の基盤ともなってきた伝統的共同体的関係は、衰退しつつあるとみえる。単純には、ドライな関係の増大と比例して親密な人間関係が減少していると言われるが、より詳しくポイントを整理したい。

ある非行少年を社会に復帰させるさいに、誰か担当者が民間に存在するパターンが多いと述べた。実は、この担当者に適した人材が希少化するということが起きている。たとえば、子供を補導した警察官が、親に電話で連絡すると、親が、飛んでくるどころか、自分の手におえないから警察で叱ってやってくださいと言って、電話を切ってしまうというようなことがあるという。また、保護司の平均年齢が六〇歳を軽く超えてしまい、若い後継者が育ってこない。これでは、保護司が若い被監督者の親代わりを務めようとしても、年齢的にもはや親ではない。ここで注目すべきは、担当者たりえる人物がそうでなくなったのではなく、後継者不足、つまり、世代間継承の問題が生じていることである。⑤人間関係の希薄化と一言でいうが、皆が友達を持たなくなったわけではない。同年齢の極めて少数の者と小さなサークルを作っているのが現在の若者の傾向である。横ではなく、縦の繋がりが薄くなっているのである。現場の鬼についても弟子入りしてくる後継者が少なくなってきたことも、その数の減少の原因であると考えられる。

刑事司法制度の検討から出発したため、そことの連携だけを考えてきた。しかし、共同体が最も存在感を示す場合は、そもそも警察を呼ぶまでもなく民間で解決していると考えられる。たとえば、若者が揉めているところに貫禄あるオジサンが付近から出て来て収まらせる等である。このような人物もやはり後継者不足に見まわれており、少しの騒ぎで一一〇番がなされるようになってきたのではないかと私は想像している。実際、一一〇番は激増しており、都市部を中心に、交番が空っぽとなって、住民のニーズに対応できなくなっているといわれる。確かに、一一〇番の増加には、ケータイ電話の普及の影響も重要であろうし、自分達で解決していた件数については検証することは困難である。[6] しかし、事件の多発よりも、これまでは警察を呼ぶこともなかった事件で一一〇番がなされるようになったために、数が増加した可能性は大きいと考えている。そうだとすれば、こちらのケースについても、地域で事件解決するリーダーあるいは世話好きの人物の後継者不足による減少が、共同体の力不足の原因である。

5　防犯力の衰退――更生

共同体の変容は、防犯力の低下と結び付けられる。「共同体による社会的拘束が緩んだために犯罪が増加した」という議論である。これについて検討していこう。

社会の側が非行者を受け入れる力が落ちたことと、警察を呼ばずに紛争を解決する力が落ちたことを述べた。この二点は相乗効果を現わし、更生させるという意味での防犯力を大きく後退させているようにみえる。民間で非行者を世話する力がなくなれば、警察にとって事件は手がかかるものになる。

また、一一〇番が増大すれば、やはり警察の人手は足りなくなる。そのため、警察にとって「住民のニーズ」の増大に応えることが次第に困難になってきた。そしてついに、一九八〇年代の後半に入って、警察庁主導のもと、もはや警察はあらゆる事件の解決をすることはできないということを公にする方向が打ち出された。その結果、人的資源は重要な犯罪に集中させられ、軽微な事件は追わないということになった。これは検挙率と検挙人員の大幅な低下を引き起こし[7]、「犯罪を犯せば、直ちに警察に捕まる」という神話が揺らぐことになった[8]。

ここで私が注目するのは、軽微な犯罪の見逃しである。更生という観点からは、実は、重大犯罪ばかりが大切なわけではない。その理由は二つあげられる。第一は、重大犯罪を犯す者は、しばしば更生困難であり、軽微な犯罪者ほど更生させやすいことである。これは、犯罪者の性格がひねくれきっていないというような理由のみならず、犯罪が軽微なだけに、その処理に裁量を振るえる余地が多く、的確な処置が可能なことが大きい。的確な処置とは、軽い刑罰ということである。重い犯罪は、厳しく罰する他ないが、長く自由を奪うほど社会復帰が困難となるという副作用がある。これを抑えられるというわけである。なお、軽い刑罰とは、単に赦して放免しているのではなく、民間に監督を委ねていることに留意されたい。第二の理由は、いきなり重大犯罪を犯す者は稀であり、小さな非行から徐々に大きな事件を起こすようになっていくのが普通であるため、非行初期に対応することが肝要であることである。日本の警察にせよ民間の指導にせよ、極めて軽微な非行に対して細かく丁寧に対処して放っておかないのが伝統であった[9]。これは、犯罪者の更生が成功する鍵であったと考える。そうしてみると、軽微な犯罪に手がまわらなくなることは、長期的にみれば致命的な失敗に繋がる可能性がある。これが、共同体の力の衰退が具体的に防犯力を落すメカニズムであると考える。

6 防犯力の衰退――他人の目

ところが、多くの者が信じている共同体の拘束力の低下は、これとは異なったメカニズムである。世間の目を気にすることが匿名社会化によってなくなってきたため、犯罪に走ることを思いとどまらなくなってきたというのが、一般的な印象であろう。このメカニズムも検討しておこう。

狭く限定された範囲で、プライベートな事項も承知したリーダーが、紛争を個別事情を考慮して裁くということを前提としたとき、人々の行動はどうなるであろうか。小集団内で、少しでもチョッカイを出すと危険な人物が、他のメンバーが気遣うことによって無事に過ごす例をあげた。狭い集団内で生活する場合、こういった問題児として認知されることこそ避けたいであろう。これを別の言葉で言い直してみよう。相互によく知り合った者達の間柄こそ「世間」であり、その「世間」に「まずいこと」を知られまいとすることが「恥」の意識である。恥ずかしいことを避けることが、まさに、この小集団における行動規範となる。したがって、小集団ごとに統治するこの仕組みは、極めて強い防犯機能を持つことになる。これこそ、社会的拘束が強いことが防犯機能を持つという仕組みそのものである。

このように検討してみると、伝統的共同体的関係が薄くなれば、確かにこの防犯機能は落ちる。したがって、まさに、人間関係の希薄化から治安悪化の図式が当てはまる。しかしながら、この仕組みは、確かに親族友人に恵まれた者が「犯罪者になることを防ぐ」効果はあるが、孤独で恵まれない者にはあまり効果が期待できない。実は、犯罪者の多くはそのような人達である。しかも、「既に犯罪者となっている者」に対しては、近所同士はよく知り合っているだけで見張り合っているわけではないため、防犯力はない。

少し整理してみよう。犯罪者の更生メカニズムが弱っているという話は、特別予防のことである。世間の目により犯罪者になることを防ぐ効果、つまり一般予防効果は、犯罪に無縁の人々がさらに強固に犯罪から遠ざかるという意味では存在する。しかし、既に犯罪者となっている者が犯罪をすることを防ぐことは、これまでの議論から抜けている。最後にこの部分を論じておこう。

7　防犯力の衰退——盗品市場

既に述べたように、日本の街も住宅も、欧米と比較すれば、実に無防備である。塀は低い、鍵は簡単、窓もはずすことが比較的容易である。それどころか、農家は、見張りなしに農作物を並べて、現金を入れる入れ物を置いて、そこにお金を入れていってくださいというような売り方を最近まで行ってきた[10]。ATMを重機で壊して盗む犯罪の横行も二〇〇二年に話題となったが、同一車種の重機の鍵は、なんとしばしば共通であった[11]。また、電車の中で居眠りする人も大勢いる。犯罪者を撥ね返すという意味での防犯は、緩やかというより無防備に近いと私は判断する。このようなことができるのは、心理的に安心しているからであるが、それを支えるために実際に盗られないということが必要であったにちがいない。それについて説明したい。

ここでの防犯の仕組みは、欧米とは全くことなったシステムとなっている。それは、盗られる瞬間を防ぐのではなく、盗っても無駄という仕組みである。日本の特徴は、盗品売買市場が、ほぼ存在しなかったことである。盗品を質屋に持ち込めば、これは捕まろうとしているようなものである。警察は、全国の質屋を管轄し、緊密に連絡をとっている。現金を盗ればよいが、大金はさすがに無防備にそのへんにころがってはいない。これが、盗む側からみた第一の困難である。次に、大金をせしめることに成功したと仮定しよう。その場合に直面する困難は、自分が大金を持っていることを怪しまれると逮捕に繋がることである。最近急に金遣いが荒くなった者を捜すのは捜査の基本である。これは、住民が互いの収入の程度を知り合っている共同体で、大金を得ても、それを使えないことを意味する。これでは盗みの意味がない。フランスの泥棒のように南の島で一生暮す思いきりがない、つまり、元の共同体内から出られないならば、真面目に働くしかない。

このような仕組みがどのようにしてできたのか調べることは困難であるが、私が注目するのは、中世の稲についての伝統である。動産として最も大切であった米は、収穫前、夜間、田んぼに無防備においておくしかなかった。囲いをすれば風通しの問題がある。これが、無防備の原点であったと予想している。対策は、夜と昼の境界を明確に定め、夜に稲刈りする者、稲を運ぶ者は死罪ということであった。[12] そして夜は街灯もなく出歩く者がいないとすれば、誰かが密かに田んぼに出ようと明かりを持ってうろつけば、たちどころに発見されることになる。現在でも、農作物は、収穫されるや厳重に倉庫にしまわれるのではない。たとえば、青森のりんごは、ダンボールにつめてりんご畑に置いたままで、トラックに積んで出荷されたりしている。

ところが、これが夜中にトラックで乗りつけた泥棒に盗まれる事件が起き始めている。二〇〇三年になって、米もサクランボも、多種多様な農作物が盗まれる事件報道が目立ってきた[13]。これは、流通の自由化に伴い、盗品を売買することが可能になったからであると考えられる。もともと無防備であったのに盗まれなかったのは、人々が皆正直だったからというわけではない。流通の自由化は、自由流通米ができたというだけの話ではない。高速道路が発達し、青森のリンゴを盗んで、翌日にそれを関東地方のどこかの駅前で叩き売ることが可能になったことも大きい。盗んだ近くで売れば、たちまち捕まっていたであろう。

空き巣が最もよく持ち去るコンピューターの部品は、今や換金が容易である。これは、泥棒からすれば、盗品売買市場ができたに等しい。中古車はじめ輸出の手続が簡単になれば、日本で盗んで外国で売ることが可能となる。ブランド店を襲って品を東南アジアに持ち出して、日本人観光客に安売りすることもできる[14]。盗品が売れないから盗みが少ないという特性は見事に失われつつある。また、収入についてのプライバシーは、大都市に限らず、地方都市でも、あるいは新興郊外住宅地においても、守られやすくなってきている。豪遊についても、他県や外国旅行中に消費すれば捕捉されにくい。高級品を室内に並べていても、来客を受け入れない生活が可能であれば発覚しない。とある郊外住宅地のマンションの一室に盗品の山があっても、これは発見しにくい。コンテナ型の貸倉庫を使えば、さらに大きな匿名性が得られる[15]。

このように、既に泥棒である人々に対する防犯力が大きく失われてきている。窃盗の手口別の統計をみれば、自動車盗の増加をはじめ、流通を押さえるタイプの防犯力低下の影響が明確に読み取れる。本当に防犯力が落ちているのは、この部分なのである。

8 業界頼みの伝統と規制緩和

流通段階での統制について、さらに検討しておきたい。共同体(コミュニティ)といえば地域共同体を最も典型とするのが社会学の伝統である。しかし、日本については、地域共同体は村社会とも呼ばれて強力なイメージもあるが、既に指摘したように、実はこれは違う。準拠中間集団という観点からは、地域集団よりも会社・業界のほうが大きいように思われる。現在、専業農家は極めて少数となり、イメージとしての村社会の原型である、純農村社会などほぼ存在しない。会社勤めの人間を念頭に置けば、地域社会に無関心といってよいほどの状況があるように思う。もっとも、質の違うものをどちらが強力であるか比較しても意味はない。ここでは、動員力という観点から、業界の力を強調しておきたい。

地域共同体のような集団において、集団の利益になるからと構成員に行動を呼びかけてもなかなか動いてもらえない。それに対して、業界は、その利益となることに対して構成員を動かす力がある。これは、業界内の会社が社員に命じるからということが直接的な理由であろう。一般的に、ある一部の組織された人々を動員することによって、参加人数を確保するという方策は、日本社会の至る所で観察できることであるように思う。選挙運動に限らず、その最もよく使われるのが業界組織であり、地域集団は、最も当てにならない部類であろう。ただし、強力かどうかの比較は両者が衝突する場合にしか意味がない、むしろ、それぞれが働く分野を分けることにより共存するかたちになっている。たとえば、火事と葬式は地域社会である。防犯については、地域の防犯協会は、街灯の整備程度の活動をしているに過ぎない。実効性が高い対策は、業界を通じて行われていることが多い。むろん、警察が地域を回っての目撃者捜しは行われているが、これは、泥棒からすれば、見られないように注意すれば済む話である。盗まれた物はじめ流通を押さえるほうが確実に網を被せることができる。質屋をはじめ、ひき逃げの車ならガソリンスタンドに傷のついたある色の車を捜してもらうとか、豪遊者を見つけるなら風俗店、誰かを匿っているかどうかは米屋(村の米屋はコンビニになってしまって、これはもう使えないが)に消費量が増えたかチェックしてもらう等である。業界を使うほうがいかに有効的であるか理解できるであろう。警察の影響力が低い業種によっては協力的でないことが予想されるが、そもそも、協力を求めなければならないところは、警察の管轄業界となっている。質屋がそうであるのは、盗品売買阻止のため以外に考えられない。また、直接管轄業界でなくとも、ガソリンスタンドなどは、交通警察を使って交通違反をもみ消すことと引き換えに協力を得るなどといったことも最近まで行われている。[16] 間接的協力としては、サッカーのワールドカップ開催期間中、パチンコ店が業界を挙げて新台導入を自粛し、検査する警察官の人手を警備に回せるようにするなどの例もある。[17] 業界の協力が十分でなく犯罪者に利す結果となっていた例も興味深い。オレオレ詐欺は振込先の銀行が口座管理をしっかりして警察に協力すれば不可能であるし、プリペイド式携帯電話など犯罪用電話に限りなく近く、発売許可されるべきものではないと考える。

　既に泥棒となっている者の犯行に対する防犯について検討してきたが、犯罪者の社会復帰について、特定の職業が大きな役割を果たしてきたことは、既に指摘したとおりである。しかし、犯罪と無縁の人々とは交わらない職種というのは、職業差別と結びついている。犯罪者を非人に貶め、「普通」の共同体に戻さない伝統がその典型であった。日本社会のこのような特性も明確に減退傾向にある。たとえば、火葬業については、全国どこでも自治体が統括してきたが、このような職種においても民営化が行われようとしている。[18]また、パチンコ業などは、差別するどころか参入したくてたまらない人々が多数いる。問題は、これらの動きをいかように解釈するかである。単純に差別の解消とだけ言うのは当たらないと思われる。大きな流れとして、規制緩和自由競争という方向付けがあるように思われる。別業種への参入が容易でなくして、規制緩和自由競争政策は成り立たないため、あらゆる業種について参入障壁を壊す必要があったと考える。ところが、差別対象となっていた業種は、しばしば強く参入規制されて手厚く保護されてきた。ここを自由化するには、差別解消を同時に行う必要があったと解釈できる。この他、差別以外にも、様々なハンディを負った人々を支えるために、土建業界が果たしてきた役割は大きい。たとえば、失業対策である。この他にも、災害時にブルドーザーを動員できるような約束事など、行政と土建業者の結びつきは強い。[19]この、行政と特定業界の密やかな関係が、自由競争のために消滅していっており、その結果、動員力が低下しているというのが、私の現状認識である。

9　ミニコミの衰退と犯罪不安

現実の犯罪者を念頭において、防犯や更生の問題について検討してきたが、最後に、犯罪不安について述べておきたい。既に、安全神話の崩壊について論じたさいに、境界の崩壊により、安全地帯に守られて住んでいる感覚が崩れたことを指摘した。ここでは、それに付け加えて、いくつかのより具体的な変動について整理しておきたい。

既に見てきたように、客観的には治安は悪化していない。しかし、これでもって犯罪不安の原因は心理的なものであると断定することは単純すぎる理解である。住宅街に限定すれば、実際に犯罪に遭遇する機会は増加している。分析的には、この住宅街での犯罪増加と、マスコミの影響などによる心理的影響の二側面について検討する必要がある。まず、両者を別々に論じて、それから両者の共通点を見定めたい。

住宅街のひったくりや空き巣は確かに増加しているであろう。しかし、これが不安に繋がるためには、それが人々に知らされる必要がある。その手段にはミニコミとマスコミがある。後者については後に検討するので、ミニコミについて見ておこう。ミニコミ自体は、近所付き合いの減少にともない長期的に衰退してきている。しかし、かつて近所付き合いが多かった時代に、近所の犯罪被害の話題がよく話されたであろうか。犯罪は非日常の出来事であり、忌避すべきものであるならば、被害に遭った家はそれを隠そうとするというのが常ではなかったか。被害者に対して近年大きな関心が注がれるようになったことは衆知のことであるが、ミニコミの治安悪化情報の発信地としても被害者には注目する必要がある。ここで整理しておこう。

他のところで述べてきたことであるが、地域社会における犯罪被害者は大きく変化してきた。相互に顔見知りの共同体では、被害者はマイノリティーであった。これは本人の腕力が弱いだけでなく、社会的に彼を助けに介入してくる強力な人物がいないことを意味する。長崎での一二歳の少年事件など、性に興味を持った思春期の入り口にいる男の子が、他の幼児にいたずらするという点については、ありふれた事件であったように思う。結果が重大であったということは、むろん重要であるが、被害者を無差別に選択しているところが極めて注目に値する。もし、被害者が、両親がいないなどの社会的弱者であったならば、あれほど大きく報道されたであろうか。その子の行方不明を案ずる人が誰もなければ、かつてなら、最悪の場合、十分な捜査がされなかった可能性すらある。社会の匿名化が進んで被害者が無差別に選択されるということは、被害者のマイノリティーイメージを払拭し、無垢でまともな市民イメージが新たに形成される。[20] そうなると自分が犯罪に遭ったことを他人に隠すことはなくなってくると予想できる。また、被害者が届出しやすいように、警察が対策を取り始めたことも、犯罪被害を話すことを容易にさせたであろう。これは一九九七年ごろからの動きである。さらに、空き巣にはいられた家を穢れた家として捉える感覚も、次第に薄まってきているように感じる。これは検証が必要であるが、いずれにせよ、犯罪被害が「日常」の話題となってきているように思う。

次に、マスコミの影響について検討しておこう。客観的な治安悪化が本当でないとすれば、マスコミの報道は不安を煽ったことになり、批判されなければならない。確かに、記事の本文は慎重かつ丁寧であるが、見出しは、大いに誤解を与えるものである。読者はしばしば見出ししか読んでいないことを考慮するならば、この点は改めなければならない。しかしながら、犯罪不安の原因を全てマスコミに押しつけることは誤りであろう。まず、人々の治安に対する関心が強いから報道するという逆の因果関係を考えなければならない。人々は元々不安なのである。ところが、ここで興味深いのは、元々不安である住民に尋ねれば、不安の元となる事件はほとんどマスコミの報道である。これは、住民の不安とマスコミの報道は、どちらが先かわからないけれども、互いに強め合っていることを意味する。マスコミを単純に悪者扱いする前に、このような連鎖がなぜ起きてしまうのか考える必要がある。

私は、これは、ミニコミが極めて弱体化し近隣情報が得られない、その結果マスコミ報道を「信じてしまっている」状況と解釈したい。そもそも、マスコミがどんな事件の報道をしようが、自分の近所は大丈夫だという情報があれば、自分達は安全だと感じるはずである。このミニコミの衰退こそが病原であり、対処しなければならない対象である。被害者の発言が聞かれるようになったと感じられているが、これも、ミニコミつまり、近隣で話しているのではなく、マスコミを通じて流れている。それを聞いた人々が、その被害者像がマイノリティーではなく自分達に似た「普通」の人であることに衝撃を受けて、不安感を抱くという連鎖をなしている。

まとめてみよう。自分の近所の人々を一人残らず一応知っているという伝統的共同体的人間関係が失われて、直接的な安心感を得ることができない状態にある。そして、ミニコミの不足を補って余りあるはずの、近代的情報収集装置であるマスコミによる「正しい情報」によって安心感を得ようとしても、そこには、自分と同じような人々がひどい犯罪に遭遇した事件ばかりが報道されている。近代化によるドライな人間関係を近隣関係に持ちこんだら、安心感が喪失したということである。これでもって、近代化自体をまるごと批判するのは、早計であるが、家族や近隣関係といったような基盤を残した上で近代化を進めるべきなのではないか、ということが示唆されているように思う。

また、犯罪被害者が特別な人でなくなったことも、ひとつの境界喪失の実例である。社会の匿名性が高まれば、境界は喪失するほかないのであろう。

10　警察と共同体

本章では、犯罪者の更生、他人の目による犯罪を思いとどまらせる力、盗品流通の監視における、地域共同体や業界の拘束力の衰退を強調してきた。しかし、防犯、犯罪不安、いずれについても、警察の能力が大きな要因として語られがちである。最後に、警察と共同体の関係について補足しておきたい。

警察の不祥事や不正経理に対する疑惑が多数報道されている。事情通からは、過去と比較すれば不祥事が増加したわけでも経理が不透明になったわけでもないと予想できる。しかし、世間はそうは受け取らずに、警察の信用低下から、犯罪不安や治安の悪化イメージを増幅させていることもあるようである。また、おそらく、それより大きいのは、警察が訴えても動いてくれなかった一連の事件の報道[21]と、交番がしばしば空いていることである。「警察は呼べばすぐ来てくれる」という「信頼感」が崩れてきており、これらのことは、住民の意識変化の原因としては無視しえない要因であろう。

しかし、これまで防犯に成功してきた日本社会の伝統的方法が崩れたかという視点からは、警察重視は明確に誤りであると考える。所一彦が法化について述べるように、伝統的には、警察の仕事は重大犯罪等に限られており、軽微な非行については、警察が出る幕はなかった。[22]それは地域の人々に委ねられていた。渥美東洋も、共同体が、軽微な非行事件等の厄介事を警察や裁判所に押しつける傾向が出てきたと批判している。[23]軽微な非行のうちに芽を摘む伝統と、プロの犯罪者と戦うための業界の協力の二本柱の衰退は、主に共同体側の人間関係希薄化のせいである。警察側の変化は、唯一、軽微な窃盗事件等に手が回らなくなったことである。それも、既に述べたように、一一〇番の増加のせいであり、共同体が事件処理を押しつけてきたからである。刑事警察はむしろよくやっているという評価を、私は変えていない。

今後のことを考えるときも、共同体の将来像こそ大切である。そちらが決まってからそれに対応した警察の役割が定まるのが、順番であろう。ただし、かつての共同体への回帰はないとすれば、なんらかの形で警察の負担増は不可避であろう。その意味で、防犯力低下は警察のせいではないと主張しながらも、刑事警察の、ある程度の増員は認めるほかないと考えている。民間で対応してきたときでさえも、「いいかげんにしないと警察を呼ぶぞ」という脅しあってのものであった。なんらかの形での警察との連携は必要であろう。本書では、警察の将来像は省略して、以下、最終章で将来の共同体像を求めたい。

第二章　境界・共同体と個人

前章で、何が崩壊してきているか検討してきた。対策は、当然その現状認識から出てくる。しかし、その検討に入る前に、現実に犯罪不安や治安悪化に対して既に現れているリアクションについて整理しておきたい。それから、対策として抜けているものを指摘したい。そして最後に、共同体の将来像について言及したい。

1　安心感を求めた動き

たとえば、前述した、流通を押さえるという、実際の防犯の仕組みが崩れてきていること等については、よく認識されていない。現状認識ではなく、不安感こそが、さまざまなリアクションの基礎となっているようである。犯罪に対する安心感を取り戻そうという観点から、それらのリアクションを整理していこう。

まず、考えられる最も単純な方針は、昔に帰ることである。ただし、完全に昔に帰るのは非現実的として、何を取り戻すかである。それはむろん、教育勅語などではない。この手の思い違いについては後に触れたい。前章の分析からして、目指すは、「近隣の人々を一応皆知っているため、ひどいことをする者はいない」という、伝統的共同体的関係の復活が考えられる。地域に防犯目的のＮＰＯができる動きは、犯行を監視によって直接的に防ぐこと以外に、そのような活動を通して地域の人々が知り合い、それによって安心感を得るということが含まれていると見てよいであろう。あまりに地域社会に対して無関心となっていたのを見直そうという気運は、確かにある。ただし、郊外型大型店がますます増加しているなど、人々の交流の機会が減少していく現実の流れを、押し戻しているとはみえない。また、地域共同体の拘束とは相互監視であると考える者からは、監視カメラの設置によって「地域の目」を強化しようという動きもある。[1] 監視カメラには他の観点もあるので、後に詳しく論じたい。

当然であるが、昔に帰るのとは別の方向が、むしろ注目されている。それは、伝統的共同体に頼らないで、個人を中心とし、たとえば、共同体のミニコミの機能に代替する情報インフラを充実させるなどして、安心感を取り戻そうという方向である。これについて検討することは、「日本も、個人主義に基づいた西洋型社会になるしかない」のか、さらに、西洋型にならなくても、近代化自体は不可避なのかという問題に答えることにもなるであろう。

個人が自身の手で安心感を取り戻す、最も単純な方法は、マスコミ等を通じて、治安は大丈夫であるという情報を得ることである。マクロには治安は悪化していないことなど、正確な情報を人々に伝えることには、大いに意味があると考える。しかしながら、正しい情報とは、健全な住宅街でさえ、犯罪に遭遇する危険はあるということであって、全く安心しましょうということにはならない。この方向では、根拠のない不安や、過剰な不安を取り除くことはできても、全くの安心感を得ることはできそうもない。なお、安全神話の時代にそうであったように、ほとんど全く安全ですと偽りの情報を流すことは、個人が自律性を持って判断するということを否定しており、個人主義に反する先祖返りである。

次に考えられる方向は、正しい犯罪情報を手に入れたとして、危険な地域、時間帯を避けることである。欧米では、安全な街を探してそこに住むということが行われているが、日本はそこまでいっていない。伝統的な危険地帯を避ける行動がむしろなくなってきて、夜遅くに繁華街に出ることに抵抗をなくしている。そのような行動を取りながら、安全性を高めよと要求するという、ある意味では矛盾したことをしている。

第三の道は、危険を正しく意識したうえで、犯罪と戦うことである。これは、一旦個人を確立してから、防犯のために力を結集するという方向である。これこそが、西洋型化であろう。真っ先に思い浮かぶのは自警団であろう。ＮＰＯの中にこのような傾向の団体が出現すれば、これに該当する。少し詳しくみておこう。パリに長く滞在して印象的であったのは、交差点で交通事故があったときに、付近の市民が直ちに交差点中央に立ち、手信号で交通整理にあたっていた姿である。日本の場合は、救急車と警察を呼んで、それらが到着するのを待つ。阪神淡路大震災のさいに、信号が消えたために交通が麻痺したが、付近の人々が信号役をすれば済んだはずである。このように、日本人は一般に、組織の一員としては真面目で勤勉としても、一市民としてみずから行動しようという意識は極めて希薄である。そんな日本にも、市民としての義務から行動する動きがあるのであろうか。もしこれが、地域の有力者がなんとかせねばということで動いて、他のメンバーはそれに頼りきりなら、これは安全神話の構造と同じに過ぎない。しかし、かつて、青年団、在郷軍人会、消防組を中心とした日本版自警団が結成されたようにはいかない。[2] そこで、地域有力者が動くメカニズムがもはや働かないという状況認識を踏まえて、人々が個人として参加してくるなら、これは新しい動きに繋がる可能性を持っている。しかし、新たな地域の世話人が決まるだけなのかもしれない。まだ、NPOがどう育つかは明確には判断できない。[3] パトロール活動の他にも、地域に防犯カメラを置こうという動きが盛んである。これは、自警団的発想から出ている面もあるが、パトロールする人的資源の節約という側面が強い。人間関係の回復という観点からは、防犯カメラ設置はなさけない風景である。それに、プロの泥棒にとっては、防犯カメラがあるということは人がいないということであり、むしろやりやすい。カカシで泥棒を追い払おうとしているようなものである。

マンションの建て替えの合意がめったにまとまらないことに見られるように、近隣集団が結集することはなかなか困難である。そこで、一戸建て住宅の住人を中心に、自分で自分の家の防犯だけをする、つまりセコムのような民間防犯会社に頼るということが盛んになってきている。これは、自己責任主義だから、個人主義的といえば確かに個人主義的であるが、これは西洋の理想の個人主義とはむしろ遠く、単なる利己主義に近い。また、この方法は、防犯力は高くなっても、安心感を得ることに対してはあまり成功しているとは思えない。人は、警戒すればするほど、不安になるものである。

結局は、国家機関の手で守ってもらって安心しようという方向しか残されていない。警察官増員、刑務所増築等が、すぐに思い浮かぶが、この点は続いて詳しく論じたい。

2　法化と透明化

第一章において、社会の包摂力の低下について語ってきた。これを埋めるのは国家ということになるしかない。このような現象一般は、法化ということで論じられている。そこから検討してみよう。法化には、いろいろな種類がある。まず立法を伴うものとして、介護保険のように、家族に任されていた領域が、公的に担われるようになる法化がある。これが最も典型的に法化と呼ぶべきものである。第二に、通信傍受法のように、元々行われていたこと(盗聴)が明確に立法化されて合法化される法化がある。第三は、立法は昔からされていたにもかかわらず、法適用されることが少なかった領域で、本当に法を使うようになる法化である。[4] 刑事司法分野では、どのような法化が起きているであろうか。

犯罪被害者関係で、その対応の仕組みが、警察等を中心にして整備されたことは、第一の例であろう。これまでは友人家族に委ねられていたが捨て置かれることが多かった領域を埋めるべく制度ができたといえるであろう。しかし、これは例外で、第二の例も通信傍受法ぐらいである。刑事司法領域の法化は、ほとんどが第三の立法をせずに、法適用が変化した場合である。

たとえば、学校での傷害・暴行事件を子供のケンカということで先生が収めてきたのをやめて、警察を呼ぶようになったというのが、典型例である。部分社会で「解決」されてきた「不祥事」にことごとく警察・検察が介入することが盛んである。医療過誤の立件もこれに該当するであろう。既に述べたように、家族、友人、地域、業界によって内部で処置されてきたものが、それらのインフォーマルな問題解決能力の低下にともない、外部の公的な力の介入を求めるようになってきている。[5] その結果、一一〇番は激増し、警察官の大幅増員の動きとなっていると解釈できる。更生の面でも、異端者を受け入れる力が失われている。保護司の後継者問題は、地方の名士ではなく、専門教育を受けた人材の供給が対策となっている。保護司だけは、地域ボランティアであったが、ここにも専門化が起き、近代化の波が押し寄せているというわけである。また、仮釈放が困難になり、量刑も上がれば、刑務所は過剰収容状態となる。その対策は、施設増設と刑務官の人員増しかない。刑事裁判が増えれば、裁判官も刑事弁護士も増員となる。これらの動きをまとめれば、伝統的共同体を支えてきた小リーダーの手によって、紛争を内部で、秘密裏に収めることができなくなり、事件を公にして、外部専門家に頼る方向といえよう。

ところが、専門家に委ねて安心とはならないようである。不祥事といえば、警察自身も、検察も、裁判官も、先生も、いたるところで暴露されて刑事処分がなされている。ここでもマスコミ報道の影響は大きいと考えられるが、あらゆる権威の失墜現象が、先進各国で起きている。(6) 政治家の倫理観の欠如は、日本においては驚きではないが、医者や法曹まで、ほとんどあらゆる専門家に対して不信感が膨らんできている。警察に対する信頼感の低下も世論調査によれば如実に現れている。これらの不信は、あらゆる領域に透明性を求める動きとなっている。もはや、情報公開と説明責任から逃れられる領域はないといってよいであろう。このように、国家に強く頼ろうとする方向の動きは、国家への信頼感が高いからではないことに留意しなければならない。ぼんやり安心しきって生活できなくなった個人が、情報を求めている、それも権利として求めているのである。

不祥事の公表ではなくて、まさに、市民のための情報提供という観点から、二〇〇三年に大きな変化が現れた。それは、地域別の罪種別の犯罪密度が、地図上に記されるかたちで、警視庁によって公表され始めたことである。これは、インターネット上に提供されたのみならず、Yomiuri Weekly や週刊朝日といった雑誌に掲載されたうえ、朝日新聞にも大きく取り上げられた。[7] かつて犯罪学者が求めても、あるいは地元住民が求めても、警察は、犯罪多発地点を教えてはくれなかった。理由は、不動産価格への影響、地元の反発などが示されたが、もうひとつは、部落差別問題であったろう。この問題が大幅解消に向かったこと、地理情報を扱うソフトが開発されたことは、情報公開を開始した大きな理由であろう。しかし、さらに根本的なことは、そもそも、地元の情報は、地元住民は元々知っていたはずである。そのような地元情報が高い移動性とミニコミの喪失によって失われてはじめて、情報ニーズが生まれる。地域と人との結びつきが希薄になったわけである。この希薄化は、地理的境界を薄くさせ、これまであったような歴史に根ざす差別を減少させる。しかし、新たな問題がある。それは、警察とマスコミが連携して提供した地域情報をもとに住民が住む所を選択するような、そのような社会状況になる可能性があることである。この方向に行けば、欧米のような、富裕層と貧困層が別々に居住するという、別の意味での「差別」が発生する。この危険性はあまり意識されずに、情報提供によって、警察と地域共同体が新たな連携をさぐる方向が意識されているとみえる。情報提供は、全ての第一歩であるが、思わぬ展開を呼ぶ危険性についても、もっと意識されてよいであろう。

3　ハイテク監視とプライバシー

法化と透明化が進んだ社会は、中間集団のリーダーが密かに紛争解決することを拒んでいると述べた。他者に関心を持つリーダー達が、後継者不足によって減少すれば、後に残された社会は、バラバラの個人を基礎とするほかない。ところが、社会内の構成員の匿名性が高くなれば、犯罪者検挙はそれに比例して困難にならざるをえない。そこで登場するのが、顔を知っていることによる統制に代わる、番号による統制である。近所の目がうるさくなくなり、自分の行動が認知されることが減少した一方、さまざまな電子や磁気媒体に市民の行動は記録されている。電話や電子メールを誰にいつ送受信したかはむろん、カードで電車に乗れば記録され、買物してもレシートには時刻と買った商品が印刷され、店指定のカードで買えば顧客の消費行動として記録される。クレジットカードを使えば、高速道路利用も駐車場の利用も何もかも記録される。そんな状況になってきている。当然ながら、このような技術を犯罪防止に利用しようという動きがでてくる。警察が使用している、主用道路の利用者を記録するNシステム(8)がその代表である。

単に防犯カメラを設置しても、誰かがそれを見ていて、事があれば短時間で駆けつけることができなければ効果は薄い。しかし、Nシステムのように番号がついていれば、検索機能を生かして、今度は恐るべき効力を発揮する。ある特定の自動車の主用道路使用は完全に把握できてしまう。これに、さらにGPSやICタグを導入すれば、監視能力は飛躍的に高まる(9)。ここから、恐るべき監視社会の成立を許すのかどうかという議論が起きている。プライバシー問題について一言しておきたい。

プライバシー問題についても、小集団のリーダーは大切な役割を担ってきた。日本社会は、プライバシーが少ない社会と言われながら、一般住民は、自分のプライバシーを守りたいと思っている。住民基本台帳や国民総背番号制への反発等を見てもそれは確認できる。住民が相互によく知り合っていることを強調し前提としてきたが、デリケートで知られたくない問題もある。治安に関係することはその典型である。実際のところ、リーダーとその他少数の者は承知しているが、他の一般メンバーには内密にしておくということが行われてきた。どの事件を起こした非行少年がどこに預かられているかなど、常に非公表であった。つまり、プライバシーが少ない社会と言われながら、それなりに守ってくれる仕組みがあったわけである。高度な技術を使用したシステムのジレンマは、それを導入すれば、監視力が強過ぎ、使用許可しなければ、監視力が落ちすぎるということである。この問題をどうクリアするかが今後の大きな課題と考える。日本人は、外国に行かない限り(パスポート)、自分が誰であるか証明するための写真入りのアイデンティティカードを必要としなかったが、今では、銀行口座の開設等に、写真入りの証明書が原則必要[10]となったのみならず、ビルや学校内で、写真入りのアイデンティティカードをぶら下げることが増えてきている。[11]顔見知りであることによる統制のみにたよることは、もはや無理であろう。しかし、ハイテク監視に頼り切ることもまたできないことが見過ごされている。

一例あげると、品川区が、子供が防犯ブザーを押せば居場所がわかり、近くの住民や警察が駆けつけるシステムを開発することが報じられている。[12]これは、「子供は機械を持たせて一人ぼっちにさせよう」という方針であろうか。機械の開発の前に、共同体像について検討する必要があるのではないか。意識していなくとも「常に、誰かが近くにいた社会」が消滅し、親なりなんなりが「常にそばにいてあげる」のは不可能というのが一般的な状況認識であると思う。この不可能状況を打破することを、遠距離通勤や残業を減らすことも含めて、検討すべきであろう。

4 境界の必要性

ここまで、様々な対応について検討してきたが、人間関係の希薄化に対する対応が少なく、将来像としての統一性もない。そのうえ、安全神話崩壊の鍵であるとした境界の問題について十分意識されていない。確かに、安全神話を復活させるつもりでなければ、境界の復活も不要とはいえよう。しかし、安全神話を復活させないとしても、境界自体は必要ではないのかが問われなければならない。境界の問題をまず論じて、そこから共同体像の問題に迫っていきたい。

繁華街と住宅街、夜と昼といった境界が薄れてきたことは既に指摘した。風俗店は、続々と地方や郊外に進出している。そのなかでも最も象徴的なのはデリバリーヘルスである。無店舗であることもさながら、自宅に風俗嬢を呼ぶとは、まさに近所の目を全く気にかけない社会の到来である。ケータイ電話で好みのデリヘル嬢を、どこからでもどこにでも呼び出してホテルに行くこともできる。まさにユビキタス社会である。ところが、境界はなくなる一方とはいかない。興味深いのは、住宅街に進出目覚しいツタヤのようなレンタルビデオ屋である。そこには小さい子供を連れた母親がアニメを借りに来ている一方、カーテンと棚一つ隔てた同じ店舗内にはアダルトビデオが並んでおり、それが目当ての客も来ている。住宅街でアダルトビデオが容易に手に入る環境は、境界が薄くなったことの典型例である。これは、夜の部分をなくして、全てを昼の世界にできない例でもあるが、境界がなくなってしまうわけにはいかない例とも考えられる。

子供と大人の境界は、かなり曖昧になってきている。犯罪についても低年齢化がしばしば指摘されるが、これは勘違いであると思う。少年どころか二〇歳過ぎの者も昔に比較すれば幼稚でひ弱になっている印象である[13]。年齢ごとのらしさが失われた結果、最低年齢の記録が更新されているだけであろう。それでは、この境界はなくなるのであろうか。それは、ありえないのではなかろうか。極端に年少の子供を考慮すれば、性の問題に限らず、境界なしに大人と同じとはいかないことは明らかであろう。個人主義に基づき、国家が禁止するのは全てやめて、個人の判断に任せるなどといっても、判断力のある個人として生まれてくるのではない。教育され、成長を経てこそ個人主義で言うところの「個人」となることができるに過ぎない。まず、この点から、成人と未成年の境界はなんらかの形で必要不可欠といえるであろう。

さらに、実は、これよりも深い理由で境界なしの社会は成り立たないと考える。そもそも、境界の問題の中心であった「犯罪に係る人々」と「犯罪と無縁の人々」との区別は、「ハレ」と「ケ」との区別である。この境界こそが最も重要である。この境界を論ずるに最適の例は、犯罪被害者問題である。被害者になることは、この境界を突然越えてしまうことを意味する。PTSDと診断されるにせよされないにせよ、一度犯罪に遭遇した者は、安心感を失う。それを取り戻して元気に生活できるように立ち直るとは、まさに日常「ケ」の世界に帰ることである。他稿で既に論じたが、安心感を持って生きることが正常状態と考えられているが、自分はいつ犯罪に遭遇するかわからないということこそ客観的には正しい認識である[14]。安全神話を信じている人々をおめでたいと批判することは早計である。この問題は、おそらく根本的には、死に対する意識の問題に繋がっていると考える。自分がいつか必ず死ぬということを人は知っているハズである。それは明日かも今日かもしれない。それにもかかわらず、普段の日常生活において、ほとんどそれは意識されていない。犯罪に対する安心感も、境界を作って、いつ犯罪に遭遇するかもしれないことを意識しないことによって得られている。個人に、神と比較できるような全能を仮定していては、人々が犯罪に対してどのような意識状態にあるかを見逃してしまう。境界の必要性の根源はここにある。そして、個人主義の限界もここにある。

しかし、残念ながら、この境界の問題は見逃されている。具体的な例をひとつ見ておこう。それは、最も基本的な境界であると述べてきた、夜の繁華街と昼の住宅街という境界と成人と未成年の境界に関わる。かつて、中高生が夜の繁華街を歩いていれば、何も犯罪行為をしていなくても「夜遊び」として補導され、場合によっては虞犯として送致された。これが七〇年代前半から、送致人員は激減している。前田雅英は、この直接原因は、七一年名古屋高裁判決(昭和四六年一〇月二七日、家裁月報二四巻六号六六頁)が、家出してシンナーまでやっていた少年を保護観察処分とした一審判決を取り消したことが警察の現場に影響を与えたとし、さらに、その背景には、アメリカから伝わった「自由主義の強調」があると批判する。(15) どのような考えに基づくのか明確ではないが、横浜市は、夜遅くに外出している少年の親に罰金を科すことを検討中ときく。このような動きに対しての反対論は、毎度のように、個人の自由擁護である。相変わらずの対立軸である。言論の場は、政治的対立の影響を強く受けるから致し方ないとしても、驚くべきは裁判所の判決である。社会が不文律として醸成してきた、夜昼や繁華街・住宅街、大人と子供の境界の持つ意味など考察だにしないで、個人の自由を制限することに厳密であろうというだけの貧困な発想は、まさに狭い意味での法律しか知らない裁判官の非常識な判決そのものと言いたくなる。夜遊びする子供達を放置しないとしても、誰がどう介入するかの問題は残されているが、この場合、国家権力が禁欲して、一般市民が注意するにまかせることはできない。その理由は、一般市民が活躍するべき時間帯と場ではない夜の繁華街のことであるからである。[16]

対立軸を整理しておこう。判例の立場は、「あらゆる個人は原則自由であり、それを規制する事由は厳密に制限されるべき」と要約できる。これは、法の抽象的な原則を貫徹しようという立場と言い直せるであろう。対立しているのは、あらゆる個人に子供を含め、原則どこにでも行くことができ、夜遊びやシンナー吸引を問題ではあるが重大ではないとみなしている点である。日本の伝統的社会常識は、子供と大人を区別し、夜の繁華街を特別視し、非行には早めに介入し更生をはかることである。早期介入こそ日本の刑事政策が成功してきた最大の理由と指摘してきた。繁華街で悪い人脈をつくり犯罪の方法を学ぶ前に補導することが、どれほど効果的であろうか。この判事は、この伝統のことを承知していたのであろうか。

5　方法論的共同体主義

国家対個人とは異なるが、社会内の境界を重視していこうということは、個人の自由から出発する発想とは対立している。境界重視を、ある種の共同体論として構成しておきたい。

歴史的に見て、個人の自由が、国家や共同体のために奉仕せよということで制限され過ぎてきたことは間違いないであろう。ほんの数十年前に何千万人の命を奪う戦争をしたばかりであるのも事実である。おそらく、そのためであろうが、個人主義は、「弾圧者からの自由」を強調してきた。しかし、これだけでは、その人自身のアイデンティティがない。「何かをする自由」こそが、本来の個人主義の中心であった。それに、戦後、個人が共同体の拘束から自由になったといえば肯定的であるが、バラバラになり孤独になり、安定性を失った。「自分がしたいことをする自由」を与えられても、「自分は何がしたいのか分からない」という状況に陥った。さらに、社会は自分が何者になればよいのか答えを与えてくれないばかりか、社会自体のあるべき姿さえ個人が考えて作らねばならない。この最後の部分は、個人が「他者と共同で何かをする自由」を踏まえて「好みの共同体を形成する自由」にかかわる。[17] 自由な個人として生きるならば、所与の社会に安閑とできない。自分どころか、社会のあり方まで考えなければならないとは、なんと重い負担であろうか。

個人意志の集積体が国家を形成し、その国家のみが個人の自由を制限し得るという、おなじみのモデルでは、確かな判断力を保持した抽象的で理想化された個人が想定されている。実際の個人は、赤ん坊として生まれ、議論するためにまず言語を習得することから始めねばならない存在である。個人がそれなりの自律性を獲得して活躍するためには、それを育む様々な既存の文化が必要である。たとえば、プロ野球選手になるということは自由な職業選択と言えるが、それが実現可能であるためには、その社会に野球というスポーツが既にあり、人々がそれを観戦して楽しむ文化なくして不可能である。このように、個人は、自己形成のために、共同体に受け継がれてきた文化に大きく依存する。[18]

ここで注意が必要なのは、文化的伝統と国家を同一視しないことである。言語の文法は法律によって強制されないし、作者不明である。文化の権利主体は存在しない。したがって、具体的な誰かによって代表されている国家とは異なり、暴走の危険は少ない。確かに、その中で育った個人は文化に規定される面はあるが、後で抜け出せれば良い。むしろ、ある価値モデルを押しつけることによって人間形成を助け、それから、各人が、そのモデルと対決することが最も自然な成長経過であろう。この観点からは、社会内で、これが正しいとされる規範の存在はおろか、その押しつけさえ、個人にとって不可欠なことである。さらに、そこで受け継ぎ発展させたものを、さらに次の世代に継承する義務なしに、個人は成立しない。[19] 野球でいえば、誰かから教わり、後輩に教えなければ、野球という文化は存続しない。このように考察すれば、個人主義から見ても、共同体がいかに大切であるかがわかるであろう。ただし、誰かから誰かであり、一対一でよい。擬似家族集団が存在する必要性はないことを重ねて確認しておきたい。

これは、共同体の利益が個人の利益に優先することを否定したうえで、共同体を重視するという立場である。個人から出発することを当然視するあまり見落とされてきたことが、ここから見えてくるであろう。フェリは、このような立場を方法論的共同体主義と呼んでいる。[20] これは、むろん方法論的個人主義に対抗する立場で、かつ、共同体自体の価値を個人の上位に置かないということでの命名である。以下、まさに、この立場に立って、あるべき共同体像について、文化的・社会的境界に注目しつつ考察していこう。

6　中途半端な西洋化

生れ落ちた共同体に、既に、ある文化的伝統が存在し、それによって個人が形成され、それから個人と伝統の対決があることを強調した。この議論は、その個人が生れ落ちた共同体に生き続けることを想定している。これとは対照的に、ある価値観を持つ者達が、そうでない者を追い出すなり、新天地を発見するなり、いずれにせよ新たに共同体を形成するということも考えられる。後者のモデルに最も近いのはアメリカであり、ヨーロッパと日本は前者に近い、であろう。しかし、新たに形成された共同体といえども、すぐに伝統を持ち始めるであろうし、生まれた地域に固執しないことも、より広い地域におけるひとつの文化的伝統と見ることができる。程度の差こそあれ、文化的伝統に強く縛られていることを肝に銘じるべきである。

欧米の伝統について、既に述べてきたが、境界に注目して、もう一度まとめておこう。欧米共同体で重要な境界は、話し合い不能の外なる敵と内なる味方である。個人が伝統と激しく対決することを許容し、その対立を止揚して文明はさらに高みに昇るというパターンを持つが、暴力を振るう者は論外である。暴力には暴力でもって立ち向かうしかないと考えられ、その準備(軍備)を怠らない。外敵が、街の城壁によって侵入を防がれてきたように、犯罪者もまた、高い塀のなか、つまり刑務所に収容される。見事なまでに明確な境界であり、そこで仕切られた中で安全に暮そうというわけである。これについては、力による強制に頼る伝統として第Ⅱ部第一章で述べてきたが、ここでも境界の果たす役割は大きい。

ところが、欧米の伝統は、これだけではない。キリスト教と深く結びついた人類愛の伝統がある。制度的には、人権擁護であることは既に述べたところである。ここで注目したいことは、教区ごとに教会があり、そこには、あらゆる人々が入ることを許されていることである。日曜日に地域内のメンバーが一所に集うという、境界なしのつきあいが想定されている。むろん現実的には、宗教間の争いや、実際にミサに行くのは人口の一五%(フランス)になってしまったという問題はある。しかし、強い排外性の補償作用として、このような伝統が確固として存在することは確かである。両方の伝統の関係は、哲学思想的には、人類愛が基幹であり、暴力を振るう人々に対する扱いは例外とされる。しかし、現実は、まず武装して、その行き過ぎを正す方向で発展してきたように思う。そして、日本と比較して、最大の問題は、郊外も含めたある都市内で、富裕層と貧困層がかなり明確に分かれて居住していることである。これについては後述する。

さて、この二つの伝統を総合的に捉えなければならず、追い着け追い越せで日本を人権大国にという発想は単純過ぎると批判してきた。このように述べれば、日本における人権擁護活動は間違いであるかのように理解されるかもしれない。しかし、私は、日本における人権擁護運動には、十分な意義があったと考えている。なぜなら、明治維新以来、欧米の影響は大きく、それは既に日本の伝統となっていると考えているからである。多くの日本のリーダーは留学して、欧米流の理屈を身につけ、富国強兵に走った。欧米の伝統の「力による悪の排除」の部分の継承である。そして、大まかに言って、人類愛の伝統のほうは継承しなかった。たとえば、宮崎学は、一九一〇年の大逆事件前後の動きを、欧米で社会防衛論を学んだ平沼騏一郎らによる、被差別部落という異物を一掃しようという動きであったとする。(21) 差別は日本社会古来のものであるが、被差別部落を消滅させようという発想は日本のものではない。差別対象の賤民は必要不可欠と考えるのが伝統であったろう。在日韓国・朝鮮人についても同様の例がある。いつのまに隠蔽されたものか不明であるが、戦前には在日朝鮮人に参政権(選挙権も被選挙権も)があったという。地方議会だけでなく衆院も、である。しかもハングルでの投票が許されていた。(22) なんという共存の精神であろうか。法的には一九四五年一二月一七日の衆議院議員選挙法改正によって、彼らは参政権を失ったが(23)、実態としては、戦中の動員と強制連行が始まる頃に、大らかな共存は終わっていたであろう。

日本の近代国家が、それなりに欧米型にできており、力と排除を使う伝統を持ってしまった以上、これに対抗することが必要であった。その意味において、日本で人権擁護運動が行われてきたことは、それなりの意義はあった。個人的にも、人権運動家のなかに尊敬できる人物は多数いる。そのことは確認しておきたい。

そのうえでの批判であるが、ただ人権を言うだけでは大局を誤る。中途半端に西洋化してしまって、それが既に伝統の一部をなす以上、完全西洋化は、理論上は、ひとつの解決策かもしれない。しかし、日本の文化的伝統が短期間で根本的に西洋化するとは考えられない。これまで伝わってきた伝統を大切にし、そこに犯罪との見事な付き合い方があれば、むしろ世界にそれを伝えていくほうを選択すべきであると考える。

7　専門化の落とし穴

西洋化は否定しても近代化は否定しようがないとみえる。かつて、近隣づきあいの機会を提供してくれる代表的なものとして「井戸端会議」というものがあった。水道が整備されたため、これは完全に消滅した。しかし、水の安全性を専門家が科学的に保障する水道の仕組みは、各家庭が水の確保をするよりも、やはり合理的であろう。一般個人は、水の安全性についての知識は低く、蛇口をひねって水を出し、良い水が出なければ文句を言うだけであるが、これでもって人々の意識が低いと批判すべきであろうか。あらゆる人が水の知識を持たなくて良いことこそが、専門化のメリットであり、そこで節約されたエネルギーを他に振り向けて、自分も何かの「専門家」として社会に貢献することができれば、社会全体が豊かになることが想定されているはずである。このように考察すれば、問題は、専門化というよりも分業化である。水道局に働く人々が全て専門家とは呼ばれないが、分業による貢献には皆が参加している。「専門家となって個人として沢山稼ぐ」のか、「分業の一翼を担って社会全体の利益の増大に貢献する」のか、よく問題にされる。私の立場を表明しておけば、分業はやはりその合理性でもって全体の利益を最大化するために行われると考える。ただし、その全体の最大化は、個々の公正な配分の最大化を最終的には目指しているとみる。ただし、全体への貢献を経ないで自己利益のみを追求することは許されないと考える。個人の利益追求欲求をエンジンとする競争原理によって経済を動かしていく考え方も、全体のパイの増大が目的として入っている。個人間の公平な分配を前提すれば、個人利益の増大のためには全体のパイの増大しかないと言い換えてもよいであろう。これはつまるところ、分業者間に強い連帯があることを想定している。(24) 個人から見た場合、自己利益を追求してよいが、分け前を沢山いただけるのは、あくまで社会貢献度が大きいからである。

以上、個人利益追求と社会全体の利益という、古くから議論されてきた問題について最小の要約をした。このような大問題をこれほど簡単にまとめたのは、私がここで問題にしたいことは、これとは別の問題であるからである。それは、社会貢献度が大切としても、それは、どのように測定されるのかという問題である。井戸端会議に社会的機能があったならば、それをなくす水道の整備は、マイナスの社会貢献をしてしまう。このように単純な経済上の計算からもれてしまう社会貢献をどうするのかというのが、今後のあるべき共同体にとっての課題である。

治安の話に戻そう。互いに顔見知りであるという伝統的共同体的関係が、治安の基礎であると述べてきた。とりわけ安心のためには、顔見知りであることは重要である。顔見知りの意味をここでさらに詳しく見て確認しておこう。顔を知っているとは、名前がわかっているということだけではないであろう。「どこの誰だか知っている」という表現があるように住んでいる所がわかっており、性別も外見で判断できているであろう。だが、それだけでもないと考える。近所に引っ越してきた住人の名前は表札で確認できて性別もわかっても、それで安心な人とはいかないであろう。「隣は何をする人ぞ」ということで、やはり重要であるのは職業であろう。この職業というのは、それ程、尊敬される職業であったりする必要はない。いかつい顔した大柄な外国人というのは、最も怖そうであるが、彼が格闘技の選手(ボブ・サップでもミルコ・クロコップでも)と知ればもう安心であろう。逆に言えば、それ以上のプライバシーはいらないわけである。分業による合理性追求を可能にするために社会の規模を拡大して匿名化が発生したという経過からも、職業を持つことは、何らかの社会貢献するということと同義なのであろう。

このことを確認すれば、井戸端会議が消滅したこと自体は問題ではない。何か地域社会の人々を繋ぐ出会いの機会が他にあれば十分なのである。最近、商店街が衰退し、自動車で出かける大型店とコンビニ社会になってきたことも、この機会を大幅に奪うことによって、さらに地域社会の伝統的共同体関係を掘り崩してしまった。しかし、単純に大型店が悪いのではない。人々の交流を促す社会的貢献を担う活動を、住民の生活リズムの中にうまく組み込むというグランドデザインの欠如こそが、本当の問題である。夕涼みも銭湯もとっくに衰退してしまって、おそらく、日常的な出会いの機会のうちで、最後に残された大きなものが店での買物であったのであろう。その衰退の影響は大きいと感じる。この他に、あらゆる住民と浅く接触する良い機会を与えると言えば、祭りがある。祭りは、とりわけ地域の子供の顔を覚えるために、子供が参加したがる工夫(何か貰える)がされている。普段は生活パターンからして会うはずもない人々と出会うという、非日常世界も包含した広義の共同体における構成員の交流のために祭りがあると解釈してよいであろう。専門化とは正反対に、単純で同じ踊りを踊るなど、祭りこそ、共同体の連帯感の基礎であり、匿名社会に対抗する伝統的共同体(顔見知り社会)の精髄である。その祭りも、衰退あるいは変質してきているし、それが存在しない街さえある。祭りは、個人の作者も所有者もなく、ただ人々の間で受け継がれてきた。まさに、文化的伝統である。近代化を否定して社会変化を止めないなら、人々が知り合う機会を与えることの重要性を計算したうえで、将来の共同体像を描くしかない。

知り合う機会を与えるものが何であるべきかまで、本書で論じることはできない。何かが必要という指摘にとどめたい。ただ、犯罪に対する安心感ということから、範囲については、暴力という物理的接触がテーマである以上、徒歩圏、つまり歩いて自宅から一〇分以内の狭い範囲を考えている。皆が知り合うことができる人数は、何十家族かが限界であることおよび、人口密集を考慮すれば、範囲は、さらにかなり狭くなる。地蔵盆の単位ぐらいが想定できるであろう。

8　問題児の世話

知り合っただけでは十分ではない。実際に犯罪を阻止するには、各共同体にいるであろう問題児を誰かが世話して、バカなことをしでかさないようにしなければならない。また、事件が起きれば、その後始末もしなければならない。何度も指摘したが、小さい事件の内に対応するのが最良である。ところが、この問題児の世話は地域共同体の得意とするところではない。日本社会は、業界と会社ごとに仕切られている。各業界あるいは会社で、問題児は放逐されないで、世話され続けている。クビにすること等で脅しながら「指導」することは、刑罰などよりはるかに有効的である。この仕組みは、時には、使い込みのように、本当に犯罪であったにもかかわらず、尻拭いなどが行なわれ、犯罪が隠蔽されることとも相俟って、犯罪の少ない日本を成り立たせてきた。むろん、放逐しなくても自分から抜けてしまうなど、どうしてもアブレル者はいる。その者たちを「指導」する者がいなくては、このシステムは完成しない。その役こそ、ヤクザの親分達の仕事ではなかったかと考えられる。

実は、この仕組みは大きく揺らいでいる。たとえば、問題のある教員は、一九九九年から多数公式に処分されはじめ、二〇〇二年度からは免職処分が急増している。[25] 裁判官も問題がある者は、再任されないようになりつつある。[26] 不適格な者を辞めさせること自体は、それなりに有意義であることは論をまたない。しかし、副作用について考える必要がある。懸念されることは、たとえば、わいせつ行為で辞めさせられた教員が、さらに悪い性犯罪に走らないかである。辞めさせないパターンでは、誰かが問題児の世話を続けるという歯止めが期待できた。単純に放逐して、見放してしまうと、問題児はその後どうなるかわからない。辞めた問題児の、せめて行き先を世話した上で免職させなければ、無責任であろう。ところが、そこのところをきっちりやらない傾向が出てきているようである。ここをサボルならば、日本の伝統的治安の良さは、大幅に崩れていくであろう。問題児の世話をすることを、社会的貢献として、きっちり評価することが必要である。

そのためには、まず社会全体つまり外部から評価され、それゆえに内部から評価される必要があろう。評価の問題は、伝統的共同体的関係の中でインフォーマルに行われてきたが、これは内部評価にしか有効的でなかった。これが崩れたのを立て直し、さらに外部評価システムを作るという大きな課題に直面している。一般人員については、成果主義が言われるが、ノルマのような数字の指標ではなく、濃い人間関係を前提に、長期的視野から上司が総合評価するのがよいであろう。幹部については、別である。外部から、結果責任を問われる必要があろう[27]。

9　現場の鬼の保存

伝統的共同体的関係が全ての基礎であると述べた。確かに、鬱陶しいベタベタした関係から逃れたいという気持は理解でき、いい加減にしてほしい方々も依然として存在しているが、若年層の「人間関係の希薄さ」には驚くべきものがある。彼等には友達がいないのではなく、極めて少数の固定した同年齢の友人しかいない傾向がある。仕事にせよ生き方にせよ、先輩から世代を越えて受け継いでいかなければ、会社も社会も存続しないであろう。これは刑事司法に携わる組織でも同じである。先輩が後輩に威張り過ぎる悪弊が消滅しつつあることは評価できるが、その後の先輩後輩関係が、新しい伝統として生まれていないとみえる。

以上のように現状認識すれば、受け継ぐべき事柄は、インフォーマルな関係に委ねることをやめて、公式の研修で伝えることを考えるしかない。ただ、大勢集めて講師が話す研修ではだめであろう。それが可能ならば、伝統を受け継ぐのは学校教育でできる。学校教育も、家庭における親子を通しての伝達も、基礎教育としての補助的な意義はあるが、何かを厳密に伝えることとは別のことであろう。それは、誰かから誰かに極めて少数者間、ほとんど一対一で伝えるしかない。そのような研修を組織しなければならない。現時点では、研修は、新人に対してなされるのが主である。司法研修所、警察学校、警察大学、矯正研修所等で、技量修得とともに人間関係を作って、後は、それにまかせてきた。これからは、オン・ザ・ジョブ・トレーニングの充実が必要であろう。法務総合研究所での検事の研修、警察大学校での研修等、既にないわけではないが、さらに充実させる必要があると考える。また、新人教育を、誰が誰を担当するか明確に責任を負わせるのも有効であろう。この場合、その指導ぶりを監督する者も明確にし、かつ、新人指導者を一元化しないで複数用意し、不幸な組み合わせによる悲劇をコントロールすることが必須であろう。これらは、かつて、新人が師匠を求めて接近するなり、上司のほうから目をかけてやるなど、インフォーマルに行われてきた。その仕組みの制度化であり、これも広義には、法化の流れに属するであろう。

このようにして、点数で管理するのではなく、人物を評価して任せることができる人間関係を、職場内に確保したい。そのうえで、一対一の伝統を守れるような現場の鬼を再生産し続けたい。そのさい、誰が誰に一対一を任せたか責任を明確にすることは、今後必要であろう。失敗を隠蔽して無謬神話を守ることをやめることは、安全神話を捨てる以上、当然の方向であろう。そうしてこそ、この伝統が、暗黙の同意ではなく、本当に評価されることになるであろう。

さて、このように、全てを表に出す方向で伝統を守るとしたとき、一点、大きな問題がある。それは、現場の鬼が、法律にあからさまに反する行為をし、それが表面に出されたときどう対処するかである。一例あげてみよう。フランスでのことである。ある日、深夜に、若者がゴミ箱をひっくり返して、ゴミを街に撒き散らしているところに、警察官が遭遇したとしよう。このときこの警察官は、どうすれば良いのであろうか。若者を叱りつけて、ゴミを元通りにゴミ箱に戻させて、それで許してやるのが常識的と考えられないであろうか。ところが、法律によると、警察官は市民に、何らの行動も強制してはならない。したがって、この判断は法律違反である。法律にしたがえば、若者を違警罪で逮捕して罰金刑に処すしかない、そしてゴミはその場に散乱したままで、翌日清掃局が片付けに来るということになる。このような「解決」を評価できるであろうか。

このケースについて、単に法律が良くないからであると考えるかもしれない。しかし、問題はそこにはない。あらゆるケースを想定して、法律を細かく整備して、ひたすらそれに従うという、マニュアル頼りは、人間関係の構築を無視している。二人が出会い、警察官の怒りの感情なりなんなりが伝わらなくては、人と人との共同体ではないであろう。

一点補足しておきたいことがある。社会常識が法に優先するとはいかないので、苦しい法解釈を考案してゴミを片付けさせることを可能にするという選択もある。たとえば、教師が生徒に体罰を与えることが「社会常識」であった時代に、特別権力関係論をもって体罰等を合法、合憲としてきた例がある。なんとか「社会常識」と法の齟齬をなくそうという努力のつもりであったろうが、ひどい体罰の実態等が明るみに出され非難され、「社会常識」のほうが変化する形で、特別権力関係論は葬られたというのが大方の理解であろう。ところが現実に体罰はなくなってなどいない。多くの学生達は体罰の経験がある。私見を述べれば、残念ながら体罰全くなしで教育する方法を人類が発明したとは思えない。全ての体罰が悪とは言いがたいと考える。私も息子に手をあげたこともあるし、親から叩かれたこともある。そして、それが間違いであったとも思わない。しかし、体罰は断じて正当化されて用いられてはならないと考えている。お墨付きを貰った体罰を振るう安易さと、現場でどうしても使うしかなかった体罰は、異なるものである。体罰はあくまでいけないことであるが、頼るほかない場合もありうる。そういうものであろう。法解釈の技術で、この問題を超えることはできないであろう。無理な法解釈で、現場の「常識」を全て正当化してはならない。したがって、このことの裏を返せば、法マニュアルに頼らない、現場の鬼が必要ということである。先ほどの例で、若者にゴミ掃除をさせて許すかどうかは、まさに現場での判断次第である。

10　治安から見た理想の共同体像

これまで述べてきたことから、治安という観点から見た、あるべき地域社会像を示しておきたい。これは、他の重要な諸観点と照らし合わせて、総合してはじめて、本当の将来像たりえるものである。本書の冒頭でことわったごとく、その意味で、これは結論ではなく、そこに至るためのステップとして提出するものである。

第一に強調したいことは、境界をどのように活かすか、である。身の安全に危険がある、暴力的な暗黒街を復活させて良いとは考えない。しかし、たとえば、風俗産業を全くなくしてしまうことはできないとすれば、それらは、どこかに隔離する必要がある。この境界は明確にし、配置を考える必要がある。このことは、大人だけの、妖しげで興奮を呼ぶ、夜の街を許容するということである。これを規制し、半端に「健全化」してしまい、それがどこにあってもよいようになることを防がねばならない。さもないと、中途半端な不健全さが、住宅街の住民を不安がらせることになるであろう。

境界の明確化の中で、夜昼の境界は、とりわけ重要である。具体例をあげれば、コンビニ店に代表される二四時間営業を住宅街で制限すると効果的である。現在は、多くの人々が夜型人間となり、日暮れてから外出している者が多い。深夜、泥棒が徘徊していて、警官の職務質問に遭っても、常に、「そこのコンビニまで行くところ」と答えることができる。それに、そもそも、外出者が多すぎて職務質問に遭わない。ところが、もし、住宅街では、夜は店が全てしまっており、外出者が激減すれば、どうであろうか。これは、不審者を捜す警察にとって、理想的な環境であろう。

このような状態になったからといって、安心しきれるわけではない。夜が夜らしくなれば、夜は怖い。畏怖の感覚から逃れることはできない。しかし、夜に対する畏怖の感覚があってこそ、昼も昼らしく安心になる。夜に買物などの外出をしないということは、昼間は大賑わいのはずである。昼間の住宅街や田舎町が、人通りの希薄な街となることが、それら地域の治安悪化と不安の高まりの原因であった。恐い夜が帰ってきてこそ、安心な昼も帰ってくるということである。

防犯と言えば監視であると考えて、目を重視する傾向があるように思う。しかし、人間は本来、音によって危険を察知する動物である。夜は暗くて目が見えなかったはずである。したがって、安心をもたらすのは静けさである。住宅内で凶悪犯罪を行うさいに犯人は、犯行を近所に聞かれないためにテレビやステレオの音を大きくする例がある。せめて深夜は、静かにしたいものである。テレビを消せば、どれほど屋外の音が聞こえることか。車のエンジン音や足音で、帰宅者や来訪者が察知できる。夜をなくそうというかのように街を明るくすることが行われたが、最低限の街灯を除いて、夜は闇がふさわしい。店が全て閉まれば、帰宅するほかなく、コンビニに若者がたむろすることもなくなる。むろん、繁華街は別のところで輝いている必要があり、夜を徹して騒ぐ祭りのようなものも必要であろう。

町並みについても検討が必要である。町並み整備といえば、整然と真っ直ぐの道が縦横に走ることがイメージされる。真っ直ぐの道は、隠れた部分がなくなり、監視に適する。ひったくりも視野から逃れにくい。一見、理想の町並みのようだが、私は、そうは考えない。まず、第一に、物理的な視野を広げても、結局人間がいなければ無意味である。人通りの少なさを前提した街作りは、本末転倒である。また、安心感という観点からは、殺伐とした真っ直ぐの通りではなく、迷路のような入り組んだ街こそ理想である。そのような街には、その迷路を熟知した地元の人間しか入り込めない。もし、そのようなところで、ひったくりをすれば、一旦は逃げ切れても、土地勘がある人物に絞った捜査により、早いとこ追い詰められるであろう。したがって、そのような街では犯罪は起きにくい。自分が熟知する地元の迷路に入ったとたんに安心するということが可能になる。人は、自分の穴倉で安心するのであって、真っ直ぐの通りで安心するのではない。

問題は、全ての道を迷路にしては不便でやっていけないことである。徒歩圏の迷路の街を、外界に通じさせる広く直線的な道路で繋ぐ必要があろう。その場合、幹線道路沿いが犯罪危険地帯となることが予想される。対策は、街を壁で囲うことではない。考え方として、まず、文明の利器を使って大きく移動する場合と、自分の街を歩き回ることを明確に分けたい。そのうえで、後者については、プライバシーを重視し、監視しない一方、前者の大きな移動については、科学技術を活用して監視強化に努めればよい。警察にとって、人間関係と地縁の線で捜査する伝統的方法では、広域にまたがる、いわゆるボーダーレス犯罪の捜査は困難である。Nシステムのようなものがなくては、大きく移動されただけで逮捕は困難になる。誰が、何時に、どこからどこへ移動したかの記録は必要であろう。むろん、そのデータが使用できる場合の限定と濫用禁止についてのコントロールは不可欠である。警察側からみれば、広域の監視システムと、地縁と人間関係を使った捜査の組み合わせで活動することができ、住民からは、肝心の身近なプライバシーは守られることになる。移動を統制して、範囲を絞って統制する方法は、関所や木戸番でおなじみの、日本の伝統の延長線上にある。範囲さえ絞れば、あとは人間関係を作ってやっていけるという前提が、この仕組みの要点である。

例をあげておこう。所一彦は「見知らぬ同士が同じ旅客機に大勢乗り合わせることができるのは、入口での所持品検査のお蔭である」(28)と述べている。匿名性が高い程、監視は必要であり、かつ、強い監視が許容できる。他方、住宅街に監視カメラをつけて、自分達の外出と帰宅、来客を全てチェックされるのは許容できない。監視社会に反対とか賛成という二分法ではなく、素早い広範囲の移動か、近隣のゆっくりした移動(徒歩)かという区別が重要ということである。

これは、人の移動に限定されない。地域を越える便利なシステムの利用には、全て強めの統制をかけることを提案したい。たとえば、金融機関の振込みによって、お金が瞬時に世界中移動できる。振込み内容の監視にはプライバシー問題があり捜査について限定が必要としても、匿名口座を認めることはあり得ないと考える。大金の移動も、頻度が多すぎる振込みなど不審な利用は全てチェックされるべきであろう。電子メールなどについては、さらに詳しい検討が必要であるが、かなりの統制を許容してよいと考える。直接人と会う部分こそ私的領域であり、そこが守られることをプライバシーの中心としたい。しかも、このことは、直接人と人が会うことを大切にする社会に繋がっていくであろう。

最後に、狭い範囲を昼間に人々が歩き回っただけで人間関係ができるのかという問題がある。祭りに言及したが、大勢で実施する祭りには、ひとつひとつの御輿なり山車なりを扱う小集団がある。これが、ごく近隣の住民単位になっていることが多い。このぐらいの規模ではじめて意味のある接触が生まれる。祭には、自分達の街というアイデンティティ付与の機能もあり、これはこれで大切であるが、具体的に出会う機会の提供こそ重要である。そのような観点からは、買物や通勤範囲が狭くなるということより、大きいのは、子供を介しての繋がりである。小さい子供は、移動範囲が極めて狭く、多くの人々にとって、自宅近くの環境が気になり始めるのは、子供ができてからである。遊び場もさながら、近代において重要であるのは学校である。学校を通して親同士の繋がりができる。

ところが、自分の子供を、遠方の学校に通わせて、近所の友人を作らない人々が少なからず存在する。これは、いわゆる「良い」学校に子供を入れたいという発想からきていると言われる。将来、立派なエリートになって欲しいと願っているのであろうが、勘違いしていることを指摘したい。

11　エリートと共同体

エリートとは何か。卓越した個人であるが、重要であるのは、絶対評価ではないことである。他のメンバーとの相対的関係から選別されているのがエリートである。したがって、エリートは個人のことではなく、共同体から考察しなければならない。重い石の下敷きになった者を救出する例で、その近辺で自分が一番力持ちだから自分が助けるという判断をすると述べた。これが原型であろう。自分は相対的に能力が高いから、誰よりも社会貢献しなければならない。これがエリート意識である。

ところが、エリートがいるはずの大学では、一生懸命勉強した「報酬」に、良い地位と給料が得られるとだけ考えているような学生が大半との印象を受ける。学生達は、いまだ社会に対して何らの貢献もしておらず、報酬を求めるどころか、勉強の機会を与えられたことに感謝すべきであるにもかかわらず、である。このような倒錯の原因はどこにあるのか。彼らは、真底利己主義者になっているわけではないであろう。おそらく、自分がやらねばという感覚をなくしているものと思われる。その原因として、二つ考えられる。第一は、社会が複雑化しすぎて、優秀な学生でも、その仕組みも危機も認識できないことである。これは検討の価値がある説である。しかし、ここでは、第二の原因に注目したい。それは、彼等が、そもそも、社会に多様な人々がいることを実感していない可能性である。他人に任せていられない、自分がやらねばと思うには、自分の位置付けを知らねばならない。それは、テストの偏差値ではなく、対面的関係から実感として感じ取らねばならない。幼いころから「エリート校」に通っては、この機会を失してしまう。自分と同じような「できる子」に囲まれて競争させられていては、皆のタメに自分がという経験はできない。これが元凶であるように思う。

具体化しつつ概念整理していこう。集団のリーダーになる者は、その集団内にいる、多様な人々と付き合えなければばならない。多様な人々の中には、能力が低いどころか犯罪をしてしまう者も含まれる。共同体内で他者と共存するなら、他者を知ることは不可欠である。「世の中にはいろんな人々がいる」という基本的な経験を、幼い頃から積み重ねる必要がある。むろん「同質の人間を集めたほうが行動しやすい」という合理性との調整は必要である。高学年にはレベル別に分かれるべきであろう。ただし、学業以外の分野で地域ごとの活動があっていいであろう。たとえば、スポーツクラブまでが学校別になっているが、地域クラブが発展するほうが望ましいと考える。幼いうち(小中学校まで)は、地元の学校に地域の住民が皆登校することを原則としたい。この議論の前提は、どの地域にも、多様な人々が居住していることである。欧米のように富裕層や貧困層だけの地域がないことこそ、日本社会において、敵意の少ない共存が果たされている最大のポイントであろう。

このように考えるならば、共同体として最も問題であるのは、いわゆる郊外ニュータウンであろう。その特徴は、都心から何分、駅から何分といったことを謳って造られるため、似通った価格の住宅ばかりで、それが購入できる社会階層、年齢階層が極めて似通った住民だけの街ができてしまうことである。その街を背負って立とうというリーダーも、世話せざるを得ない対象もない。良く言えば、問題児のいない快適な街であるが、反面、自分が、その地域での最悪の住民とされるかもしれない怖れがある。実証は簡単ではないが、有名な突飛な犯罪事件の多くは、ニュータウンで起きている。赤坂憲雄は、いじめについて、強い者が弱い者をいじめるのではなく、同質社会で、誰もが、自分がいじめの対象になるかもしれない状況において、その怖さからいじめが発生しており、ニュータウンはその典型例であるとしている(29)。また、最近造られつつある、都心での高層大型マンションも、同様の問題を持つ。購入できる人々の多様性のなさは同じであるが、高層建物において近隣という社会が成り立つのかどうか考えなければならない。エレベーターでの上り下り、一棟の住民数の多さなど考慮すれば、近隣だから自然に会う事によって人間関係が形成される可能性は低い。なんらかの集会を制度化してカバーできるのかもしれないが、十分な努力がなされているとは思えない。

ニュータウンや高層マンションまでいかなくとも、郊外にありふれた中層中型マンションの例をあげよう。そのマンションが完成して分譲されると、子供が成長し自宅が手狭になったからという理由と、購入資金ができたという理由でもって、ある程度の資金力があって小さい子供がいる家族ばかりが入居する。それなりに挨拶し、子供を通じて知り合うことになる。ところが、このマンションにおいて、最年長の子供がいる。この子の不幸は、自分より年長の子供がいないことである。この子はケンカで負けた経験がなく、暴力に訴える傾向を持ってしまった。さらに不幸にも、学校は、同年齢のものだけで行動させられ、やはり強い者にガツンとやられる経験ができなかった。そして、やがて、この子は問題児扱いされていくことになる。全く「普通」の家庭の子で、普通の子なのにと不思議がられながら、という展開になりうる。

年齢に幅がある少年集団の欠如ほど大きな問題はない。上からガツンとやられたり庇われたり、下の子をガツンとやったり庇ったりの経験に優るものはない。学校での道徳教育についての論争がかしましいが、それ以前の経験の欠如にこそ問題がある。道徳教育は、良い子に何をすれば良いか教えるだけである。犯罪防止の次元に関わってくるとは思われない。

警察、検察、裁判所、矯正、保護、いずれの分野であれ、その幹部が、犯罪者がどのような人々なのか、理解している必要がある。さまざまな観点から欠けているものがある、不幸で不運な人々のことを理解していなくて、幹部がその責務は果たすことができるはずがない。このことは他分野のリーダーにおいても同様であろう。結論として、本当のエリートを育てるには、多様な子供がいる共同体が必要なのである。個人を完成させるという視点からいっても、全てを含んだとまでいかずとも、大きな多様性を含んだ共同体が不可欠なのである。

結語

1 結論

本書において、日本全体の治安が悪化していないことは、明確に示せたと思う。犯罪数はせいぜい微増、警察の検挙能力もそれほど落ちていない。凶悪化は全くの誤りで、犯罪者側には「技術継承」の問題から衰えが見られる。ただし、そのため、無計画で歯止めのない、妙な事件は散見される。こういった犯罪状況であろう。しかし、このような状況にもかかわらず、いわゆる「体感治安」の悪化は激しい。それは、安全神話が崩壊したためである。

犯罪不安の増大は、住宅街での財産犯が増加したことと、マスコミ報道の影響の二点を考えがちである。これは間違いではないが、安全神話が崩壊するという、よりマクロな変動のなかに原因を見るほうが事態を深く捉えることができる。安全神話とは、「ハレ」と「ケ」、つまり「非日常」と「日常」という境界によって、犯罪を非日常世界に閉じ込めることを基本構造としてきた。「犯罪に無縁の一般住民」が、日常生活において犯罪に係ることに出会わないように、「犯罪に係る人々」が尽す仕組みである。この仕組みの要点は、犯罪者の更生において、「赦して」日常共同体に帰すか、特別な隔離された環境で再適応させるか峻別しながらやってきたこと、一般住民に犯罪関係の情報を提供しないこと、さらには、繁華街と住宅街、夜と昼等の境界も活用して「安全地帯」を確保してきたことである。

安全神話の崩壊とは、これらの境界が弱まることによって起きた。境界がなぜ弱まったかの包括的分析は省略した。それを語るためには、社会のサイズが大きくなり移動性が高まる等、近代化の影響を詳細に分析する必要がある。本書で指摘できることは、変化の中心をなすのは、人々を拘束してきた伝統的共同体の衰退、それもとりわけ匿名社会化であったことである。匿名化は、差別を解消に向かわせた。そして、この差別こそ、犯罪者を一般住民から隔離するという排除を行いながら、社会全体からは追放しないで再統合する方法の鍵であった。共同体から「自由」になった人々は、ミニコミを失い、マスコミに頼る。その結果、犯罪情報のマスコミを通じての公開が要求される。彼らは、好きな時間に、どこにでも出かけて、そのうえで安全を要求する。合理的な判断ができる責任が持てる個人ならば、完全な安全など実現できるはずはなく、しかも、要求するだけでなく、自分達が協力することを考えねばならない。安全神話に守られなくなった後に生まれたのは、不安に耐えられない、個人とも市民とも呼べない「要求の高い住民」であった。

そこで当然、個人の確立こそが大切という意見が出てくる。より広い観点からは、伝統的共同体が衰退した後、西洋型個人主義がそれに代わるモデルとなり得るかということである。ここで欧米の理想ではなく実態をみることが大切である。一方で、現在の欧米社会においても、「要求するばかりの若者」が多数出現するという、世界共通現象が指摘できる。近代的個人像は、どの社会においてもフィクションに過ぎない。他方、欧米の伝統を検討すれば、力による強制と、それを補完する人道主義がみてとれる。その欠点は、たとえば、凶器を振りかざす者を、短期的視野から、正当防衛で躊躇なく射殺してしまうことであった。イラクの大量破壊兵器が見つからないことが話題であるが、そもそも、日本人からみれば、大量破壊兵器を持っていれば、万単位のイラク人を殺してよかったのであろうか。正当化しつつ大量に殺してきたのが、欧米の現実の歴史である。このような行為は、長期的には暴力のエスカレートを生むものである。実際、犯罪の多さも凶悪さも日本の比ではない。貧困層と富裕層の居住地が地理的に分離し、通う学校も異なり、連帯感が薄く、荒れた地域が捨て置かれている。日本との最大の差は、この部分にある。

現実の欧米社会は、将来モデルとならないとすれば、日本の伝統に目を向けねばならない。日本の特徴は、長期的視野で、未来の平和共存を考えることであった。欧米のように、過去の当該行為に限定して最低レベルの普遍性を求め、道徳を持ちこまない方法に対して、全事件経過を対象に当事者の個別性を考慮し、道徳も除外しない。そのような、つきあい(紛争解決と予防)がなされてきた。問題児を、周囲が気を使うことで、「旨くやっていく」ことが、典型的な紛争・犯罪予防策であった。互いに顔見知りであり、関係が長期にわたることが基礎であった。刑務官が丸腰でいられるのは、この条件を満たすからであり、日本といえども、繁華街に出かける警察官が武装しているのは、この条件が満たされないからである。そうしてみると、長期にわたって小集団に個人を帰属させればよいわけであるが、これは近代化と両立しない。そもそも、昔の日本型共同体が理想なわけでもない。とりわけ、差別は復活させてはならない。社会の全体像のデザインを再構築する必要がある。

移動性の高さにはメリットもあり、これを禁止する方向はありえない。それと並行して、身近な共同体を、ある程度、維持することが大切である。「あまりにひどいことをしてしまえば、付き合いを続けられない(仕返しされるかもしれない)」という歯止めは、最低レベルとして、また出会うことが前提されていることである。長期というのは、そう何年にもわたる必要はない。地元の住民と認められるには何十年も住まねばならなかった古い感覚は捨ててよい。地理的には、治安についての安心感を得るためには、徒歩圏の狭い範囲で、顔見知りであればよい。顔見知りとは、顔を知っているだけでなく、住所、職業まで把握していることである。顔見知りになるためには、祭りもよいが、何か日常的に出会える機会が必要である。義務の強調よりも、スポーツや文化活動等、楽しい活動が地域でできればよい。また、子供の学校を地域で共通にすることが重要である。これは近所づきあいのみの問題ではない。さまざまな人々と出会う経験こそが、人間形成の基礎である。年少時から「進学校」に通って一流大学を卒業した者が、人間として立派とは限らない。そして、人事部には、早くから、そのような扱いをしてきたところもある。この事実をもっとアナウンスしてよいであろう。最後に、これまでの良き伝統を保持することも必要である。警察官が同一の街に固まって居住する傾向のあるフランスなどと比較すれば、日本の警察官はさまざまな地域に住んでいる。近所に警察官が住んでいることを知っているだけで、幾ばくかの安心感を得ることができる。富裕層と貧困層の分離だけでなく、そもそも、多様な人々が地域に共存している伝統こそ、最も大切なものである。これが失われたら、皆が同一地域の学校にかよっても、多様な人々と接する機会がなくなってしまう。都心から何分かを誇る、郊外ニュータウン建設は、似たような人々だけを住民としてしまった。健全な共同体に対して、これほどの破壊工作はなかった。反省すべきである。

顔見知り圏の回復と並んで、一対一関係の伝統を維持することにも触れた。最低限、顔見知りであることの効用を説いたが、それは、同時に、深く付き合う必要がないことも意味する。人間関係の回復というと、擬似家族集団の回復と勘違いしてはいけない。しかし、誰とも深い話ができない状況はよくない。日本社会の特徴として、あまり強調されてこなかったが、刑事、検察官、刑務官、保護監察官、保護司、家裁調査官、弁護士、どれをとっても、一対一で担当の者を任されてきた。狭い所でゆっくり話を聞き、個別事情を考慮する伝統を守ってきた。現場の鬼という言葉を使ったように、マニュアルに頼ったりノルマを上げるのとは、反対の実践が必要である。どんな犯罪者に対しても、話を聞いて、親身となるところに、独自の人間性の実践がある。西洋型人権擁護を半端に導入して、取調べ現場をビデオ録画することは、この伝統を完全に捨ててしまう。現場の頑張りとそれを許す環境の維持にまず努めるべきである。ただし、うまくいかない場合に人権侵害を防ぐ仕組みの考案は必要である。

地域と職場共同体の大切さに加えて、高い移動性に対する対応が必要である。便利なシステムによって、素早く移動する場合に限っては、ハイテクを駆使した監視を強化する必要がある。プライバシーの保護を忘れないことは当然である。しかし、たとえば、フランスでは、空港の手荷物検査が民営化された。匿名性が高い状況での、互いのプライバシーの開示に、警察が係る必然性すらない。誰もが、プライバシーの開示に対して合意するであろう。居住地周辺、つまり共同体内は、ハイテク監視ではなく、生きた人間の目に頼る伝統的方法がふさわしい。これによって、守るべきプライバシーは守られるであろう。

「治安悪化は警察のせい」「統計上の犯罪数増加も警察の陰謀」「治安回復も警察に期待する」など、なんにでも安易に警察が持ち出される傾向がある。確かに二十数万人の人員を擁する警察組織の力は、他組織と比較すれば抜きん出ている。しかし、治安は、客観的には悪化しておらず、安心感が失われたといっても、それは社会文化的境界の衰退のためであった。陰謀説も、几帳面に統計を取ったにすぎず、とるに足らない。むしろ、警察内部も、透明化・法化が進んでいる。治安回復についても、警察ができることには限界がある。「夜中にどこを歩いていても安全にせよ」は無理である。パリの高級住宅街がそうであるように、二二時を過ぎれば店は全て閉まり、通りを歩く住民がひとりもいなくなれば、ひったくりは消滅する。日本においても、夜の住宅街を歩いているのは、泥棒と警察だけとなれば、警察もやりやすい。各業界が、防犯に果たしてきた役割が大きいことを指摘したが、これが失われつつある。防犯関係業界でなくとも、どの業界も防犯に協力する体制をとれる仕組みが必要である。東京都は、副知事に警察幹部(竹花豊氏)を登用した。国レベルでも、多くの業界を動かし、犯罪を予防する包括的な仕組みがつくられるべきである。

非行少年には、厳罰で臨むべきという風潮があるかのように報じられている。しかし、竹花氏は、広島県警時代に、暴走族にパトカーで体当たりしてでも止めるように指導したことを繰り返し報道されているが、その止めた後に、若者と話すということに力を注いだ。治安についてのNPOで有名なガーディアン・エンジェルス[1]も、犯罪取締協力をして統制強化の方向を目指しているのではない。コンビニにたむろする若者に声をかけ、ひとりと何時間も話すことを実践している。人間関係、あるいは、人間的関係を重視するという伝統を守るべき努力がされているのである。心強いことである。

行為主体が警察官であろうが、民間人であろうが、強制力に頼って押さえつけるのではなく、共存することこそ、第一の原則である。共存は、当然、共同体内での共存であり、個人から出発していては十分でない。むろん、個人を共同体の名において誰かが抑圧するような過去の失敗を繰り返してはならない。方法論的共同体的主義のようなアプローチが必要である。具体像までは描けないが、社会文化的境界を見直して強化することが、今後の方向である。そのさいは、刑事司法職員よりも、一般住民の理解と協力が重要となる。何よりも、日本国民こそが変わらねばならない。正しい情報公開を求めるならば、公的機関の無謬神話は捨てなければならないし、犯罪行為あるいは犯罪者との共存を受容しなければならない。犯罪学者とマスコミが協力しあって、一般向けに啓蒙あるいは説明することが必要である。

犯罪に係ってきた人々について、警察に限らず、私は、日本の刑事司法に対する高い評価を変えていないが、厳罰を排し、赦しを与え、ひとりひとりを個別に丁寧に扱う、良き伝統の継承が危ぶまれていると感じるところもある。たとえば、近年、量刑は約二倍になったし、少年事件の簡易送致が拡大している(2)。表面上の法制度ではなく、私が本書で記述した、日本の治安政策の「知恵」について、よく理解していない刑事司法職員が、少なからず存在するように思える。この知恵について、それが失われかけている今、継承すべきところと、そうでないところを、論じる必要があると考えたことも、本書執筆の動機であった。安全神話は捨てるほかないが、良き伝統は残すべきである。

本書で述べたかったことは、以上である。最後に、本書の限界についてのお断りと今後の課題について、補足しておきたい。

2 今後の課題

極めてマクロな変動に注目し、かつ犯罪状況を正確に描き出すという方針で記述してきた。そのため、刑事政策、犯罪学等、既存研究分野の研究としてみれば、かなり議論を飛ばしている。細かい研究に触れなかっただけでなく、既存の理論のなかで言及していないものがある。今後の課題とするほかないが、触れなかった理由はある。

未来の平和志向の日本、行為単位で普遍性を求める欧米、という対比をした。しかし、両者を共通の土俵にのせて、刑事司法の役割を理論化することはできる。たとえば、所一彦の抗争処理モデルである。所は、「犯罪がわれわれにとって問題なのは、単にそれが、それ自体として望ましからぬものであり、したがって防止されるべきものだからではない。――われわれの前には、犯罪から守られたい欲求があるとともに、処罰されたくない欲求があり、そればかりでなく被害者の怨嗟の声があり、しかもそれらは、何を犯罪とすべきかが必ずしも分明でなく、流動的でさえあるなかでひしめいているのである。だとすれば犯罪がわれわれにとって問題なのは、いまひとつ、より根本的に、人々のあいだにそのような衝突があり、そのために人々が傷つけ合う事態としてなのだ――そうした人々の抗争こそがまずもって問題であり、したがって、その適切な処理こそがわれわれの第一の課題だ――」(3)と述べている。このモデルは、宗教や民族間の争いを、まず防がねばならない状況である欧米社会と、移動性が低い小社会の集積体である日本社会と、どちらにも適用できる。見事な理論である。ただし、現在は、アメリカ、ヨーロッパ、中国、イスラム圏などを、日本と対比して、その違いを理解し、それぞれに二国間で付き合っていくしかない世界情勢にあると考えている。具体的な将来像を目指す本書としては、抽象性の高い理論モデルへの言及は避けた。共同体論とともに、今後の課題としたい。

また、西村春夫や守山正の紹介してきた環境犯罪学について、極めて類似した議論を展開してきたにもかかわらず、触れていない。それに、有名な「割れ窓」理論にも言及していない。これは、あくまで日本の伝統的犯罪対処法を解き明かすという方針であったからである。割れ窓理論は、割れた窓ガラスの放置は、それ自体は犯罪ではないが、秩序感が失われ、周囲の不安感を高め、実際にその近辺で犯罪が実行されやすくなるという。しかし、周囲の整理整頓から入って秩序維持するということは、日本人の大人にとっては常識ではなかったか。軍隊などにおいて、布団の敷き方や脱いだ衣服の畳み方が、過剰にきっちりしていた伝統は、禅寺の修行に起源があるという(4)。そういった方面からの検討をせずに、治安が最悪のニューヨークを参考にするようなことは、日本の方法の海外発信を最終目的と据える本書の立場からは許容しがたい。ただし、環境犯罪学と内容的に重なることは認める。今後、環境犯罪学の重要性は高まるであろう。取り組んでみたい。

最後に、蛇足かもしれないが、よりマクロな視点に触れておきたい。治安の悪化が叫ばれる現在、それだけでなく、日本中をペシミズムが被っているように感じられる。これは、視点を変えると、何かペシミズムを醸し出したい者が、そのネタに治安問題を使っていると考えられないであろうか。大胆に解釈すれば、今後の日本社会の方向として、日本企業が苦しむ、内外賃金格差を縮小する、つまり賃下げするということが目標にされているのではと考える。国内の個人は、賃下げでも、不動産を中心としたデフレがあれば生活防衛は十分やっていける。企業としては、内外価格差をなくさねば輸出で食っていくことはできない。もし、そうだとすれば、賃下げするために、皆を納得させるために、ペシミズムが必要とされており、治安問題は、その雰囲気づくりに使われているという仮説が提出できる。乱暴過ぎる議論であるが、治安問題を、さらに大きなペシミズム問題との関連を意識して捉えることは、必要であろう。治安に限らず、よく調査すれば悪くない状況にもかかわらず、ペシミズムが優勢であるというパラドックスの存在は、少なくとも指摘できるように思う。

いずれにせよ、日本社会の将来像を明らかにすること。これが、最大の課題であると考える。

注

序論

（1）ルース・ベネディクト『菊と刀』長谷川松治訳、社会思想社、一九四八年（Benedict, Ruth, *The Chrysanthemum and the Sword—Paterns of Japanese Culture*, Houghton Mifflin, 1946）。中根千枝『タテ社会の人間関係』講談社、一九六七年。土居健郎『「甘え」の構造』弘文堂、一九七一年。村上泰亮、公文俊平、佐藤誠三郎『文明としてのイエ社会』中央公論新社、一九七九年。河合隼雄『母性社会日本の病理』中央公論新社、一九七六年。河合隼雄『中空構造日本の深層』中央公論新社、一九八二年。作田啓一『恥の文化再考』筑摩書房、一九六七年。阿部謹也『「世間」論序説 西洋中世の愛と人格』朝日選書、一九九九年。この他については、石澤靖治『日本人論・日本論の系譜』丸善ライブラリー、一九九七年。梅原猛編著『日本とは何なのか――国際化のただなかで』ＮＨＫブックス、一九九〇年、参照。実証的研究として、辻村明、古畑和孝、飽戸弘編集『世界は日本をどう見ているか――対日イメージの研究』日本評論社、一九八七年。

（2）カレル・ヴァン・ウォルフレン『日本／権力構造の謎』上・下、篠原勝訳、早川書房、一九九〇年（Wolferen, Karel van, *The Enigma of Japanese Power*, Knopf, 1989）。

（3）山崎正和『日本文化と個人主義』中央公論新社、一九九〇年。

（4）Braithwaite, J., *Crime, Shame and Reintegration*, Cambridge University Press, 1989.

（5）手塚愛一郎、松井武、山際永三、深見史『「悪魔のお前たちに人権はない」――学校に行けなかった「麻原彰晃の子」たち』社会評論社、二〇〇一年、参照。

（6） 被差別部落については、寺園敦志『だれも書かなかった「部落」』かもがわ出版、一九九七年、が口火を切り、『現代思想』二七巻二号（特集――部落民とは誰か）、一九九九年、青土社、の出版に至って、出版タブーが崩れたことが知られはじめたとみる。在日については、野村進『コリアン世界の旅』講談社、一九九六年、のインパクトが大きかった。それ以前にも、田中宏『在日外国人 新版――法の壁、心の溝』岩波新書、一九九五年、等がある。この主題では、マスコミはともかく、出版タブーと言えるほどのタブーはなかったと思う。

第Ⅰ部　犯罪とそれをめぐる状況

第一章　日本の犯罪状況

（1） 村上陽一郎が試みている。村上陽一郎『安全学』青土社、一九九八年、参照。

（2） 西洋近代の伝統である罪刑法定主義は、事後的に、ある行為を犯罪とすることを禁じている。原則として個人は自由に行動でき、禁止行為は前もって各個人に知らしめる必要があるという思想である。日本法もこれを採用している。この犯罪の定義は、構築主義の考え方に、よりよく適合する。

（3） 犯罪被害実態調査（Crime Victimisation Survey）は英米などで定期的に実施されている。国際比較としては、オランダ司法省の Jan van Dijk が、国際犯罪被害実態調査（International Crime Victimisation Survey）を一九八九年に、はじめて実施した。第二回調査から国連犯罪司法研究所ＵＮＩＣＲＩとイギリスが主催者に加わり、一九九二年に実施された。第三回は一九九六年、第四回は二〇〇〇年実施である。日本では、財団法人都市防犯センターが、初回の質問票を翻訳して一九九二年第二回調査に正式参加。しかし第三回調査は不参加であった。二〇〇〇年には法務総合研究所が、ＵＮＩＣＲＩから法務省への要請を受けて参加した。以上、法務総合研究所『法務総合研究所研究部報告一〇――第一回犯罪被害実態（暗数）調査』法務総合研究所、二〇〇〇年、五―六頁、参照。

（4）　次の一〇の法律である。①爆発物取締罰則（明治一七年太政官布告第三二号）、②決闘罪ニ関スル件（明治二二年法律第三四号）、③印紙犯罪処罰法（明治四二年法律第三九号）、④暴力行為等処罰ニ関スル法律（大正一五年法律第六〇号）、⑤盗犯等ノ防止及処分ニ関スル法律（昭和五年法律第九号）、⑥航空機の強取等の処罰に関する法律（昭和四五年法律第六八号）、⑦人の健康に係る公害犯罪の処罰に関する法律（昭和四五年法律第一四二号）、⑧航空の危険を生じさせる行為等の処罰に関する法律（昭和四九年法律第八七号）、⑨人質による強要行為等の処罰に関する法律（昭和五三年法律第四八号）、⑩組織的な犯罪の処罰及び犯罪収益の規制等に関する法律（平成一一年法律一三六号）。『平成一四年版犯罪白書』凡例、参照。

（5）　「自転車の安全利用の促進及び自転車等の駐車対策の総合的推進に関する法律」（昭和五五年法律第八七号）第一二条第三項および「自転車の安全利用の促進及び自転車駐車場の整備に関する法律の一部を改正する法律」（平成五年法律第九七号）付則第三項の規定により、自転車の防犯登録を行う者の指定に関する規則を定めている。

（6）　この他にも考察すべき因子は多数ある。日本全国での自転車保有台数の推移、自転車の価格の推移、それに、警察官の勤務評価制度としての、いわゆる点数制度とノルマ制により、自転車盗の検挙がどのように扱われていたか等である。

（7）　各論に深入りしたくないが、あと二点、急増の理由を挙げておきたい。第一点。鮎川によると、かつて、強制わいせつが統計上、少なかったのは、痴漢行為が、強制わいせつではなく、迷惑防止条例で処理され、警察での説諭（説教で絞られる）で済まされていたからと考えられる。鮎川潤『少年犯罪』平凡社新書、二〇〇一年、三七頁、参照。第二点。浜井浩一の指摘によると、警察庁より、一九九九年「女性・子供を守る施設実施要綱の制定について」という通達がだされ、主要駅に痴漢相談窓口、大規模警察署に痴漢相談所がつくられたため、暗数が顕在化したと考えられる。遠藤比呂通、白藤博行、浜井浩一、田島泰彦「座談会「監視社会」と

市民的自由」『法律時報』二〇〇三年一一月、七五巻一二号通巻九三七号、一五頁、参照。

(8) 九〇年代に車上荒らしが爆発的に増加した対策として、警察が力を入れたのではないかと推測している。自動車の窓が割れているケースは、器物損壊と統計上カウントされているが、実質的には、車上荒らしの未遂の可能性が高く、その取締強化は、器物損壊の認知件数を押し上げると考えられる。車上ねらいの増加については、原田豊「日本の大都市における犯罪発生の地理的分析」『犯罪社会学研究』二六号、二〇〇一年、七五—七六頁、参照。

(9) 『平成一四年版犯罪白書』の特集「暴力的色彩の強い犯罪の現状と動向」は、強盗、傷害、暴行、脅迫、恐喝、強姦、強制わいせつ、住居侵入、器物損壊の九罪種を、暴力的九罪種と呼んで、特集の冒頭に九罪種の認知件数の推移を掲載している(『白書』二三三頁の図5-1-1)。そのグラフは、ここ二年での暴力的九罪種認知件数の急増を示しているが、この急増は、過半が、この器物損壊の認知件数の増加によるものであり、注意が必要である。

(10) 警察庁刑事企画課『犯罪統計資料』は、月ごとに集計された速報値である。したがって、最終的に発表される警察庁統計とは完全に一致しないが、違いは極めて微細である。

(11) 大谷實、齊藤正治『犯罪被害者給付制度——犯罪被害者等給付金支給法の解説』有斐閣、一九八二年、二三七—二三八頁、参照。

(12) 犯罪白書の精神障害者の犯罪による。

(13) 田村雅幸「最近三〇年間における殺人形態の変化」『日本の犯罪学 七』東京大学出版会、一九九八年、二六一頁。

(14) 『平成一四年版犯罪白書』「資料2-7 罪名別新受刑者数」による。実刑に相当するものとして、これに加えて、二〇〇一年の少年院送致四六名、児童擁護施設・自立支援施設送致が五名あった。なお二〇〇一年には少年による殺人事件検挙人数は一〇九人、刑事処分相当は一二名、全員が少年刑務所等に入所し、五八三名のなかにカウントされている。以上、同「資料4-9　少年保護事件の家庭裁判所終局処理人員」による。
(15)『平成一四年版犯罪白書』「資料2-4　地方裁判所における罪名別死刑・懲役・禁固の科刑状況」による。
(16)『平成一四年版犯罪白書』「1-2-4-3表　心神喪失者・心神耗弱者と認められた者の罪名・精神障害名別処分結果」による。
(17)　法務省刑事局「平成一三年の検察事務の概況」『法曹時報』二〇〇二年一〇月号、七一頁、によると、平成一三年の殺人による起訴人員は八四〇人、不起訴は五二〇人である。この不起訴人員には、被疑者死亡、心神喪失、嫌疑不十分、起訴猶予、その他全て含まれる。起訴、不起訴の合計は一三六〇であり、年間殺人件数とほぼ一致していることが確かめられる。『平成一四年版犯罪白書』「資料2-3　罪名別起訴・起訴猶予率」によると、殺人の起訴猶予率は二〇〇一年に四%で、ここのところ減少傾向だが大きな変化はない。計算すると二〇〇一年の起訴猶予は五四名となる。
(18)　前掲注(16)参照。
(19)『平成一五年版犯罪白書』「資料2-4　地方裁判所における罪名別死刑・懲役・禁固の科刑状況」による。
(20)『平成一四年版犯罪白書』「第三章第六節　オウム真理教関係者に係る事件の審理及び科刑状況等」による。二〇〇二年にも一名の死刑判決が出されている。その後三名に対して死刑判決が下されたが、ここでの分析対象に含めていない。
(21)『平成一四年版犯罪白書』「5-3-2-1図　通常第一審における罪種別科刑状況の推移、⑦強姦(一)実刑」二七四頁、参照。
(22)『平成八年版犯罪白書』「第三編　凶悪犯罪の現状と対策　第五節　凶悪事犯の実態及び量刑に関する特別調査」参照。なお、殺人は未遂罪を含み、強盗致死罪は強盗殺人罪及び同未遂罪並びに強盗強姦致死罪を含む。

(23)『平成一四年版犯罪白書』「1-1-3-4図 道交法違反の取締件数」による。
(24) 事後強盗にあたり、まぎれもなく強盗である。さらに、怪我させている以上、強盗致傷となる。このような、軽く行われてしまうような事件に、初犯でも二、三年の実刑は重きに失するのではないかという議論がある。しかし、逃走を防ぐという刑事政策的考慮から、重い刑が不可避であるとされている。所一彦「抑止刑再論──威嚇と条件づけ」『松尾浩也先生古稀祝賀論文集 上巻』有斐閣、一九九八年、九七──一一七頁、参照。
(25)『平成一四年版犯罪白書』二五六頁。
(26) 同書二五六頁、参照。
(27) 大塚仁『刑法概説(各論)』有斐閣、一九八二年、一八〇頁。
(28) 鮎川潤『少年犯罪』前掲注(7)三四頁、で一九五九年の事件をあげている。鮎川は、同書の二八──三六頁で、ひったくりとオヤジ狩りが強盗に扱われるようになったことを推定している。
(29) ここで言う凶器とは、「銃砲刀剣類及び刃物などの性質上の凶器とこん棒やひもなどの使い方によっては人を殺傷できる用法上の凶器」が含まれる。『平成一四年版犯罪白書』二四八頁。
(30) バイク盗のはやりについては、藤川洋子『「非行」は語る──家裁調査官の事例ファイル』新潮社、二〇〇二年、五四頁、参照。
(31) 鮎川潤『少年犯罪』前掲注(7)三一──三二頁、参照。
(32) 藤川洋子『「非行」は語る──家裁調査官の事例ファイル』前掲注(30)二九頁、による。
(33)『平成一三年版犯罪白書』「資料Ⅳ-3 窃盗主要手口別認知件数」三八一頁、より。なお、いわゆる「オレオレ詐欺」のせいで詐欺件数は二〇〇三年に大幅上昇するであろう。しかし、これは伝統的な高度な詐欺とは系統が異なっていると考える。
(34) 二〇〇〇年に法意識国際比較研究会として私達が行った全国法意識調査の結果である。河合幹雄「日本人

の法意識に世代差」『読売新聞』二〇〇二年七月一〇日夕刊、参照。
(35) 一見凶悪な事件を引き起こした少年たちも「少年ひとりひとりはむしろ弱々しい」と家裁調査官の藤川は述べる。藤川洋子『「非行」は語る——家裁調査官の事例ファイル』前掲注(30)五六頁、参照。最近の非行少年の変容については、土井隆義の秀逸な研究がある。土井隆義『〈非行少年〉の消滅——個性神話と少年犯罪』信山社、二〇〇三年、参照。
(36) 少年の凶悪化イメージがいかに誤っているか、鮎川は、歴史研究から明らかにしている。鮎川潤「「少年非行凶悪化」の神話と西条農高殺人事件」『松山商大論集』三三(五・六)、一九八三年、一四三—二〇三頁、参照。
(37) たとえば、『朝日新聞』二〇〇二年一一月二〇日「検挙率戦後初の一割台」、『朝日新聞』二〇〇一年一二月二一日「犯罪検挙率最低の二〇%」。
(38) 話を簡単にするために単独犯として計算している。実際のピッキング盗は、運転手ひとりと実行犯三人で組んでいる形態が多い。
(39) 窃盗一件で立件するのと五件で立件するのとは全く違う。一件だと常習窃盗罪にならないからである。逆に、五件でも一〇〇件でも罪名に変わりはなく、五件を詳しく検討すればプロであるかどうかは明白となり、量刑にも大差ないであろう。
(40) 単独犯のひとりあたりの犯行件数が減少するか、集団での犯行比率が増加すれば、全体として、ひとりあたりの犯行件数は減少する。ピッキングによる窃盗が激増したことがよく知られているが、これは全体からみれば実に少数である。
(41) 浜井浩一は、受刑者との面接から余罪追及が減少したとみている。浜井浩一「増加する刑務所人口と犯罪不安」『犯罪と非行』一三二、二〇〇二年、七二頁、参照。『平成一四年版警察白書』は、コラム「指標としての検挙率」のなかで、「余罪の捜査にまで手が回らない実情がある」と述べている(同書五頁)。
(42) 『平成一四年版犯罪白書』の「窃盗の動向」によると、一九九七年からの窃盗認知件数の増加分のほとんどは、非侵入盗や乗物盗であるが、侵入盗(空き巣、事務所荒らし等)も、ちょうど九七年以降ゆるやかに増加に転じている。『平成一四年版犯罪白書』一二一一四頁。
(43) 八九年からの検挙率の急減について、前田雅英も「警察の検挙方針の転換だと考えざるを得ない」と述べている。前田雅英『少年犯罪 統計からみたその実像』東京大学出版会、二〇〇〇年、二九頁。『平成二年版警察白書』は、「第二章 犯罪情勢と捜査活動 (2)平成元年の犯罪の傾向 (ア)刑法犯の認知と検挙の状況 (イ)検挙状況」において、八九年の刑法犯検挙件数、検挙人員は、前年に比べ、どちらも二一・四%それぞれ減少したと報告し、「この減少の主な原因は、窃盗犯、特に自転車盗、万引き等の大幅な減少によるものであるが、これは、被害意識の希薄な事案の捜査等を合理化し、地域住民が不安を感じ、その解決を期待する犯罪の捜査に重点を置く方針を採ったことなどの理由によるものと認められる」と分析している。軽微な窃盗犯の捜査に力を注がないという方針転換をしたということであろう。警察庁の通達については、浜井浩一の発言が詳しい。遠藤比呂通、白藤博行、浜井浩一、田島泰彦「座談会「監視社会」と市民的自由」前掲注(7)一〇一一一頁、参照。
(44) 死亡事故は被害者からの証言が得られない分だけ捜査が困難であることを考慮すれば、死亡事故のひき逃げの検挙率の高さに驚かされる。ただし、事故が重大であるほど、激しく衝突しているため物的証拠は豊富にある可能性がある。どちらが捜査しやすいかは簡単には比較できない。軽傷で被害者が車のナンバーや特徴を良く覚えていない場合など、捜査困難な場合に、重大事件でないとして、なかったことにしていたことは間違いないとみえる。
(45) イザヤ・ベンダサン『日本人とユダヤ人』山本書店、一九七〇年。

(46) 阿部謹也『「世間」論序説 西洋中世の愛と人格』朝日選書、一九九九年、参照。
(47) 正確には解決イコール逮捕ではない。狂言であったことが判明する、被疑者死亡、等がありうる。
(48) 三億円事件は、強盗ではなく窃盗であるとしても、一九七〇年指定一〇九号は窃盗事件であるし、多府県にわたっていないということでも、一九六八年指定一〇七号は一県のみの事件であるし、元警察官の犯行だから(本当だとしてだが)という理由も、一九八四年指定一一五号は元警察官の事件である。「社会的反響が大きい事件」の典型であり、指定されなかったことは不思議である。
(49) 警察庁指定は、戦後GHQの指導のもと、県単位で警察組織が編成されたため、広域事件を連携して捜査するためにできたものである。一九六四年の広域重要事件特別捜査要綱以前の一〇〇件については、警察力が充実していなかったと予測されるにもかかわらず、文字通り、一〇〇件中一〇〇件解決している。
(50) 前掲注(41)参照。
(51) 『平成一一年版警察白書』一一三頁、『平成一〇年版警察白書』一五三頁、『平成五年版警察白書』一二九頁、参照。
(52) 前掲注(37)参照。
(53) これを「通常受理人員」と呼ぶ。他の検察庁からの送致、家庭裁判書からの送致及び不起訴処分又は中止処分に付した事件の再起を除く。法務省刑事局「平成一三年の検察事務の概況」『法曹時報』二〇〇二年一〇月号、六三頁、参照。なお、一般司法警察員(警察官)からの送致が九九・三%を占めるが、特別司法警察員と検察官認知・直受も含まれているため、警察庁統計にたよる犯罪白書と微妙に数字が異なってくる。また、送致時期と受理時期の時間差の影響もあるのかもしれない。
(54) 以上、『平成一四年版犯罪白書』参照。なお、家裁送致約二六万件は、起訴率の計算に含まれない。
(55) 浜井浩一「増加する刑務所人口と犯罪不安」前掲注(41)五六―九一頁、参照。

(56) 浜井浩一、同五七―六〇頁。
(57) 『平成一四年版犯罪白書』「資料二-五 行刑施設一日平均収容人員」「資料二-六 新受刑者数及び女子比」より。
(58) 「仮出獄率」とは、仮出獄人員と満期釈放人員の合計に対する仮出獄人員の割合である。五〇％台後半であり、ここ一〇年で全く変化がない。『平成一四年版犯罪白書』「仮出獄の運用」一三一―一三二頁、参照。「刑の執行率」とは執行すべき刑期のうち、仮出獄により出所するまでに執行された刑期の比率である。ここ一〇年、八割強で変化なし。浜井浩一「増加する刑務所人口と犯罪不安」前掲注(41)六三頁、参照。
(59) 浜井浩一「増加する刑務所人口と犯罪不安」前掲注(41)六〇―六四頁、参照。
(60) そもそも私的団体による犯罪統計は、日本にはほとんど存在しない。刑事司法機関が作成した統計を官庁統計と呼んでいる。大谷實『刑事政策講義』第四版、弘文堂、一九九六年、二九頁、参照。
(61) ハワード・S・ベッカー『アウトサイダーズ――ラベリング理論とはなにか』村上直之訳、新泉社、一九七八年、参照。
(62) 『平成一四年版犯罪白書』「資料二-一一 刑期別年末在所懲役受刑者数」参照。
(63) 同書「資料二-一二 仮釈放審理事件の申請、許可及び棄却人員」参照。
(64) 西村春夫「刑事司法専門家の犯罪統制についての視座」『科学警察研究所報告防犯少年編』一八巻一号、一九七七年九月、三九―五四頁。
(65) 筆者は、平成一一年より矯正局の「矯正処遇研究会」、後に名称を改め「矯正処遇に関する政策研究会」のメンバーとして、定期的に矯正局を訪れている。その折に、局長と総務課長に質問し、説明を受けた。
(66) 浜井浩一の発言を参照。遠藤比呂通、白藤博行、浜井浩一、田島泰彦「座談会「監視社会」と市民的自由」前掲注(7)一〇―一一頁、参照。

(67)『平成一四年版犯罪白書』「資料一‐八 外国人による刑法犯検挙件数・検挙人員」三一三頁、参照。

(68) 犯罪白書については、河合幹雄「犯罪情勢は悪化しているのか――暴力的色彩の強い犯罪の現状と動向」『法律のひろば』五六巻一号(特集――暴力的色彩の強い犯罪の現状と動向―平成一四年版犯罪白書を読む)、ぎょうせい、二〇〇三年、四―一〇頁、参照。

(69) 私が出席したのは、法務総合研究所が、犯罪白書のあり方について、二〇〇二年三月一一日に最高検察庁小会議室で開催した研究会、同年七月三日「平成一四年版犯罪白書」特集についての研究会、二〇〇三年二月一二日の犯罪白書研究会(東京高等検察庁第二会議室)である。出席者は、法務総合研究所メンバーと、学者数名、二〇〇三年には、法務省他局の検事も多数出席した。

(70) 警察白書のほうは、予算配分についての記述はある。ただし、効果測定にまで踏み込んでいるとは言いがたい。

(71) アットニフティーの記事検索を利用して、朝日新聞(地方版を含む)を「犯罪被害者」と「被害者」をキーワードとして記事の検索をした。時期は一九九七年五月から二〇〇〇年三月までである。同様に、毎日新聞、日経新聞、共同通信の記事も「犯罪被害者」をキーワードに検索し、これらを元に論文をまとめた。河合幹雄「日本の犯罪被害者学と被害者運動の動向――人間性の回復へ」『犯罪社会学研究』第二五号、二〇〇〇年。このさいに、「犯罪」をキーワードとして、犯罪関連報道全般についても検討したことと、日頃、朝日新聞については、犯罪関連報道を厳密に読んで切りぬいているものを資料とした。

(72) 新聞によっては、若者中心に、厳罰化を求める発言はみつけられるが、それとて、センセーショナルなものではない。また、犯罪報道が非のうちどころがないと考えているわけではない。犯罪者や事件をステレオタイプ化した報道は後を絶たない。これについては、大庭絵里「犯罪・非行の「凶悪」イメージの社会的構成――「凶悪」事件ニュース報道をめぐって」『犯罪社会学研究』第一五号、一九九〇年、一八―三三頁、鮎川潤「少年非行とマスメディア」仲村祥一編『犯罪とメディア文化』有斐閣、一九八八年、六九―一〇九頁、参照。

(73) 河合幹雄「日本の犯罪被害者学と被害者運動の動向――人間性の回復へ」前掲注(71)でこの違いを強調している。

(74) 安全・安心まちづくり研究会編『安全・安心まちづくりハンドブック』ぎょうせい、一九九八年、参照。

(75) GIS開発とその活用については、島田貴仁、鈴木護、渡邊和美、原田豊、田村雅幸「捜査支援GISソフトウエアの開発」『科学警察研究所報告 防犯 少年編』四一巻一・二号、二〇〇一年三月、島田貴仁、原田豊、「都市の空間構成と犯罪発生の関連――GISによる定量的分析」『科学警察研究所報告 防犯 少年編』四〇巻一号、二〇〇一年九月、参照。

(76) 原田豊、鈴木護、島田貴仁「東京二三区におけるひったくりの密度分布の推移――カーネル密度推定による分析」『科学警察研究所報告 防犯 少年編』四一巻一・二号、二〇〇一年三月、参照。

(77) 東京家庭裁判所「東京(二三区)における非行少年の生態学的研究――昭和二八年度マッピング調査の分析」『家庭裁判月報』八巻八号、一〇三―一六一頁、一九五六年、東京家庭裁判所「東京都における非行少年の生態学的研究――昭和三一年度マッピング調査の分析」『家庭裁判資料』五八、一九五八年、において報告されている。原田豊が、二〇〇〇年の犯罪社会学会の報告で再びとりあげている。原田豊「戦後わが国における実証的非行研究のルーツとその今日的意義」日本犯罪社会学会編『日本犯罪社会学会第二七回大会報告要旨集』二〇〇一年、三―五頁、参照。

(78) イザヤ・ベンダサン『日本人とユダヤ人』前掲注(45)参照。

(79) 前掲注(3)参照。法務総合研究所によって実施された第一回犯罪被害実態(暗数)調査のことである。

(80) 第一回犯罪被害実態(暗数)調査の国際比較については、法務総合研究所『法務総合研究所研究部報告一八

――第一回犯罪被害実態(暗数)調査(第二報告)先進一一か国に関する国際比較』法務総合研究所、二〇〇〇年、参照。この図のデータについては四四頁の「二-一九図 犯罪者に適当な刑の種類(国別)」参照。浜井が、見やすい図にして既に紹介している。浜井浩一「増加する刑務所人口と犯罪不安」前掲注(41)七四―七六頁、参照。この調査では、この質問に続いて、懲役刑を選択した場合のみ、その長さについて質問している。日本は、平均一年八カ月で、アメリカ、ポーランド、イギリスに次ぐ長さであった。一一カ国平均は一年七カ月であった。さらに、これに続いて、少年犯罪防止策について質問している。日本人の厳罰化傾向が、あまりにも突出しているが、これは、少年法が緩過ぎるという宣伝や報道が多数行われていた時期に調査が実施された影響と考えられる。多少、そのことを差し引いて解釈する必要があると考える。

(81) 中世については、網野善彦、石井進、笠松宏至、勝俣鎮夫『中世の罪と罰』東京大学出版会、一九八三年、参照。

(82) 『平成一五年版犯罪白書』は、内閣府が平成一四年一二月に実施した「社会意識に関する世論調査」で、日本の誇りとして「治安のよさ」をあげた者が二六・九%まで落ちていること、また、(財)生命保険文化センターが実施した「生活者の価値観に関する調査」で、犯罪が増加していると認識する者の割合が一九九六年六一・九%から二〇〇一年七九・八%に上昇していることを、国民の不安の根拠にあげている。『平成一五年版犯罪白書』二五七頁、参照。

(83) 犯罪被害者保護のための二法、「刑事訴訟法及び検察審査会の一部を改正する法律」と「犯罪被害者等の保護を図るための刑事手続に付随する措置に関する法律」が、二〇〇〇年五月に成立し公布された。この立法の意味づけについては、河合幹雄「近代理性的秩序の限界・偶然性の統制――犯罪被害者をめぐる制度改革の方向」日本法社会学会編『法社会学』第五五号(九〇年代日本の変動と諸改革)、有斐閣、二〇〇二年、一〇二―一一六頁。運動論については、河合幹雄「日本の犯罪被害者学と被害者運動の動向――人間性の回復へ」

前掲注(71)参照。

(84) 酒鬼薔薇聖斗を名乗る一四歳の少年による、神戸市須磨区における小学生殺人・死体遺棄事件(五月二四・二七日発生、六月二八日検挙)。生首を母校の校門に手紙とともに置くなど特異な事件だったため、大きく報道された。

(85) 一九九六年一月一四日、高校生七人による中年男性に対する強盗事件が千葉県で発生。また、四月二七日、高校生五人による中年男性に対する強盗致傷事件が静岡県で発生。

(86) 『平成一四年版犯罪白書』の3-1-1-1図(一五七頁)は「刑法犯被害者数・男女別被害発生率の推移」を掲載している。ここ四年での急増を示しているが、これは、前述のごとく統計のマジックで認知件数が増加したためであり、安全性の変化を示しているわけではない。それに続く3-1-1-2表(一五八頁)は「生命・身体に被害を受けた犯罪被害者数及び被害発生率」を掲載しており、こちらは、より参考になる。それによると、死傷者数の急増の中身は、死亡者数は変わらず軽傷者の増加にすぎないことが判明する。なお、重傷者数が二〇〇〇年にジャンプしている理由は、統計の取り方が変化していないか検討の必要があると考える。ここに掲載されている死亡者数は、交通関係業過を除く刑法犯の被害者であるが、これには、交通関係以外の業過が含まれており、例年それは、全体の二、三割はある。交通事故以外の大きな事故があれば、それにかなり左右されるため、凶悪犯罪による死亡者だけを見るには、かなり不満が残る統計値である。

(87) 安全装置は、死亡者数を減少させるよりも、二四時間以内の即死を減少させたようである。二〇〇二年の二四時間以内の死亡者数八三二六人であるが、最終的な死亡者数は約一万一〇〇〇人台後半にのぼると予想する。

(1) 日本の犯罪が先進諸外国と比較して著しく少ないことを示すだけなら、犯罪白書の官庁統計の国際比較をみるだけで十分である。たとえば、鈴木義男『日本の刑事司法再論』成文堂、一九九七年、三―二二頁、参照。
(2) 『平成一四年版犯罪白書』「諸外国の犯罪動向との対比」八五―八九頁、参照。
(3) 『平成八年版犯罪白書』「諸外国における凶悪犯罪の現状」三六〇―三八三頁、参照。
(4) 『平成一三年版犯罪白書』「I-4表 金融機関強盗事件の認知件数・検挙件数・検挙率」一二頁による。検挙率はここ数年、九割を超える。
(5) 二〇〇一年、金融機関合計二二九件に急増した。ただし、これは郵便局を襲う事件が前年五二件から突然一〇〇件増加し一五二件となったためであり、しかもそのほとんどは職員数の少ない特定郵便局である。『平成一四年版警察白書』七―八頁、参照。国際比較にあたって、特定郵便局を金融機関とみることには問題があるであろう。
(6) 『平成一一年版警察白書』「3-1表 銃器発砲を伴う強盗事件の対象別認知件数の推移」(平成六―一〇年)一二三頁、参照。
(7) 『平成一五年版犯罪白書』「3-1-2-2図 死傷者・罪名別犯罪被害者構成比」のエクセルグラフから。
(8) 一九八三年七月の永山判決から一九九四年九月三〇日の約一一年間に、殺人または強盗致死で死刑又は無期刑の判決が確定したもの四四九名を検討対象としている。『平成八年版犯罪白書』「凶悪事犯の実態及び量刑に関する特別調査」二七二―三〇〇頁。なお、殺人は未遂罪を含み、強盗致死罪は強盗殺人罪及び同未遂罪並びに強盗強姦致死罪を含む。
(9) 法務総合研究所『法務総合研究所研究部報告一〇――第一回犯罪被害実態(暗数)調査』法務総合研究所、二〇〇〇年、一六三頁、法務総合研究所『法務総合研究所研究部報告一八――第一回犯罪被害実態(暗数)調査(第二報告)先進一一か国に関する国際比較』法務総合研究所、二〇〇二年、二五九頁、参照。

(10)『平成一三年版犯罪白書』「犯罪被害者の国際比較」一一二―一一九頁、参照。

(11)ゲリー・ラフリー『正統性の喪失――アメリカの街頭犯罪と社会制度の衰退』宝月誠監訳、大山小夜、平井順、高橋克紀訳、東信堂、二〇〇二年、七頁(LaFree, Gary, *Losing Legitimacy: Street Crime and the Decline of Social Institution in America*. Boulder, CO: Westview Press, 1998)。統計の出所は、U. S. Federal Bureau of Investigation, *Uniform Crime Reports for the United States*, 1995.

(12)同書七頁、参照。

(13)舛添要一『赤いバラは咲いたか』弘文堂、一九八三年、にフランスの少数民族問題の簡潔な説明がある。

(14)宮崎学『突破者』南風社、一九九六年、二六頁、参照。

(15)アントワーヌ・ガラポン『司法が活躍する民主主義――司法介入の急増とフランス国家のゆくえ』河合幹雄訳、勁草書房、二〇〇二年、参照。

(16)Pinçon-Charlot, Monique, "Les jeunes n'ont jamais vu tuer une poule", Le Figaro le 23 septembre, 1998 参照。彼女には次の著作がある、*La Chasse à courre, ses rites, ses enjeux*, Payot, 1996.

第II部　統制の理念と実践

第一章　秩序観

(1)ロス(Edward Alsworth Ross)が一九〇一年に出版した著書 *social control* において、初めて社会統制概念が示された。

(2)犯罪行為には、宗教的タブー違反と個人的法益侵害の二側面が入り交じっており、古代や中世の犯罪概念と近代の犯罪概念自体が同じとは言えない。換言すれば、現代人が共有する犯罪概念は、刑法典が整備された近代以降のものである。犯罪を科学的に研究し始めたという意味で、ゲリーやケトレーの研究でもって最初の犯罪学研究とするのが一般的であろう。犯罪概念や犯罪学のはじまりについては、吉岡一男『刑事学』青林書院新社、一九八〇年、九九―一三四頁、参照。

(3) イギリスに最初の近代警察、ロンドン首都警察が創られたのは一八二九年であった。村山眞雄『警邏警察の研究』成文堂、一九九〇年、二一―三頁、参照。

(4) フォイエルバッハの心理強制説については、荘子邦雄『近代刑法思想史序説』有斐閣、一九八三年、に詳しい。

(5) マックス・ウェーバー『支配の諸類型』世良晃志郎訳、創文社、一九七〇年。Weber, Max, Wirtchaft und Gesellschaft, Grundriss der verstehenden Soziologie, vierte, neu herausgegebene Auflage, besorgt von Johannes Winckelmann, 1956, erster Teil, Kapitel III, IV (SS. 122-180).

(6) 最も簡潔にまとめれば、自然法論の哲学的起源はギリシャ哲学に求められるが、法を実践に使い始めたローマの万民法あるいは自然法の伝統に、キリスト教の影響、個人主義の発達などが加わって近代の普遍的な人権論に繋がっているといわれる。しかし、ローマ法の伝統は、ユスティニアヌス帝が編纂したローマ法大全が後代に「発見」されることによって受け継がれており、ローマ時代のローマ法の実践がそのまま継受されたわけではない。さらに、ダントレーヴによると「名称を除いては、中世の自然法論概念と近代のそれとの間に共通なものはほとんどない」(D'Entrève, A. P., *Natural Law, An Introduction to Legal Philosophy*, 1951, Hutchinson's University Library. ダントレーヴ『自然法』久保正幡訳、岩波書店、一九五二年、五頁)。時代の違いと思想家の違いに言及することは断念して、ここでは、ローマ法が普遍的効力を要求したことだけを強調しておきたい。ダントレーヴ、同書、一七―四四頁、参照。

(7) 法人類学は、マリノフスキーの人類学にはじまり、西洋法に対比できる未開法があるということが主張された。ホーベル等によって法人類学という専門分野が確立されている。そこにおいて、様々な社会における紛争解決事例が報告されている。Malinowski, Bronislaw K., *Crime and Custom in Savage Society*, London ; Routledge and Kegan Paul, 1926. マリノフスキー『未開社会における犯罪と慣習』青山道夫訳、新泉社、一九六七年。Hoebel, E. Adamson, *The Law of Primitive Man : A Study in Comparative Legal Dynamics*, Cambridge, Mass. : Harvard University Press, 1954. E・アダムソン・ホーベル『法人類学の基礎理論——未開人の法』千葉正士、中村孚美訳、成文堂、一九八四年、参照。

(8) 法人類学の影響も受けた法社会学は、社会内における紛争解決という図式を提出している。本書の、異質大社会と同質小社会は、その成果を踏まえたものである。ただし、法社会学の研究の多くは民事紛争を扱っており、それを刑事事件に応用するにあたっては、慎重な検討が必要と考えている。法社会学等の成果も踏まえた、刑事事件の解決については、所一彦の一連の研究が参考になる。所一彦の「開かれた社会」「閉ざされた社会」との違いは、強調点の違いだけである。所一彦『刑事政策の基礎理論』大成出版社、一九九四年、所一彦「共生の刑事学」『立教法学』五四号、二〇〇〇年、一—一九頁、所一彦「刑事政策と共生の理念——高齢受刑者の問題を機縁に」『刑政』一〇六巻六号、一九九五年、一六—二三頁、参照。

(9) 様々な国内諸団体と政治立法との関係の実態については、村松岐夫、伊藤光利、辻中豊『日本の政治』有斐閣、一九九二年、が簡潔に整理してくれている。

(10) グイド・カラブレイジ『多元的社会の理想と法——「法と経済」からみた不法行為法と基本的人権』松浦好治、松浦以津子訳、木鐸社、一九八九年、参照。

第二章 犯罪観

(1) ヨーロッパ犯罪学については、早くから紹介がある。たとえば、岩井弘融『犯罪社会学』弘文堂、一九六四年、一—五五頁、に犯罪学の誕生から諸理論の紹介がされている。最も新しいと思われるのは、瀬川晃『犯罪学』成文堂、一九九八年。翻訳としては、Cohen, Albert K., *Deviance and Control*, Prentice-Hall. Inc., Englewood Cliffs, New Jeresey, 1966（A・K・コーヘン『逸脱と統制 現代社会学入門7』細井洋子訳、至誠堂、一九六八年）。犯罪学全体の概説よりも、むしろ、それぞれの理論ごとに詳しく紹介検討された研究が豊富にある。日本犯罪社会学会編の雑誌『犯罪社会学研究』一―二六、等を参照されたい。

（2） 所一彦、星野周弘、田村雅幸、山上皓編『日本の犯罪学七 一九七八―一九九五 I 原因』東京大学出版会、一九九八年、同『日本の犯罪学八 一九七八―一九九五 II 対策』東京大学出版会、一九九八年。

（3） 阿部謹也『西洋中世の罪と罰――亡霊の社会史』弘文堂、一九八九年、参照。

（4） たとえば、Villey, Michel, *Philosophie du droit : I. définition et fins du droit*, Quatrième edition, Dalloz, 1986, pp. 120-128 参照。

（5） 作田啓一は、個人主義を理性に準拠する「理性による個人主義」、自分自身に準拠する「個性による個人主義」、他者に準拠する「欲望の個人主義」の三類型に分けている。理性による個人主義が基本形であったと私は理解している。作田啓一『個人主義の運命』岩波新書、一九八一年、参照。

（6） 宝月誠、大村英昭「概説 日本の社会学 社会病理」『リーディングス 日本の社会学13 社会病理』宝月誠、大村英昭、星野周弘編、東京大学出版会、一九八六年、三―一四頁、に簡潔に戦後から一九八四年までの歴史がまとめられている。なお、社会病理研究関係の代表作の抜粋が同書と『日本の犯罪学』1～8、東京大学出版会、にまとめられている。

（7） 学者の研究はたとえば、渡邊洋二『街娼の社会学的研究』鳳弘社、一九五〇年、岩井弘融『病理集団の構造』誠信書房、一九六三年、岩井弘融、所一彦、星野周弘編『犯罪観の研究』大成出版社、一九七九年、宮澤節生『犯罪捜査をめぐる第一線刑事の意識と行動』成文堂、一九八五年、村山眞継『警邏警察の研究』成文堂、一九九〇年。科学警察研究所の研究は、『科学警察研究所報告 防犯 少年編』や『警察学論集』に掲載され、法務総合研究所の研究は、『法務総合研究所研究部報告』に掲載されている。

（8） 宝月誠「総論 現代日本社会の逸脱とコントロール」宝月誠編『講座社会学10 逸脱』東京大学出版会、一九九九年、二九頁、参照。

（9） Bayley, David H., *Forces of Order: Police Behavior in Japan and the United States*, University of California Press, 1976. デイビット・ベイリー『ニッポンの警察——そのユニークな交番活動』新田勇、兼本俊徳、平沢勝栄訳、サイマル出版会、一九七七年。

（10） Braithwaite, J., *Crime, Shame and Reintegration*, Cambridge University Press, 1989.

（11） Foote, Daniel H., "The Benevolent Paternalism of Japanese Criminal Justice", in *California Law Review*, Vol. 80, 1992, pp. 317-390.

（12） 村山眞継「法社会学の「危機」と「好機」」『日本法社会学会学会報』六四号、二〇〇二年四月一日、一頁。

（13） ルース・ベネディクト『菊と刀』長谷川松治訳、社会思想社、一九四八年、参照。

（14） 作田啓一『恥の文化再考』筑摩書房、一九六七年、参照。

（15） Braithwaite, J., *supra*, n. 10.

（16） 速水洋「非行統制としての恥の考察——恥は犯罪・非行を抑止するか?」日本犯罪社会学会編『犯罪社会学研究 一八』一九九三年、六二—八二頁。

（17） 「世間」については、阿部謹也『日本人はいかに生きるべきか』朝日新聞社、二〇〇一年、参照。

（18） 石井進「身曳きと〝いましめ〟」網野善彦、石井進、笠松宏至、勝俣鎮夫『中世の罪と罰』東京大学出版会、一九八三年、一五四頁。

（19） 徳島陽堂『保護司二十五年——書を通しての更生保護』春秋社、一九八六年、四頁。

（20） 法務総合研究所『法務総合研究所研究部報告一八——第一回犯罪被害実態(暗数)調査(第二報告)先進一

二か国に関する国際比較』法務総合研究所、二〇〇二年、一八四頁、参照。

(21) 中世においては、盗みは死罪であるなど村落社会レベルでは厳罰のルールがあったが、これを幕府等がチェックする仕組みがあった。笠松宏至「盗み」網野善彦、石井進、笠松宏至、勝俣鎮夫『中世の罪と罰』東京大学出版会、一九八三年、七一—八七頁。

(22) 小説を素材に、日本人の酒の飲み方について、フランス人と比較して、酒が真実を現すことについて述べたマリー・マトランの研究参照。Mathelin, Marie, "L'alcool au Japon à propos de deux écrivains contemporains — Perspectives ethnopsychanalytiques", in *De l'ivresse à l'alcoolisme — Etudes ethnopsychanalytiques*, Véronique NAHOUM-GRAPPE et alii ed., Bordas, Paris, 1989, pp. 170-226.

(23) 山岸俊男も、日本社会を、信頼よりも安心を求める傾向があると捉えている。山岸俊男『安心社会から信頼社会へ——日本型システムの行方』中公新書、一九九九年、参照。

第三章　安全神話の構造

(1) 司法統計年報による。『平成一四年版犯罪白書』一〇四頁、参照。なお、フランスの無罪率は一—二割、英米は州によって多いと三割以上にもなる。

(2) 通常第一審(地裁・簡裁)における自白事件はここ数年九二%だが、交通事故等が含まれるため、法定合議事件に限定すれば七〇%が自白している。『司法統計年報』による。最高裁判所事務総局刑事局「平成十二年における刑事事件の概況(上)」『法曹時報』五四巻二号、二〇〇二年、二二四頁、参照。

(3) Wagatsuma, Hiroshi, Arthur Rosett, "The Implication of Apology: Law and Culture in Japan and The United States", *Law & Society Review*, Vol. 20, 1986, pp. 461-498.

(4) 西村春夫と細井洋子は、この点等から、日本の刑事司法が、修復的でも再統合的でもない部分を持つことを指摘している。西村春夫、細井洋子「謝罪・赦しと日本の刑事司法——関係修復正義を考える」『宮澤浩一先生古稀祝賀論文集』第一巻、成文堂、二〇〇〇年、一九—七四頁、参照。

(5) 警察官からこのような話を聞くことは容易である。たとえば、米本和弘「こちら島根県松枝警察署、警察の仕事をすべて見せます」別冊宝島編集部『裸の警察』宝島社、一九九九年、三五、四〇頁。

(6) 裁判官の例は、田川和幸『弁護士 裁判官になる——民衆の裁判官をこころざして』日本評論社、一九九九年、一二三—一二八頁、参照。

(7) 六五歳男性がおにぎり二六〇円相当の盗みで一年六カ月の懲役となる。彼は、一九八六年に懲役二年をかわきりに、もう一度懲役二年、一九九四年にも懲役一年、一九九五年の今回で四回目の入所となった。鮎川潤『犯罪学入門——殺人・賄賂・非行』講談社現代新書、一九九七年、一四八—一五二頁、参照。

(8) 吉岡一男『刑事学』青林書院新社、一九八〇年、二四一頁。

(9) Foote, Daniel H., "Prosecutorial Discretion in Japan : a Response", *Pacific Basin Law Journal*, Vol. 5, p. 105 参照。

(10) 法務省刑事局「平成一三年の検察事務の概況」『法曹時報』五四巻一〇号、二〇〇二年、七八頁。

(11) Johnson, David T., *The Japanese Way of Justice : Prosecuting Crime in Japan* (Studies on Law and Social Control, 2), Oxford University Pr., 2001.

(12) 浅野健一『犯罪報道の犯罪』学陽書房、一九八四年、参照。

(13) 矯正統計年報による。『平成一四年版犯罪白書』一一七頁、参照。

(14) 沖浦和光、徳永進編『ハンセン病 排除・差別・隔離の歴史』岩波書店、二〇〇一年、参照。

(15) 更生保護施設の収容人員は、平成一三年四月一日現在で、二三七一人、内、青少年三七二人である。法務省保護局「更生保護の現状——平成十二年度、十三年度の統計を中心として」『法曹時報』五四巻六号、二〇〇二年、一四〇頁、参照。

(16) 被差別部落については、大量の文献、歴史資料があるが、おそらくは、様々な起源をもつ集落を政治的に江戸時代にまとめた集積体であり、タブーでもあったがゆえに、その歴史起源は完全にははっきりしないと考える。運動の影響を受けた書籍も多く、ごく最近になって、自由な議論ができるようになってからの書籍を参考にしている。たとえば、『現代思想』二七巻二号(特集――部落民とは誰か)、一九九九年、青土社。もっとも、筆者自身一九六六年、天理市在住中、クラスメートの自宅を訪ね、舗装されない路地に面した、床もない土間だけの家を体験的に知っている。

(17) 渡辺俊雄「部落史の転換」『現代思想』二七巻二号(特集――部落民とは誰か)、一九九九年、青土社、三二―三三頁。

(18) 江戸時代、重追放、中追放、軽追放にあたる罪人は、弾左衛門に引き渡す「相当仕置」が行われた。非人になることは、共同体からの追放と考えられていたことを如実に示す例である。中尾健次「身分を越えて」部落解放研究所編『部落史の再発見』解放出版社、一九九六年、七六―七九頁、参照。

(19) 河明生「被差別部落民と在日韓人――社会経済史的視点」『現代思想』二七巻二号(特集――部落民とは誰か)、一九九九年、青土社、一三四―一五二頁、参照。

(20) 厚生省大臣官房統計情報部『婚姻統計』によれば、一九六五年、配偶者に同胞を選んだ者は七八・九%であったが、一九八〇年代後半には、逆に日本人を配偶者として選んだ者が八割を超えた。鄭暎惠「「在日韓国朝鮮人」とは誰か――近代性の終焉」赤坂憲雄、中村生雄、原田信男、三浦佑之編『いくつもの日本V 排除の時空を超えて』岩波書店、二〇〇三年、二二五―二五〇頁、野村進『コリアン世界の旅』講談社、一九九六年、二八頁、参照。

(21) 岩井弘融『病理集団の構造』誠信書房、一九六三年、参照。

(22) とりわけ関西では、比率が高いという。宮崎学『突破者』南風社、一九九六年、二六頁。

(23) 野村進『コリアン世界の旅』前掲注(20)は、沢山の個人名を挙げているが、実際は、それよりはるかに多数の、著名なスポーツ選手、芸能界の者が、在日であるし、被差別部落出身者も、ヤクザの親族なども、実に多数存在する。

(24) 在日について、小早川茂は、ヤクザになる他に自己実現の道はなかったと述べている。山岡俊介「独占インタビュー小早川茂、「我が闘争」――大物フィクサーが語った「我が半生」悔いだらけ!」『闇経済の怪人たち』宝島社、一九九七年、六―一九頁、参照。被差別部落については、宮崎学が、寺村組親分だった父親が被差別部落出身で、そのためにヤクザの組長になったことを明かしている。宮崎学『近代の奈落』解放出版社、二〇〇二年、参照。

(25) 河明生「被差別部落民と在日韓人――社会経済史的視点」前掲注(19)一五〇―一五二頁。

(26) 寺園敦志「マスコミ報道が絶対触れない、ザ・部落解放同盟・裏面史!」寺園敦志、一ノ宮美成、グループ・K21編著『同和利権の真相――マスメディアが黙殺してきた、戦後史最後のタブー!』宝島社、二〇〇二年、一二五頁、参照。

(27) 寺園敦志、一ノ宮美成、グループ・K21編著『同和利権の真相――マスメディアが黙殺してきた、戦後史最後のタブー!』前掲注(26)、寺園敦志『だれも書かなかった「部落」』かもがわ出版、一九九七年、参照。

(28) 寺島敦志『だれも書かなかった「部落」』前褐注(27)に京都市清掃局の例が出ている。屎尿汲取りについても、東西の市町村にいくつも実例がある。下水道の普及が遅れたのは、彼らの職を奪うことができなかったからではないかと私は考えている。その問題が解消してきたため、近年の下水道完備の動きがあるのであろう。

(29) 事柄の性質上、具体例をあげることは控えたい。かつて大学入試問題が印刷されていたことは有名であるが、そういう種類のことではなく、タブー性をもった事柄である。

(30) 岩井弘融『病理集団の構造』前掲注(21)、ディビット・E・カプラン、アレック・デュプロ『ヤクザ――

ニッポン的犯罪地下帝国と右翼』第三書館、一九九一年(Kaplan, David E., Alec Dubro, *Yakuza : Japan's Criminal Underworld*, University of California Press, 2003)、参照。

(31) 明治維新後の警察、とりわけ警視庁は、邏卒から非人をなくす方向で、創られた。大日方純夫『近代日本の警察と地域社会』筑摩書房、二〇〇〇年、参照。

(32) 河合幹雄「アウトローの法社会学――正義実現の非法的基礎」井上達夫、嶋津格、松浦好治編『法の臨界［Ⅱ］秩序像の転換』東京大学出版会、一九九九年、一八七―二〇七頁。

(33) 広田照幸『日本人のしつけは衰退したか』講談社現代新書、一九九九年、参照。

(34) 笠松宏至「夜討ち」網野善彦、石井進、笠松宏至、勝俣鎮夫『中世の罪と罰』東京大学出版会、一九八三年、九八頁。

(35) 岩井弘融『病理集団の構造』前掲注(21)参照。

(36) ヤコブ・ラズ『ヤクザの文化人類学――ウラから見た日本』高井宏子訳、岩波現代文庫、二〇〇二年、九頁、参照。

第四章　個別主義と人権

(1) 裁判記録の閲覧については、憲法第八二条の裁判の公開原則を受けて、刑訴法第五三条が、訴訟記録の閲覧請求権について規定している。これに基づき、一九八七年に刑事確定訴訟記録法(一九八七年法律第六四号)が成立している。これによると検察庁が記録を保管し、「一般の閲覧に適しないもの」については閲覧を制限できる。その判断者は検察である。実際は、弁護士業務、学術研究以外は、閲覧不可能に近い。実質、独仏にならって原則非公開となっているると言ってよいであろう。詳しくは、中村泰次、弘中惇一郎、飯田正剛、坂井眞、山田健太『刑事裁判と知る権利』三省堂、一九九四年、参照。

(2) 当番弁護士制度により弁護士側の進展はあったが、ここでは検察・警察側のことを言っている。裁判員制度導入によりどうなるかは現時点では見守るしかない。

(3) Carbonnier, Jean, *Droit et passion du droit sous la Ve République*, Flammarion, 1996, p. 139 参照。

(4) アントワーヌ・ガラポン『司法が活躍する民主主義――司法介入の急増とフランス国家のゆくえ』河合幹雄訳、勁草書房、二〇〇二年、の巻末資料＝著名事件リスト、二六五―二八七頁、参照。

(5) 『実録！ ムショの本――パクられた私たちの刑務所体験！』(別冊宝島 一六一)、ＪＩＣＣ出版局、一九九二年、四六頁、参照。

(6) 茨城県竜ケ崎市において、麻原彰晃の子の住民としての受け入れ反対運動のなかで、二〇〇〇年八月二七日、一五〇〇人のデモ隊が行ったシュプレヒコールの言葉である。手塚愛一郎、松井武、山際永三、深見史『「悪魔のお前たちに人権はない」――学校に行けなかった「麻原彰晃の子」たち』社会評論社、二〇〇一年、参照。

(7) 正当防衛の要件は、「急迫不正の侵害」に対する行為であること。そして、「急迫とは、さし迫った現在の意味であり、過去または将来の侵害に対しては、正当防衛はありえない」。西原春夫『刑法総論』成文堂、一九七七年、二〇五頁。

(8) 西原春夫、同二〇五頁、参照。

(9) 「現行刑法は、刑法の歴史において、正当防衛の範囲をもっとも広く認めたもの」(同書二〇四頁)といわれるように、日本においては、正当防衛は滅多に認められなかった。現行刑法においても、運用のされかたをみれば、その伝統をはっきり引き継いでいる。

(10) 所一彦「犯罪統制の法化――再論」『犯罪と非行』一〇〇号、一九九四年、五九頁。

(11) 滝澤武人「イエスとハンセン病」沖浦和光、徳永進編『ハンセン病 排除・差別・隔離の歴史』岩波書店、二〇〇一年、一一三―一二九頁、参照。

(12) 藤田真一「ジャーナリズムの責任、私の場合」同書一九二頁。

(13) 徳永進「隔離の中の医療」同書三―二八頁、参照。

(14) 藤野豊「ハンセン病と近現代日本」同書。

(15) 徳永進「隔離の中の医療」同書一三―一六頁。

(16) 遠藤比呂通「「らい予防法」の法律上の問題」同書一六一頁。

(17) 東京地裁の判事が新聞に寄せたコラムから。井上弘通「無罪判決喜べぬ被告」『朝日新聞』二〇〇三年九月二一日、参照。

(18) 裁判記録の閲覧を制限する根拠は、被告人とその関係者のプライバシーの保護であるという。中村泰次、弘中惇一郎、飯田正剛、坂井眞、山田健太『刑事裁判と知る権利』前掲注(1)参照。

第Ⅲ部　将来像と処方箋

第一章　人間関係の変容と防犯

(1) 最も念頭に置いているのはデュルケムの社会分業論である。

(2) たとえば、ラズは、ヤクザの構成員とのインタビューの経験から、一対一関係においてのみ、本音が聞けると述べている。ヤクザのような擬似家族集団に生きる者たちにおいても、一対一関係は成立するわけである。ヤコブ・ラズ『ヤクザの文化人類学――ウラから見た日本』高井宏子訳、岩波書店、二〇〇二年、二二一―二三頁、参照。

(3) 伝統的共同体的関係のなかには、何十年連れ添った夫婦が、一対一で話し合ったわけでもないが、深い全人格的人間関係を構築しているような場合もある。人間関係の検討としては、このような可能性を認めるが、本書では、家族関係ではなく近隣関係に注目している。このような家族のあり方の、ひとつの理想型を、地域共同体や他の集団に応用する、いわゆる家族主義的「思想」に対して、筆者は、それがしばしば虚構であることを主張している。よく知りあってはいるが浅い人間関係しかそこにはない場合が多いと見ている。

（4）鈴木義男『日本の刑事司法再論』成文堂、一九九七年、七三―九一頁、の「六 刑事訴訟法の四〇年とアメリカ法」において、大きな視点からの、日米の対比がされている。

（5）日本人の法意識調査によると、学歴や収入ではなく、年齢による差が最大である。河合幹雄「日本人の法意識に世代差」『読売新聞』二〇〇二年七月一〇日夕刊、文化六頁、法意識国際比較研究会「「日本人の法意識」調査基本報告書」『名古屋大学法政論集』第一八七号(二〇〇一年三月号)、二〇〇一年、参照。

（6）『朝日新聞』二〇〇三年一月一〇日「一一〇番の半数、携帯から――番号非通知も強制表示へ 警察緊急時かけ直し」によると、一九九三年、年間五〇〇万件を超えた一一〇番通報は、二〇〇二年に約九〇〇万件に達している。このうち携帯による一一〇番は、九三年には一割もなかったが、二〇〇二年についに半数を超えた。

（7）第Ⅰ部、図35参照。

（8）遠藤比呂通、白藤博行、浜井浩一、田島泰彦「座談会「監視社会」と市民的自由」『法律時報』二〇〇三年一一月、七五巻一二号通巻九三七号、一〇―一一頁、における浜井浩一の発言を参照。浜井は、警察庁の通達を検討して、警察庁は、検挙率を無理に高く維持する政策を転換したことを指摘している。

（9）交番の警察官が実際にどのような事件処理をしているかについては、村山眞継「犯罪の認知・検挙と警察裁量」『法と社会コロキウム』一九九六年、日本評論社、三七三―三九一頁、村山眞継『警邏警察の研究』成文堂、一九九〇年、参照。

（10）『朝日新聞』一九九九年一一月四日「農家怒りの防犯カメラ――無人販売所ドロボーやまず 白昼堂々、手当たり次第／東京多摩」野菜の無人販売所に、ついに防犯カメラをつけたという。

（11）『朝日新聞』二〇〇二年一一月八日「重機「防犯の壁」壊す――ATM窃盗頻発／同一機種に多い鍵共通」による。

（12）笠松宏至「夜討ち」網野善彦、石井進、笠松宏至、勝俣鎮夫『中世の罪と罰』東京大学出版会、一九八三年、九四―九八頁。

（13）『朝日新聞』二〇〇三年六月二五日「不敵サクランボ盗　農家の監視も限界――山形・被害一・三トン」など、米も他の果実類も、二〇〇三年になって多くの報道がなされている。二〇〇三年の農作物盗難は前年比八割増とのことである。『朝日新聞』二〇〇四年二月一九日「コメ・野菜やっぱり被害多かった――農作物盗難昨年八割増」参照。

（14）『朝日新聞』二〇〇三年六月四日「足立の強盗　被害品、韓国で販売」参照。

（15）『朝日新聞』二〇〇三年六月四日「「盗品用」倉庫レンタル　窃盗罪で起訴の被告一五〇〇点「捨てられず」」参照。

（16）一九九九年に千葉県の例として聞いている。

（17）『朝日新聞』二〇〇二年一月二二日「鼓動W杯　パチンコ新台期間中は自粛――「警備を支援」業界団体決議」によると、全国パチンコ店の九割以上が加盟する全日遊連が協力を決めたという。

（18）『朝日新聞』二〇〇三年一一月一九日「川崎市、火葬業務民間に開放――条例提案へ三セク運営案も」によると、「日本環境斎苑協会」調べによると、火葬場の運営主体は、九五％が自治体。かつてほぼ全面直営であったが、七〇年代後半から業務は民間委託されはじめ、八八年度五〇％、九三年度六四％、二〇〇三年度は八〇％まで委託率が高まる見とおしだという。

（19）山崎裕司『談合はなぜいけないのか』洋泉社、一九九七年、参照。

（20）河合幹雄インタビュー『朝日新聞』二〇〇三年七月二五日、オピニオン一五頁「社会と犯罪――変容を生んだ匿名社会」「三者三論　一二歳の事件を考える」。
(21)　一九九九年の桶川ストーカー事件を代表に、ストーカー事件の多くはこの問題を孕んでいた。同年の、栃木リンチ殺人事件も大きく報道された。ただし、この事件は、警察よりも会社側に責任があるように思われる。黒木昭雄『栃木リンチ殺人事件』草思社、二〇〇一年、参照。
(22)　所一彦「犯罪統制の法化――再論」『犯罪と非行』一〇〇号、一九九四年、四三―六一頁、参照。
(23)　渥美東洋『罪と罰を考える』有斐閣、一九九三年、四九―五二頁、参照。渥美は、同書で、コミュニティ喪失時代における警察について述べている。警察とコミュニティの新しい連携にむけて、住民への情報提供、ＮＰＯの活動など、示唆に富む指摘をしている。

第二章　境界・共同体と個人

(1)　『朝日新聞』二〇〇三年九月一七日「マナーも監視　防犯カメラ――使い方共通認識が必要　マンションの駐車違反・ゴミの分別」によると、マンション内に監視カメラの設置が増え、ゴミ捨てや駐車場の監視にも使われている。見られている意識がマナー向上につながると考えられているという。
(2)　大日方純夫『近代日本の警察と地域社会』筑摩書房、二〇〇〇年、一三九―一五六頁、参照。一九〇五年の日比谷焼討事件から一九一八年の米騒動に至る民衆騒乱事件を反省した警察は、「恐れられる警察」から「親しまれる警察」に方針転換した。そして、「警察の民衆化と民衆の警察化」の一環として、自警団を全国的に組織した。これは、関東大震災時に「過剰防衛」を引き起こし、戦時下には警察署長が指揮権を明確ににぎる警防団が組織された。これに対して、戦後、ＧＨＱによる「民主化」がなされたことは周知であるが、制度の変更とは別に、実態として、町内会と警察の関係等がどうなったか、不明の部分も多い。
(3)　細井洋子、西村春夫、辰野文理編『住民主体の犯罪統制――日常における安全と自己管理』多賀出版、一九九七年、は新しいコミュニティのあり方を実証研究を通じて探ろうというものである。また、小宮信夫『NPOによるセミフォーマルな犯罪統制――ボランティア・コミュニティ・コモンズ』立花書房、二〇〇一年、はNPOのケース研究等を通じて、その働きを分析して将来像に繫げようとしている。

(4) 井上達夫、河合幹雄編著『体制改革としての司法改革――日本型意思決定システムの構造転換と司法の役割』信山社、二〇〇一年、二〇二―二〇四頁、参照。法化を撥ね付けている領域もまたあることはいうまでもない。

(5) 河合幹雄「弱まる組織の内部統制力――続く県警不祥事」『神奈川新聞』一九九九年一一月二六日、参照。

(6) アントワーヌ・ガラポン『司法が活躍する民主主義――司法介入の急増とフランス国家のゆくえ』河合幹雄訳、勁草書房、二〇〇二年。

(7) 「家庭版犯罪白書――東京二三区別データを独自集計 あなたの町の「危険度」教えます」『Yomiuri Weekly ヨミウリウイークリー』二〇〇三年四月二七日号、九―一七頁。「最新版東京・大阪空き巣、ひったくり、車上狙い――あなたの街の「犯罪データ」」『週刊朝日』二〇〇三年六月二〇日号、一五九―一六五頁。『朝日新聞』二〇〇三年五月二三日「「ここで犯罪」公開――防犯意識の啓発狙う 警視庁HPで」参照。

(8) 警察が、カメラによって、全国主要道路を通過する自動車のナンバーを読みとって記録しているシステム。

(9) 『朝日新聞』二〇〇三年一一月二一日「産廃GPSで追う――作業の流れデジカメ撮影/トラック走行経路を記録 処分過程ガラス張りに」によると、GPSとデジカメを使用して、産業廃棄物の不法投棄を防ぐ試みが広がっているという。

(10) 「金融機関等による顧客等の本人確認等に関する法律」(平成一四年法律第三二号)が二〇〇三年一月六日から施行された。立法には手間がかかるので、一九九〇年に大蔵省銀行局長等の通達により、ほぼ同内容の指導が行われ、同年中に金融機関が対応し始めたことに注目すべきであろう。対テロを主目的に、マネーロンダリングを防ぐためというのが理由付けであるが、金融機関の負担を求めるための説得理由であるように思う。架空口座をなくすことは、全犯罪の取締りにとって重要である。

（11）二〇〇一年の池田小学校事件の影響もあると予想するが、二〇〇三年頃から、アイデンティティカードの携帯が普及してきているように感じる。

（12）『朝日新聞』二〇〇四年二月三日「防犯ブザー、即現場探知　品川区新システム導入へ——安さで地域の目、生かす」によると、GPSを使用したシステムをNPOに開発させるという。

（13）藤川洋子『「非行」は語る——家裁調査官の事例ファイル』新潮社、二〇〇二年。土井隆義『〈非行少年〉の消滅——個性神話と少年犯罪』信山社、二〇〇三年、参照。

（14）河合幹雄「近代理性的秩序の限界・偶然性の統制——犯罪被害者をめぐる制度改革の方向」日本法社会学会編『法社会学』第五五号（九〇年代日本の変動と諸改革）、有斐閣、二〇〇二年、一〇二—一一六頁、参照。

（15）前田雅英『少年犯罪　統計からみたその実像』東京大学出版会、二〇〇〇年、とりわけ四二—四八頁。なお、前田は、一九七二年にシンナーが、毒物・劇物取締法に加えられたことにより、シンナー遊びが虞犯少年ではなくなったために虞犯少年の数が激減したことを見落としている（鮎川潤『少年犯罪』平凡社新書、二一三頁、参照）。実は、これに限らず、そもそもこの書物は、犯罪統計の分析の初歩さえ踏まえていない低レベルのものである。参考文献がひとつも掲載されていないこのような書物が、学問書を装って東京大学出版会から刊行されたことに驚きを禁じえない。荒木伸怡は、「統計学の名著をも多数刊行している東京大学出版会が、その刊行書籍の品質を問われかねない本であると考える」と指摘しているが同感である。荒木伸怡「統計は犯罪の実像を示しているのだろうか」『法学セミナー』二〇〇一年一月号、日本評論社、二〇〇一年、一一六頁、参照。

（16）現実には、渋谷などを歩いている少女達には、他府県から一度渋谷に行ってみたくて来ている者が多数含まれ、東京近郊の少年は、郊外のコンビニにたむろしている。また、放置しないという立場は、大量の警官隊で繁華街狩りをして厳罰に処すということではない。具体的な対処法については、相当な工夫が必要である。別稿で論じたい。

(17) Ferri, Jean-Marc, "Qu'est-ce qu'une communauté politique ? Linéaments d'un «communauté méthodologique»", *Raisons Pratiques, 3, 1992, Pouvoi, et légitimit*, pp. 109-128.

(18) Tylor, Charles, "Atomism", in *Communitarianism and Individualism*, ed. by Shlomo Avineri and Avner de-Shalit, Oxford University Press, 1992, pp. 29-50.

(19) *ibid.*

(20) Ferri, Jean-Marc, "Qu'est-ce qu'une communauté politique ? Linéaments d'un «communauté méthodologique»", *supra*, n. 17.

(21) 宮崎学『近代の奈落』解放出版社、二〇〇二年、二二七—二四〇頁、参照。大逆事件で逮捕された「熊野・新宮グループ」のメンバーとその周辺には、大石誠之助はじめキリスト教があることは興味深い。

(22) 舛添要一によると、朴春琴は衆議院議員に二度当選しているし、地方議会には多数の議員がいた。一九二〇年、内務省は、在日朝鮮人に参政権があるとの法解釈を明示している。実際には、一九二五年の普通選挙法で納税要件がなくなって以降、実態として多くの者が参政権を得たと考えられる。さらに、内務省は、一九三〇年にハングルによる投票を有効と決めた。舛添要一「参政権が朝鮮人にあった「戦前」を考える——立候補した父親とハングルの選挙ビラ」『現代』二〇〇一年一月号(特集——変容する在日コリアンの明日)、三五巻一号、講談社、二〇〇一年、二一八—二二二頁、参照。

(23) 舛添要一、同二二七頁、参照。

(24) デュルケムは『社会分業論』において、まさに社会のグローバル化を論じたと考える。全体社会と翻訳されたが、原語に忠実に訳せばグローバル社会(société globale)がテーマであった。

(25)『朝日新聞』二〇〇二年一一月二三日「わいせつ教員五割増――〇二年度公立校自校生が被害、半数 処分一四八人」によると、文部科学省が二〇〇一年九月に、わいせつ行為での処分は原則として最も厳しい免職で臨むよう、教育委員会に指導したという。

(26)『朝日新聞』二〇〇三年一二月一〇日「裁判官六人再任「不適格」――最高裁諮問委、初の答申」参照。

(27) 上司と部下のあり方については、日本社会は、かなりの蓄積を持っていると思う。他方、幹部に対しては、人間関係が濃すぎて、監査が機能しないなど、そのコントロールに問題が多い。外部からみれば、到底許容できないことを、一集団が、上から下まで、まるごと繰り返しているといったことは、未だに後を絶たない。この問題は、本書で詳しく論じる紙面はない。現場の鬼とその監督は、末端の現場職員と、その上司を想定しており、それ以上に範囲を広げるつもりはないことをことわっておきたい。

(28) 所一彦「共生の刑事学」『立教法学』五四号、二〇〇〇年、四頁、より。

(29) 赤坂憲雄『排除の現象学』筑摩書房、一九九五年、参照。

結　語

(1) 一九九五年、地下鉄サリン事件を契機に、ニューヨークでガーディアン・エンジェルスとして活動していた小田啓二氏が、日本ガーディアン・エンジェルスとして始めた。私も賛助会員となっている。

(2) 横山實「簡易送致と不送致についての弁護士の意見」『國學院法』第三一巻第二号、一九九三年、一五九―一九八頁、参照。

(3) 所一彦自身が、「刑事政策と共生の理念――高齢受刑者の問題を機縁に」において、自著『刑事政策の基礎理論』から引用している部分である。所一彦「刑事政策と共生の理念――高齢受刑者の問題を機縁に」『刑

政』一〇六巻六号、一九九五年、一九頁、所一彦『刑事政策の基礎理論』大成出版社、一九九四年、参照。

（4）　成沢光『現代日本の社会秩序——歴史的起源を求めて』岩波書店、一九九七年、参照。

あとがき

自分自身、強固な個人主義者のつもりでいたが、社会の自明な部分が掘り崩されていくにしたがって、共同体の存在意義を考えさせられる日々をおくっている。共同体を、他者個人との関係を超えた何かと広く定義すれば、その存在の大きいこと、驚くほどである。

本書も、私個人の研究業績であると社会的に定義されつつも、多数の方々に多くを負っている。まず、法社会学の研究者として育てていただいた、棚瀬孝雄先生である。私自身、「自由」を通り越して気儘に研究してきたところも否定できないと自覚しているが、自分の研究を読み直せば、法社会学以外のなにものでもない。これぞ、ともに学んだ仲間や、研究会・学会で切磋琢磨した方々を含めた共同体の影響としか言いようがない。同時代のつながりだけではない。棚瀬先生は、川島武宜の直弟子、丸山眞男ゼミ生であられる。川島・丸山の系譜につながる者として、自分を見た場合、古い日本を否定することにかけては、完全に彼らを踏襲している。追い着き追い越せをやめて、日本からの発信を目指すという違いがあるだけである。

この他にも、直接の御指導をいただいただけでも、京都大学理学部時代、自然人類学の伊谷純一郎先生、文学部社会学科でお世話になった中久朗先生と宝月誠先生、法学部大学院時代には、刑事学の吉岡一男先生がおられる。また、研究者として駆け出しの頃、研究会のメンバーとして加えていただき、多くを学ばせていただいた、所一彦先生と西村春夫先生は、私にとって、刑事司法に関しては師匠のような方々である。この機会を借りて、これら諸先生方に厚く感謝の意を表明させていただきたい。

人の助けは、研究のみではない。家族の支えはその筆頭であろう。父は、「世の中に、どんな事があっても、家族さえしっかりしておれば大丈夫」と常々言っていた。自分は、生れ落ちた家族にも、現在の家族にも恵まれたと思っている。個人資質も、悪くないと思っている。ところが、それにしても家族だけでは生きにくい世の中であると感じる。実は、私は、十四回引越しを経験している。天理市に生まれ、二歳から五歳までチューリッヒ郊外に住み、帰国子女のはしりである。帰国後、天理、西大寺(奈良)、大学・大学院・助手時代は京都市内三箇所、パリ留学二回(郊外と中心部)を経て、十年あまり前から川崎市在住である。最低限、地域共同体には何が必要か、今後、さらに研究していきたい。

最後に、本書の出版にあたって、高村幸治氏をはじめ岩波書店の方々に大変お世話になった。多数のグラフの処理や注の煩雑さにもかかわらず、迅速に出版にこぎつけられたのは、関係諸氏の協力と尽力のおかげである。あらためて御礼の言葉を申し上げたい。

二〇〇四年六月三十日

河合幹雄

河合幹雄

1960年生まれ．京都大学理学部生物系卒業．同大学文学部で社会学を学んだ後，同大学大学院法学研究科博士課程修了．現在，桐蔭横浜大学法学部教授．専門は法社会学．社会の実態把握を実証的に進める一方で，比較法学的視点を取り入れつつ，法とは何か，法と社会はいかにあるべきかについての理論的考察を進める．
著書に『体制改革としての司法改革』(共編)，『人間の心と法』『たばこ訴訟の法社会学——現代の法と裁判の解読に向けて』『法の臨界［II］秩序像の転換』『現代法社会学入門』(以上，分担執筆)，訳書にアントワーヌ・ガラポン著『司法が活躍する民主主義——司法介入の急増とフランス国家のゆくえ』などがある．

安全神話崩壊のパラドックス——治安の法社会学

2004年8月26日　第1刷発行
2022年6月24日　第15刷発行

著　者　河合幹雄《かわいみきお》

発行者　坂本政謙

発行所　株式会社 岩波書店
〒101-8002 東京都千代田区一ツ橋2-5-5
電話案内 03-5210-4000
https://www.iwanami.co.jp/

印刷・三陽社　カバー・半七印刷　製本・牧製本

ISBN4-00-022023-3　　Printed in Japan